LORNA BYRNE
Himmelspfade

Lorna Byrne

HIMMELSPFADE

Engel weisen uns den Weg

Aus dem Englischen
von Astrid Ogbeiwi

GOLDMANN

Die Originalausgabe erschien 2010 unter
dem Titel »Stairways to Heaven« bei Coronet, Hodder & Stoughton,
einem Unternehmen von Hachette UK, London.

Penguin Random House Verlagsgruppe FSC® N001967

7. Auflage
Vollständige Taschenbuchausgabe September 2015
© 2015 Wilhelm Goldmann Verlag, München
in der Penguin Random House Verlagsgruppe GmbH,
Neumarkter Str. 28, 81673 München
© 2011 der deutschsprachigen Ausgabe
Kailash Verlag, München,
in der Penguin Random House Verlagsgruppe GmbH
Copyright © 2010 by Lorna Byrne
Umschlaggestaltung: WEISS I WERKSTATT I MÜNCHEN
unter Verwendung zweiter Motive von © plainpicture und istock
Lektorat: Bettina Lemke
CC · Herstellung: cb
Satz: Satzwerk Huber, Germering
Druck: GGP Media GmbH, Pößneck
Printed in Germany
ISBN: 978-3-442-22104-4

www.goldmann-verlag.de

*Ich widme dieses Buch allen,
die auf Gott und die Engel gehört
und ihre Aufgabe erfüllt haben.*

Inhalt

1 Meine Freunde, Begleiter und Lehrer 9
2 Elijas Prophezeiung erfüllt sich 17
3 Ein Klageschrei 25
4 Die Güte der Engel. 38
5 Ich beschließe umzuziehen 50
6 Gottes Bibliothek 55
7 Der Regen berührt mich 70
8 Engelsfüße leuchten mir auf dem Weg 87
9 Weihnachten im Stall. 106
10 Zeugin von Jesu Geburt 114
11 Megans Kommunion. 123
12 Ein Licht der Hoffnung entzünden. 131
13 Ich falle mit der Tür ins Haus 143
14 Meine Begegnung mit zwei Geistern. 149
15 In längst vergangener Zeit 156
16 Edward und Marie. 166
17 Ich war ihre Torhüterin 172
18 Die Tragödie nimmt ihren Lauf. 185
19 Ich erzähle Joe und meinem Vater von den
    Geistern. 192
20 Die Messe in Leixlip 199
21 Die letzte Reise 206
22 Hilfe ist unterwegs. 218
23 Ich finde Mark 228

24 Eine schmale Himmelstreppe 242

25 Mächtige Engel 251

26 Die Engel feiern mit mir 259

27 Pilgerreise nach Mekka................... 264

28 Leuchtende Babys 271

29 Ein Rückschlag aus der Zukunft............ 286

30 Antworten auf die Fragen der Menschen..... 296

31 Der Junge, in dessen Seele ein Engel wohnt... 304

32 Jimazen................................ 314

33 Reinkarnation........................... 324

34 Die Völkerengel 348

35 Gut und Böse 355

36 Jeder muss seine Aufgabe erfüllen 362

Anhang
Gebet Deiner Heilengel...................... 373

Dank 375

Kontakt zu Lorna Byrne 379

Kapitel 1

Meine Freunde, Begleiter und Lehrer

Ein Engel trat zwischen den Bäumen hervor, und das Licht, das ihn umgab, wurde immer heller. Der Engel hatte eine menschliche Gestalt. Er war groß und elegant, und er strahlte von innen heraus. Sein Gesicht war goldfarben, und seine Augen leuchteten wie Perlen, durch die das Licht hindurchschimmerte. Seine Kleidung umspielte locker seinen Körper, aber wenn er sich bewegte, veränderte sich nicht eine einzige Falte. Um die Taille hatte er eine goldene Schärpe gebunden, und um den Hals trug er eine Kette aus runden Goldgliedern, an der ein großer Saphir-Anhänger hing. Wie bei allen Engeln berührten auch seine Füße den Boden nicht. Goldene Vögel umflatterten ihn, und auch am Boden war er von allen möglichen Vögeln umgeben – von Krähen und Dohlen und zahlreichen kleinen Vögeln, darunter Rotkehlchen, Spatzen, Finken und Meisen.

Plötzlich schossen unglaubliche Licht- und Energiestrahlen explosionsartig aus dem Saphir in alle Richtungen. Im gleichen Moment flogen die kleinen Vögel vom Boden auf und bewegten sich auf den Engel zu. Dann flogen sie in die Strahlen des smaragdgrünen Saphirs hinein und verschwanden schließlich in dem Edelstein.

Nun kam der Engel auf mich zu, breitete seine Flügel aus und bewegte sie sanft. Sie waren sehr groß und unglaublich schön. Ich konnte jede einzelne vollendete Feder sehen. Sie hatten unterschiedliche Größen – von riesengroß bis winzig klein. Alle waren weiß, aber jede hatte einen zarten goldenen Schimmer. Nicht immer haben Engel Flügel, und nicht immer wirken ihre Flügel so, als wären sie aus Federn, doch ich wusste, dass dieser Engel anders war. Denn es war der Vogelengel. Zum letzten Mal hatte ich ihn kurz vor dem Tod meines Mannes Joe gesehen. Joe war erst vor ein paar Monaten gestorben, und er fehlte mir schrecklich. Als ich den Vogelengel sah, saß ich ganz alleine auf einem Baumstamm in einem Wald in der Nähe meines Hauses und freute mich unbändig darüber, dass er gekommen war, um mich zu trösten.

Der Vogelengel kniete sich vor mich hin und legte seine riesigen Flügel um mich. Ich konnte seine Flügel auf meinem Körper spüren. Ich schmiegte mich eng an den Vogelengel an und empfand eine tiefe innere Ruhe. Dann flüsterte ich ihm zu: »Danke, dass du gekommen bist, um mich zu trösten.«

Ebenfalls flüsternd erwiderte er: »Immer wenn du einen Vogel siehst, möchte ich, dass du an mich denkst und lächelst.« Ich spürte, wie der Vogelengel langsam seine Umarmung löste. Dann legte er seine Hand unter mein Kinn und hob meinen Kopf etwas an. Er lächelte mir zu, und seine Augen strahlten voller Zärtlichkeit und Liebe. Sein Gesicht leuchtete golden. Weitere Worte waren gar nicht nötig.

Der Vogelengel erhob sich langsam, verabschiedete sich von mir und ließ meine Hand los. Allmählich wich er immer weiter zurück und wurde dabei riesengroß. Wieder öffneten sich seine Flügel und begannen, rasch und leicht in einem Rhythmus zu schlagen, der wie eine Trommel klang. Nun flog der Vogelengel langsam nach oben, um dann noch einmal in der Luft schwebend innezuhalten. Das strahlende Licht um ihn herum war voller Vögel. Schließlich verschwanden der Vogelengel und alle Vögel in diesem Licht.

Ich sehe ständig Engel. Ich kann mich nicht erinnern, dass ich zu irgendeiner Zeit einmal keine Engel gesehen hätte. Als ich nach meiner Geburt die Augen öffnete, waren sie sofort da – auch wenn ich damals nicht wusste, dass es sich um Engel handelte. Wenn ich als Baby in meinem Kinderbettchen lag, sah ich sie in der Nähe meiner Mutter. Ich spielte mit ihnen, versuchte, sie zu fangen, aber es gelang mir nie. Ich sehe sie so deutlich wie meine Tochter, wenn sie mir zum Beispiel am Esstisch gegenübersitzt, und ich spreche mit ihnen wie mit anderen Leuten, aber ich kann auch ohne Worte mit ihnen kommunizieren. Es hat noch keinen Tag gegeben, an dem ich keine Engel gesehen hätte. Dass ich sie sehe, ist für mich das Normalste der Welt. Engel sind meine besten Freunde und treuesten Begleiter. Als ich noch recht klein war, sagten mir die Engel, dass ich das, was ich sah, als Geheimnis bewahren solle. Deshalb erzählte ich damals noch nicht einmal meinen Eltern oder Geschwistern etwas davon. Ich weiß nicht, warum Gott mich auf diese Weise auserwählt hat. Ich halte mich nicht für etwas Besseres als andere Menschen. Als ich noch Kind war, sagten die Ärzte meinen Eltern sogar, ich sei »retardiert«, zurückgeblieben. Ich bin sicherlich nicht vollkommen. Ich bin ein ganz normaler Mensch und noch dazu ein ganz normaler Mensch mit Lernschwierigkeiten. Aber Er hat mich auserwählt, und Er hat Seine Engel geschickt, um mich etwas zu lehren. Immer wenn ich einen Engel sehe, möchte ich innehalten und ihn einfach nur betrachten. Ich spüre dann die Gegenwart einer ungeheuren Kraft.

In meiner Jugend nahmen die Engel meist eine menschliche Gestalt an, was mir den Umgang mit ihnen erleichterte. Heute ist das längst nicht mehr nötig. Die Engel, die ich sehe, haben nicht immer Flügel, aber wenn sie welche haben, bin ich häufig über deren Formen verblüfft. Zuweilen sind sie wie lodernde Flammen, haben aber dennoch eine klare Kontur und Festigkeit. Die Flügel mancher Engel sind gefiedert wie etwa die des Vogelengels.

Erscheinen Engel in Menschengestalt – egal ob mit oder ohne Flügel –, gehören ihre Augen zu ihren faszinierendsten Merkmalen, denn Engelsaugen unterscheiden sich stark von Menschenaugen. Sie sind viel lebendiger, so voller Leben, Licht und Liebe – als enthielten sie die Essenz des Lebens selbst –, ihr Strahlen erfüllt mich ganz und gar.

Noch nie habe ich den Fuß eines Engels den Boden berühren sehen. Wenn ein Engel auf mich zukommt, nehme ich eine Art »Energiepuffer« zwischen dem Boden und seinen Füßen wahr.

Jeder Mensch hat einen Schutzengel, ganz gleich, welcher Religion oder Nationalität er angehört oder welche Hautfarbe er hat – das gilt auch, wenn er keiner Religion angehört und an gar nichts glaubt. Ich habe in meinem ganzen Leben noch nie einen Menschen gesehen, der keinen Schutzengel gehabt hätte. Ganz egal also, ob Sie daran glauben oder nicht – Sie haben einen Schutzengel an Ihrer Seite, der versucht, Ihnen zu helfen. Ihr Engel ist ein Geschenk Gottes.

Ich sehe Schutzengel als etwa einen Meter hohe Lichtsäulen, circa drei Schritte hinter »ihrem« Menschen. Manchmal öffnet ein Schutzengel dieses Licht für mich und zeigt sich mir in menschlicher Gestalt – in einer sehr schönen, vollkommenen menschlichen Gestalt. Das passiert meistens, wenn ich unterwegs bin. Engel sind weder männlich noch weiblich, aber zuweilen nehmen sie die Gestalt eines Mannes oder einer Frau an. Manchmal haben die Engel Flügel, manchmal auch nicht. Meistens sehe ich nur das Licht der Schutzengel, denn wenn sie sich ständig für mich öffnen und sich mir zeigen würden, dann wäre das zu viel, und ich könnte kein normales Leben mehr führen.

Ihr Schutzengel verlässt Sie nicht einen Augenblick lang. Schon vor Ihrer Geburt war er bei Ihnen, und er wird bis nach Ihrem Tod bei Ihnen bleiben. Er ist da, um Ihnen zu helfen. Ihr Schutzengel liebt Sie. Sie bedeuten ihm sehr viel. Für ihn sind Sie der wichtigste Mensch auf der ganzen Welt, und er muss alles für Sie tun, was er nur kann. Ihr Schutzengel ist der Torhüter Ihrer Seele, und er kann andere Engel einlassen. Lehrengel zum Beispiel, die Experten auf bestimmten Gebieten sind. Für alles unter der Sonne gibt es einen Lehrengel, scheuen Sie sich deshalb nie, einen um Hilfe zu bitten. Engel sind meine Freunde, meine Begleiter und meine Lehrer. Manche sind sehr oft bei mir, insbesondere der Engel Michael, der Engel Hosus und der Engel Elija.

Beim Engel Michael handelt es sich um den Erzengel Michael, aber als ich ihm als kleines Kind zum ersten Mal begegnete, wusste ich das noch nicht. Er ist am häufigsten bei mir – abgesehen von meinem Schutzengel, über den ich nicht sprechen darf. Der Engel Michael erscheint mir stets in Gestalt eines gut aussehenden Mannes. Sein Alter wechselt, liegt aber immer zwischen 20 und 40 Jahren.

Der Engel Hosus erschien mir zum ersten Mal in der Schule. Er tritt in Gestalt eines altmodischen Lehrers auf – mit einer langen Robe und einem komischen Hut. Er verfügt über großes Wissen und eine tiefe Weisheit und ist zuweilen sehr ernst, aber er kann mich auch wunderbar aufheitern. Bereits vor vielen Jahren schenkte er mir Selbstvertrauen, als ich mir in der Schule so dumm vorkam, dass ich das Gefühl hatte, überhaupt nicht dazuzugehören. Heute hilft er mir, wenn ich schreibe und Interviews gebe.

Der Engel Elija tritt an Wendepunkten meines Lebens auf. Elija erscheint immer in der gleichen Gestalt. Er ist sehr groß, hat breite Schultern und eine rostrot-bernsteinfarbene Haut. Er ist sehr energisch und stark, außerdem kann er wütend werden und scheint stets auf dem Sprung zu sein. Er schenkt mir Kraft und Stärke, wenn ich in meinem Leben kämpfen muss. Über alltägliche Dinge plaudere ich mit dem Engel Michael und dem Engel Hosus, aber nicht mit Elija.

Manchmal darf ich menschliche Seelen sehen. Wenn das geschieht, fühle ich mich immer sehr privilegiert. Die Seele, die ihren Sitz im Körper hat und ihn ganz ausfüllt, tritt dann daraus hervor. Die meisten Seelen bleiben während des Schlafs im Körper, aber hin und wieder bewegen sie sich ein kleines Stück aus dem Körper hinaus. So wie die Seele sich mir zeigt, hat sie Ähnlichkeit mit dem Menschen, gleicht ihm jedoch nicht völlig. Sie hat nicht all dieselben Merkmale, sondern sieht vielmehr so aus, wie der Mensch aussehen würde, wenn er körperlich vollkommen wäre. Wenn mir eine Seele gezeigt wird, bedeutet es, dass etwas Spirituelles geschieht, selbst wenn der betreffende Mensch das vielleicht gar nicht bemerkt. Wenn ich so etwas sehe, werde ich von einer großen Freude, einer tiefen inneren Ruhe und der Gewissheit erfüllt, dass Gott sich um alles kümmert.

Tagtäglich sehe ich auch Geister – die Geister von Menschen, die gestorben und in den Himmel gegangen sind. Viele Menschen glauben, die Anwesenheit eines Geistes bedeute, dass etwas nicht in Ordnung sei. Aber das ist nicht generell so. Oft kommt ein Geist zurück, um einen geliebten Menschen zu unterstützen. Manchmal kommen die Geister auch nur, weil es ihnen Freude macht, eine Zeit lang wieder in dieser Welt zu sein. Als kleines Kind spielte ich regelmäßig mit dem Geist meines Bruders Christopher. Christopher starb, bevor ich geboren wurde. Er half mir, den Unterschied zwischen

Geistern und Engeln zu verstehen. Manchmal behauptet jemand, seine verstorbene Großmutter sei ein Engel. Ein Schutzengel kann zwar zulassen, dass der Geist der Großmutter diesen Menschen aufsucht, um ihn zu beraten und zu unterstützen, aber die Großmutter ist kein Engel. Kein Mensch, der auf dieser Erde gelebt hat, wird je ein Engel werden.

Kapitel 2

Elijas Prophezeiung erfüllt sich

Als ich zehn Jahre alt war, begegnete mir der Engel Elija zum ersten Mal. Ich stand mit meinem Vater an einem Fluss beim Angeln und ließ meine Gedanken schweifen. Da kam der Engel Elija über das Wasser auf mich zu. Ich hatte noch nie einen Engel übers Wasser gehen sehen und war ganz fasziniert davon. Dann zeigte Elija mir eine Vision – es war, als würde er einen Vorhang beiseiteziehen. Ich sah einen gut aussehenden jungen Mann, der eine baumbestandene Straße entlangging. Während ich ihn betrachtete, erklärte mir Elija, dass ich mich in diesen jungen Mann namens Joe verlieben würde. Außerdem würden wir heiraten und Kinder bekommen. Allerdings, so sagte mir Elija, würde Joe krank werden, sodass wir nicht zusammen alt werden könnten.

Ich nehme es Elija übel, dass er mir das damals gesagt hat. Ich war erst zehn Jahre alt, und es erscheint mir sehr unfair, dass er mir sagte, wir würden nicht zusammen alt werden. Es kam genau so, wie der Engel Elija es mir vorhergesagt hatte. Joe bewarb sich um eine Arbeit in der Tankstelle meines Vaters – wo auch ich arbeitete –, wir verliebten uns ineinander, kauften ein kleines Cottage in Maynooth und heirateten. Schon vor unserer Hochzeit kränkelte Joe ein wenig. Ich war hin- und hergerissen, manchmal bat ich Gott und die Engel inständig darum, dafür zu sorgen, dass es ihm besser ginge, dann wieder war ich wütend auf sie, weil sie zuließen, dass alles so geschah.

Nach unserer Hochzeit hatte Joe ein gesundheitliches Problem nach dem anderen. Im Laufe der Jahre wurde er Diabetiker, dann griff der Diabetes sein Herz an, und schließlich musste er sogar am Herzen operiert werden. In seinen letzten zehn Lebensjahren war er die meiste Zeit ans Bett gefesselt. Gegen Ende seines Lebens erlitt er mehrere Schlaganfälle. Doch trotz Joes Krankheiten waren wir sehr glücklich miteinander und bekamen vier Kinder: Christopher, Owen, Ruth und Megan, unsere Jüngste. Joe starb am Morgen des 26. März 2000 bei uns zu Hause und hielt somit sein Versprechen, bis zu Ruths und meinem Geburtstag am Vortag am Leben zu bleiben. Er war erst 47 Jahre alt. Unser jüngstes Kind war gerade vier.

In Joes letzten Lebenswochen beobachtete ich, dass die Engel ihn in eine geistige Decke hüllten, wenn er in seinem Sessel saß. Die Decke war hell und sah aus, als sei sie aus Baumwolle. Sie steckten sie um ihn herum fest. Die Engel gingen sehr liebevoll und sanft mit ihm um. Ich konnte sehen, dass sie versuchten, ihm gegen das Wundliegen zu helfen und seine Schmerzen zu lindern. Immer wieder mühte sich Joe ab, von seinem Sessel aufzustehen. Er wollte es unbedingt aus eigener Kraft schaffen. Ich durfte ihm nicht beispringen. Ich

sah, dass die Engel ihm halfen, sich aufrecht hinzuset-
zen, dass sie ihn beim Gehen begleiteten und ihn dabei
unterstützten, das Gleichgewicht zu halten, wenn er ins
Schlafzimmer oder ins Bad ging. So sorgten sie dafür,
dass er nicht stürzte. Manchmal sah das so witzig aus,
dass ich einfach lächeln musste. Doch trotz der Hilfe,
die die Engel ihm zuteilwerden ließen, stand ich immer
auf und ging hinter Joe her. Manchmal drehten sich die
Engel dann um und sagten, es sei alles in Ordnung, sie
würden schon zurechtkommen. Und einmal sagte mir
Joes Schutzengel, es sei sehr wichtig für Joe, sich seine
Würde zu bewahren.

In der Nacht bevor Joe starb, wachte ich oft auf. Er
schlief neben mir im Bett, und ich drehte mich zu ihm,
um nachzusehen, ob alles in Ordnung war. Ich wusste,
dass die Engel Joes Seele sehr bald mitnehmen würden.
Joes wunderschöner Schutzengel, der ihn sein ganzes
Leben lang und ganz besonders in den letzten Jahren so
liebevoll umsorgt hatte, war nicht mehr wie üblich hinter ihm. Er hatte Joes Körper durchdrungen und hielt
nun unglaublich hell leuchtend dessen Seele. Als ich das
erste Mal aufwachte, sagte mir der Schutzengel, ich
dürfe Joe nicht berühren, um ihn nicht zu stören. Jedes
Mal wenn ich aufwachte, sah ich Joe mit Tränen in den
Augen an. Und jedes Mal sagte mir sein Schutzengel,
ich solle weiterschlafen, worauf ich tatsächlich augen-
blicklich wieder einschlief. Aber eine knappe Stunde
später war ich wieder wach. Schließlich wurde ich etwa
um sieben Uhr morgens vom Engel Michael geweckt.
Joe atmete nicht mehr. Seine Seele sah wunderschön
und vollkommen aus und bewegte sich in Begleitung
seines Schutzengels bereits auf ein wunderschönes

Licht zu, auf eine Himmelsleiter. Ich wollte ihm zurufen: »Joe, komm zu mir zurück. Ich brauche dich!«

Voller Verzweiflung wollte ich Gott darum bitten, Joe zu gestatten, noch ein wenig dazubleiben, aber ich wusste, dass ich das nicht konnte, denn die Antwort hätte Nein gelautet. Der Erzengel Michael berührte meine Lippen, sodass ich nicht sprechen konnte. Das Zimmer war nun voller Engel. All meine Freunde und Lehrer waren da, aber das tröstete mich nicht. Die Tränen rannen mir über die Wangen. Ich fühlte mich völlig benommen, als ich Joes Körper in den Armen hielt. Ich spürte, wie Michael eine geistige Decke um mich legte. Er flüsterte mir ins Ohr, dass ich die Kinder und einen Rettungswagen rufen solle.

Auch wenn man bereits weiß, dass ein geliebter Mensch bald sterben wird, und selbst wenn er sehr krank ist, wird es dadurch kein bisschen leichter. Ich war völlig am Boden zerstört. Es zerriss mir das Herz, und den Schmerz und das Leid meiner Kinder zu sehen, machte alles nur noch schlimmer für mich. Die Kinder versuchten, mich zu trösten, und ich versuchte, sie zu trösten. Und obwohl wir von Engeln umgeben waren, litten wir nicht weniger.

Als der Rettungswagen kam, versuchten die Sanitäter vergeblich, Joe wiederzubeleben. Ich stand daneben und beobachtete sie schockiert und zitternd. Immer wieder sagten sie: »Es klappt nicht.« Schließlich legten sie ihn entmutigt auf eine Trage, trugen ihn zum Rettungswagen und brachten ihn ins Krankenhaus. Christopher und ich folgten ihnen in einem Taxi. Owen und Ruth blieben zu Hause bei Megan, die schlief und noch nicht wusste, was mit ihrem Vater geschehen war.

Im Krankenhaus wurden Christopher und ich in einen kleinen Warteraum geführt. Ab und zu konnte ich einen Blick auf Christophers Schutzengel erhaschen, der ihn in den Armen hielt und ihn tröstete. Der Engel Michael hielt die ganze Zeit meine Hand. Die Zeit verging, und ich habe keine Ahnung, wie lange wir so dasaßen und warteten. Dann ging die Tür auf, und eine Ärztin kam herein, um uns zu sagen, was ich bereits wusste. Joe war tot. Sie sagte, es tue ihr sehr leid, aber sie hätten nichts mehr für ihn tun können.

Ich kann mich nicht mehr daran erinnern, wie ich nach Hause gekommen bin. Zutiefst niedergeschlagen saßen wir alle um den Küchentisch herum und tranken Tee, der uns aber nicht trösten konnte. Megan saß ganz aufgelöst auf meinem Schoß und schluchzte immer wieder: »Ich möchte meinen Papi sehen.« Sie hatte tief geschlafen, als ihr Vater an diesem Morgen gestorben war. Nicht einmal die Hektik der Rettungskräfte hatte sie aufgeweckt. Ich wusste, dass ihr Schutzengel nicht zugelassen hatte, dass sie aufwachte. Sie war erst vier Jahre alt und konnte noch nicht verstehen, was geschehen war. Sie konnte nicht verstehen, dass ihr Vater in den Himmel gegangen war.

Ich erinnere mich, dass ich mich irgendwann im Laufe des Tages einmal fragte, wo Megan war. Als ich sie suchte, fand ich sie im Schlafzimmer unter der Decke im Bett ihres Vaters. Ihr Schutzengel stand tröstend über sie gebeugt und beruhigte sie. Später richtete sich ihr Zorn dann gegen mich. Sie war wütend, weil ich sie an diesem Morgen nicht geweckt hatte.

Immer wieder kamen Leute zu uns nach Hause und sprachen uns ihr Beileid aus. Die älteren Kinder und ich berieten, ob wir Joe vor der Beerdigung nach Hause holen oder ihn im Bestattungsunternehmen in Maynooth aufbahren lassen sollten. Wegen Megan beschlossen wir, dass das Bestattungsunternehmen wohl das Beste wäre. Christopher rief den Bestatter an und regelte alles mit ihm. Als ich in den Raum kam, in dem Joe aufgebahrt lag, sah ich in der Mitte seinen offenen Sarg. Rund um den Sarg standen Engel. Ich war erleichtert und dankte den Engeln wortlos dafür, dass sie Joe nicht allein ließen. In dem Sarg lag zwar nur Joes menschlicher Körper – das wusste ich –, aber ich war den Engeln trotzdem dankbar für den kleinen Trost.

Ich war am Boden zerstört, obwohl ich wusste, dass Joes Seele noch lebte und in Begleitung seines Schutzengels in den Himmel gegangen war. Ich wusste, dass er jetzt bei seiner Familie, meinem Vater und Freunden war, die vor ihm gegangen waren. Ich wusste, dass nur unser menschlicher Körper stirbt. Weil wir eine Seele haben, leben wir weiter. Doch obwohl ich mir all dessen bewusst war und es glaubte, war ich völlig benommen vor Kummer.

Owen hob Megan hoch, sodass sie Joe im Sarg liegen sah. In diesem Moment öffnete sich das Licht um Megans Schutzengel einen Augenblick lang, und er sagte wortlos zu mir: »Megan versteht noch nicht, dass ihr Vater in den Himmel gegangen ist.« Danach ging Megan im Raum umher, während wir anderen schweigend dastanden und Joe ansahen. Ruth meinte, er sehe so friedlich aus.

Als wir wieder zu Hause waren, fragten die Jungs und Ruth Megan, ob sie ihrem Papi ein Geschenk in den

Sarg legen wolle, bevor er am nächsten Tag in die Kirche gebracht würde. Daraufhin ging sie in ihr Zimmer und malte ein Bild für ihren Vater.

Am späten Nachmittag des folgenden Tages gingen wir zum Bestattungsinstitut. Bevor der Sarg geschlossen wurde, wollten wir Joe noch ein letztes Mal sehen. Als wir dort ankamen, war der Bestatter bereits da. Der Raum war voller Engel, und das Licht hinter jedem meiner Kinder öffnete sich und gab den Blick auf ihre Schutzengel frei. Aber das war mir kaum ein Trost. Ich fühlte mich völlig benommen, und ich wusste, dass es meinen Kindern ebenso ging. Alle versuchten wir, füreinander und besonders für Megan stark zu sein. Ruth und ich legten Joe einen Rosenkranz um die Hände. Megan stand auf ihren Zehenspitzen und hielt sich mit einer Hand am Sarg fest, um den Körper ihres Vaters sehen zu können. Sorgfältig legte sie das Bild, das sie gemalt hatte, und ihren gelben Lieblingsteddy neben ihn. Wir gaben ihm alle eine Erinnerung mit in den Sarg: Christopher legte ihm eine Schachtel Zigaretten und einen Satz Spielkarten hinein – weil sie immer so gerne miteinander Karten gespielt hatten. Owen legte ihm sein Gaelic-Fußballtrikot und seinen roten Liverpool-Schal hinein, und Ruth schenkte ihm einen Ring und einen Brief. Als ich sah, wie meine Kinder sich von ihrem Vater verabschiedeten und ihm ihre kostbaren und mit viel Liebe ausgewählten Geschenke in den Sarg legten, glaubte ich, mein Herz würde zerspringen. Sie waren so blass, und in ihren Augen standen Tränen. Ich fühlte mich völlig hilflos und unfähig, sie zu trösten.

Am Abend zuvor hatte ich im Bett einen Brief an Joe geschrieben. Während ich schrieb, schluchzte ich ganz leise, damit mich niemand hörte. Der Erzengel Michael saß neben mir auf dem Bett, aber ich ignorierte ihn. Da rief er mich beim Namen, und ich sah ihn an, brachte aber kein Wort heraus. Michael berührte meine Hand und sagte: »Ich werde Joe diesen Brief im Himmel bringen.«

Als ich nun meinen Brief in den Sarg zu Joe legte, flüsterte der Engel Michael mir ins Ohr: »Ich werde dafür sorgen, dass Joe im Himmel alles erhält, was ihr in den Sarg gelegt habt, Lorna.«

Die Kinder und ich konnten es kaum ertragen, dass wir Joes menschlichen Körper nie wiedersehen würden, sobald der Sarg erst einmal geschlossen war. Es war so unglaublich schwer für uns – das ist es für alle, die einen geliebten Menschen verloren haben, das weiß ich. Versuchen Sie wie ich damals auch, daran zu denken, dass der geliebte Mensch nicht tot ist, sondern dass er ewig lebt, weil wir alle eine Seele haben. Wir werden unsere Lieben wiedersehen, wenn es für uns an der Zeit ist, zu sterben und diesen menschlichen Körper hinter uns zu lassen.

Kapitel 3

Ein Klageschrei

Die Zeit nach Joes Tod war sehr belastend für mich. Ich versuchte, mit der Situation fertigzuwerden, aber trotz all der Unterstützung durch Gott und die Engel war es sehr schwer für mich. Ohne die Engel, mit denen ich reden konnte, hätte ich die Stille im Haus nicht ertragen. Fast immer, wenn ich allein im Haus war oder wenn Megan in ihrem Bettchen schlief, besuchten mich die Engel. Es gab auch Zeiten, in denen ich sie nicht um mich haben wollte. Dann schickte ich sie weg und sagte ihnen, dass sie mich in Ruhe lassen sollten. Doch sie gingen nie weit weg, und hin und wieder erhaschte ich trotzdem einen flüchtigen Blick auf einen Engel.

Megan vermisste Joe schrecklich und weinte viel. Manchmal kam sie zu mir und wollte in den Arm genommen werden, weil sie sehr traurig war. Eines Tages, als Megan sich mit ihren Spielsachen beschäftigte und ich die Wäsche bügelte, fing sie leise an zu weinen. Ich unterbrach meine Tätigkeit und schaute auf. Das Zimmer füllte sich mit Engeln, und das Licht um Megans Schutzengel öffnete sich. Ihr Engel sah mich an, und wir sprachen wortlos über den Schmerz und die Trauer meiner kleinen Tochter. Ich eilte zu Megan, um sie zu trösten, und als ich sie umarmte, stieß sie weinend einen lauten Klageschrei aus, der aus ihrer tiefsten Seele kam. Ich hatte noch nie einen so durchdringenden, hohen und lang anhaltenden Schrei gehört. Er war zutiefst angsteinflößend und ging mir durch und durch. Einen Augenblick lang vibrierten die Fensterscheiben, und ich befürchtete schon, dass sie alle zerspringen würden. Ich rief die Engel um Hilfe an. Plötzlich wurde es ganz still um uns – mit Ausnahme von Megans Klageschrei. Können Sie sich eine unendliche Stille vorstellen, die nur von einem gellenden Schrei eines Kindes durchdrungen wird? Megans Kummer war so überwältigend, dass dieses kleine Wesen ihn fast nicht ertragen konnte. Die Engel umarmten uns, und wir waren dabei von hellen, weißen Lichtern umgeben. Schon bald konnte ich spüren, dass Megan sich durch die Wärme und Liebe der Engel allmählich beruhigte. Sie verstummte, und eine unglaubliche Stille trat ein. Dann schwand das Licht der Engel langsam wieder, und das Zimmer kehrte in den Normalzustand zurück. Während ich noch auf dem Boden saß und Megan festhielt, schlief sie in meinen Armen ein.

Nach einer Weile trug ich sie zur Couch und deckte sie sanft zu. Leise ging ich aus dem Zimmer und schloss die Tür hinter mir. Ich rief meine Engel. Michael kam ins Zimmer, gefolgt von Hosus, Elija und vielen anderen. Aufgebracht fragte ich sie: »Was hatte das gerade zu bedeuten?«

»Setz dich, Lorna«, sagte Michael. »Du musst bedenken, dass Megan ihren Vater 24 Stunden am Tag um sich hatte. Ihr ganzes Leben lang war er immer da. Sie vermisst ihn schrecklich.«

»Wird sie noch einmal so schreien?«, fragte ich zutiefst verunsichert und setzte mich an den Tisch.

Der Engel Hosus, der am Fenster stand, erwiderte: »Ja, das wird sie. Wir können das nicht verhindern.«

»Warum nicht?«, fragte ich und stand vom Tisch wieder auf.

Hosus kam auf mich zu und blieb vor mir stehen. »Das gehört zu Megans Leben, Lorna, zu dem, was sie in ihrer Entwicklung durchmachen muss.«

Ich sah Hosus und all die anderen Engel an. »Ich verstehe. Es ist nur so schwer, ihren Schmerz mitanzusehen. Einmal habe ich beobachtet, wie Megans ganze Energie schlagartig verschwand, als sie die Schlafzimmertür öffnete und sah, dass ihr Vater nicht da war. Ein anderes Mal malte sie ein Bild und rannte damit ins Wohnzimmer, um es ihm zu zeigen, weil sie dachte, er säße wie üblich in seinem Sessel vor dem Kaminfeuer.«

Ich war schrecklich traurig. »Ich glaube, ich kann ihr nur sehr viel Liebe geben, mehr kann ich wohl nicht tun. Ich weiß, dass die Schutzengel von Christopher, Owen und Ruth unglaublich viel für sie tun und mit den Schutzengeln ihrer Freunde in Verbindung stehen. Ihre Freunde sind ihnen eine große Stütze. Würdet ihr ihren Schutzengeln bitte von mir danken?«

»Natürlich«, antwortete der Engel Michael und ergriff meine Hand. »Ihre Freunde hören auf ihre Engel.« Und damit verschwanden die Engel wieder.

Im September des gleichen Jahres wurde Megan in Maynooth eingeschult. Sie ging in dieselbe Grundschule, in die auch Ruth gegangen war, und Ruth hatte ihr bereits alles über die Schule und die Lehrer erzählt. Ich freute mich, dass Megan nun in die Schule ging, aber ich machte mir auch Sorgen, wie es ihr wohl ergehen würde. Manchmal kam sie sehr traurig und aufgewühlt nach Hause. Ihre Freunde hatten erzählt, was sie am Wochenende mit ihren Eltern unternommen hatten. Und dann fragten sie Megan, wo sie am Wochenende mit ihrem Vater und ihrer Mutter gewesen sei. Es fiel ihr schwer, ihren Freunden zu sagen, dass ihr Vater gestorben war und sich im Himmel befand. Und dann gab es Tage wie den Vatertag, zu dem alle Kinder in der Klasse Glückwunschkarten für ihre Väter bastelten. Ich befürchtete, dass all dies zu viel für Megan war, und ich betete zu Gott und den Engeln und bat sie um Hilfe.

Die Engel versuchten, auch mich aufzuheitern. Eines kalten Wintermorgens hatte ich Megan wie immer zur Schule gebracht und war bereits wieder auf dem Heimweg. Ich ging gerne am Kanal in Maynooth entlang, denn dort war es ruhiger als an der Straße. Dieser Abschnitt des Royal Canal hat mir schon immer gefallen, denn dort gibt es stets etwas zu sehen: jede Menge Enten, und auf einer Insel in der Mitte des künstlich angelegten Hafens nistet ein Schwanenpaar. Normalerweise befindet sich dort immer nur dieses eine Schwanenpaar, außer in der Zeit, nachdem Junge geschlüpft sind. Manchmal überlebt allerdings kein einziges Junges. Als ich an jenem Tag dort entlangging, war nur das eine Schwanenpaar da. Am Anfang meines Nachhausewegs waren mir ein paar Leute entgegengekommen, aber als ich nun auf dem kleinen Pfad weiterging, hatte ich den Landstrich offenbar für mich allein. Ich bog am Rande des Hafens um die Ecke und erblickte dort sehr viele Schwäne – es waren circa 20. Das überraschte mich, aber ich machte mir deswegen keine weiteren Gedanken. Doch dann forderte ein Engel mich auf, stehen zu bleiben.

Plötzlich veränderte sich das Wasser des Kanals und wurde ganz glasig. »Was geschieht hier?«, fragte ich die Engel, die sich um mich herum versammelt hatten. »Seht nur, in welches Licht die Schwäne getaucht sind. Sie leuchten und werden immer weißer.« Einer der Schwäne glitt elegant auf mich zu. Dann bemerkte ich, dass die anderen ihm folgten. Sie schwammen einer hinter dem anderen in einem geschwungenen Bogen. Ich schaute genauer hin, und es sah so aus, als bildeten sie den Buchstaben S. Fasziniert beobachtete ich sie. Als der Anführer das Ufer erreicht hatte, kam er über das Gras watschelnd zu mir. Die übrigen Schwäne folgten ihm einer nach dem anderen. Ich fragte mich, was da wohl gerade vor sich ging. Ich trat einen Schritt zurück und stand nun in der Mitte des Wegs. Einige Schwäne stellten sich im Kreis um mich herum. Sie waren so nah, dass sie mich beinahe berührten. Um diesen Kreis bildeten die anderen Schwäne einen weiteren Kreis – bis auf zwei. Diese beiden Schwäne standen außerhalb der Kreise – einer hinter mir und einer vor mir – als hielten sie Wache. Die Schwäne in den Kreisen richteten ihre Körper hoch auf und streckten ihre Hälse zum Himmel, sodass sie mich überragten. Sie breiteten ihre starken Flügel aus und schlugen sanft damit. Sie gaben wunderschöne, melodiöse Töne von sich und bewegten ihre Flügel im Takt dazu. Ihr Gesang hatte einen hohen, aber sanften Klang, der hypnotisch und beruhigend wirkte. Ich war verzaubert. Trotz ihrer Größe und der enormen Kraft, die Schwäne haben, empfand ich keinerlei Angst. Ich rührte mich nicht, denn sie standen so dicht bei mir, dass ich befürchtete, einen von ihnen umzustoßen und zu verletzen, wenn ich auch nur die leiseste Bewegung machte.

Ich habe keine Ahnung, wie lange wir so dastanden, aber schließlich drehte sich der Schwan um, der vor mir Wache gestanden hatte, ging zum Ufer und ließ sich ins Wasser gleiten. Die Schwäne im äußeren Ring folgten ihm in einer anmutigen Formation wie Schauspieler, die von einer Bühne abgehen. Die Schwäne, die im inneren Kreis dicht bei mir gestanden hatten, gingen zuletzt. Fasziniert beobachtete ich, wie sie ihren Körper aus der gestreckten Haltung elegant wieder absenkten, ohne mich zu berühren, dann einen Schritt zurücktraten und zum Wasser gingen. Schließlich waren alle Schwäne wieder im Wasser und glitten elegant auf dem Kanal dahin.

Alles war wieder normal. Ich bedankte mich bei den Engeln. An diesen Anblick denke ich seitdem jedes Mal, wenn ich an diesem Kanalabschnitt entlanggehe. Die Engel haben mir gezeigt, wie stark die Verbindung zwischen den Menschen und Gottes anderen Geschöpfen ist. Und sie haben mich wieder einmal daran erinnert, wie wunderbar diese Welt ist.

Eines Morgens, als Megan in der Schule war, machte ich einen Spaziergang zur Lady Chapel, einer wunderbaren kleinen Marienkirche. Heute kann man nicht mehr auf dem gleichen Weg zu Fuß dorthin gehen, da die Straßen mittlerweile viel zu stark befahren sind. Aber damals waren sie noch ruhiger – ich glaube, an jenem Morgen fuhr nur ein einziges Auto an mir vorbei. Es war ein frostiger Morgen, aber es regnete nicht, und hin und wieder lugte die Sonne für einen kurzen Moment hinter den Wolken hervor. Ich genoss die frische Luft, und während ich so vor mich hinging, betete ich zu Gott und bat ihn um ein paar Wunder. Mir ging viel im Kopf herum. Meine Gedanken kreisten natürlich besonders um Megan, aber auch um andere Menschen, die mich in den letzten Wochen aufgesucht hatten.

Ich war gerade nach links in eine kleinere Straße eingebogen, da hörte ich jemanden meinen Namen rufen, und eine Stimme sagte mir, ich solle mich beeilen. Ich sah auf und erblickte in einiger Entfernung eine wunderschöne Engelfrau. Ich erkannte sie sofort, obwohl sie noch weit weg war. Es war die Engelfrau Elisha. Sie befand sich in der Mitte der Straße und sah einfach wunderschön aus – es war, als stünde sie mitten im Sonnenlicht. Ich rannte zu ihr. »Wo warst du, Elisha?«, fragte ich sie, als ich sie erreichte. Sie antwortete mir nicht, sondern ging ein kurzes Stück neben mir her. An einem Feldweg blieben wir stehen. Das Licht der Sonne schien auf uns beide herab, und ich spürte die Kälte nicht mehr. Ich sah die Engelfrau an. Sie hatte sich nicht verändert. Als sie mir das erste Mal erschienen war, war sie aus dem Spiegel in der Toilette der Autowerkstatt in Rathmines getreten, wo ich damals arbeitete. Es fällt mir sehr schwer, sie zu beschreiben. Sie hatte eine menschliche Erscheinung, zugleich aber schien sie aus wunderschönen Lichtfedern zu bestehen.

Mit ihrer rechten Hand hob Elisha mein Kinn leicht an, dann fragte sie mich: »Erinnerst du dich noch an die Familie Brennan, die zu dir kam, als Joe noch lebte, Lorna?« Ich nickte. »Erinnerst du dich auch noch daran, was Oma Brennan dir angeboten hat?« Ich nickte wieder. »Gott möchte, dass du ihr Angebot annimmst.«

Ich war geschockt. Die Familie Brennan hatte sich vor einigen Jahren hilfesuchend an mich gewendet. Damals war Joe sehr krank gewesen. Als die Brennans bei mir waren, forderten die Engel mich auf, Joe der Familie vorzustellen. Das war höchst ungewöhnlich. Die Engel erlaubten mir nur sehr selten, Joe miteinzubeziehen. Joe wollte die Brennans eigentlich lieber nicht kennenlernen, denn es ging ihm damals sehr schlecht, und er konnte kaum gehen. Aber ich überredete ihn. Wir saßen alle miteinander am Küchentisch: Maura Brennan, ihre Mutter – die ich immer Oma Brennan nannte –, Mauras Mann und vier ihrer Kinder. Kurz darauf erfuhr ich, dass es in der Familie noch mehr Kinder gab. Die Brennans hatten auch etwas zu essen mitgebracht. So saßen wir nun also am Tisch, aßen gemeinsam und unterhielten uns. Bevor sie an jenem Abend gingen, luden sie Joe und mich und unsere drei Kinder (Megan war damals noch nicht geboren) an einem Sonntag ein paar Wochen später zu sich zum Abendessen ein.

Nachdem sie gegangen waren, sagte Hosus zu mir: »Du wirst dich mit dieser Familie anfreunden. Sie wird in Zukunft eine wichtige Rolle für dich spielen, Lorna. Ihr

werdet wunderbare Freunde werden, und eure Freundschaft wird für beide Familien sehr wertvoll sein.« Hosus
sollte recht behalten – es war der Beginn einer langen
Freundschaft, einer meiner wenigen Freundschaften,
denn die Engel haben mich immer davon abgehalten,
enge Kontakte zu schließen. Ich verstehe eigentlich
nicht, warum.

Elisha hatte mich gefragt, ob ich mich an Oma Brennans Angebot erinnerte. Natürlich erinnerte ich mich
daran. An jenem ersten Sonntag vor vielen Jahren
waren wir zu den Brennans zum Abendessen gegangen. Nach dem Essen hatte Oma Brennan mir ein altes
Bauernhaus in der Nähe gezeigt, das ihr gehörte. Sie
bot mir das Haus als Geschenk an. Sie meinte, dass wir
in Zukunft ja vielleicht einmal umziehen wollten. Damals
wohnte ein alter Mann darin, der aber an diesem Tag
nicht da war. Oma Brennan erklärte mir, sie könne uns
das Haus nicht überlassen, solange der Mann noch darin wohne, aber wenn er eines Tages nicht mehr da wäre,
würde sie es uns herzlich gerne schenken.

»Wäre es nicht wunderbar, wenn ihr auch hier in
Johnstown wohnen würdet – nur ein paar Häuser von
uns entfernt?«, fragte sie. »Ich möchte das so gerne für
dich und Joe tun, Lorna. Das ist ein Versprechen, und
ich breche meine Versprechen nie!« Ich verliebte mich
sofort in das alte Bauernhaus. Es erinnerte mich an das
alte Haus in Old Kilmainham, in dem ich als Kind
gewohnt hatte. Das Dach war eingestürzt, aber dennoch war es mir immer in guter Erinnerung geblieben.
Vielleicht kommt meine Liebe zu alten Häusern ja von
diesem allerersten Zuhause. Joe gefiel, dass Oma Brennans Haus wunderbar ruhig war.

Und nun schlug die Engelfrau Elisha mir vor, das Angebot anzunehmen und mit Megan in dem alten Bauernhaus zu wohnen. Verwirrt sah ich sie an. »Ich bin ein bisschen schockiert, Elisha. Da müssen doch sehr viele Dinge bedacht werden. Und was ist mit meinen drei anderen Kindern? Ich weiß, dass sie schon ziemlich erwachsen sind, aber ich kann doch nicht das Haus verkaufen und sie ohne Dach über dem Kopf stehen lassen. Außerdem habe ich das alte Bauernhaus schon eine ganze Weile nicht mehr gesehen. In welchem Zustand ist es überhaupt?«

Elisha erwiderte: »Von außen sieht das Haus immer noch gleich aus, und es ist ein sehr schönes Haus. Aber von innen ist es leider in einem schlechten Zustand. Es ist nicht bewohnbar, und alle Rohre und elektrischen Leitungen müssen neu verlegt werden. Das ist schrecklich viel Arbeit.« Sie lächelte mir aufmunternd zu. »Du solltest Oma Brennan anrufen und ihr sagen, dass du das Haus nimmst. Umziehen wirst du erst in etwa einem Jahr. Und in der Zwischenzeit wird noch sehr viel geschehen.«

Ich lachte, als Elisha das sagte, und sie lachte mit. Ihr Lachen klang wie Wasser, das sanft über Kiesel plätschert. Elisha und ich gingen gemeinsam die Straße entlang und sprachen noch ein wenig über andere Dinge. Dann verschwand sie wieder. Aber ich rief die Brennans nicht an! Am darauffolgenden Samstagmorgen waren Megan und ich unterwegs zu einer Teestube, wo wir Creme-Donuts essen wollten. Ich hielt sie bei der Hand, während wir so durch Maynooth spazierten. Plötzlich kamen einige weiße Engel auf uns zu. Weiße Engel gibt es zuhauf. Überall wo Menschen sind, gibt es

Hunderte von ihnen. Sie sind jederzeit bereit, uns auf jede erdenkliche Art und Weise zu helfen. Im Gegensatz zu Lehrengeln, die Experten auf einem bestimmten Gebiet sind, zum Beispiel im Bereich der Medizin oder darin, wie man Prüfungen besteht – für jede erdenkliche Fähigkeit gibt es einen Lehrengel –, sind weiße Engel keine Spezialisten, aber sie sind in vielerlei Hinsicht eine große Hilfe. Sie wirken sehr hell, deshalb nenne ich sie weiße Engel. Sie sind unterschiedlich groß. Manchmal sind sie riesig und dann wieder etwa so groß wie die Menschen, in deren Nähe sie sich aufhalten. Die kleinsten, die ich je gesehen habe, waren so groß wie die Kinder, bei denen sie waren.

An diesem Morgen in Maynooth war ich verblüfft, so viele weiße Engel zu sehen. Tausende von ihnen befanden sich dicht gedrängt auf der Straße. Sie schienen von überall her zu kommen. Alles schien beinahe stillzustehen. Ein helles Auto bewegte sich kaum noch vorwärts. Auf dem Fahrersitz saß ein Mann, aber er wirkte wie erstarrt. Auf der gegenüberliegenden Straßenseite standen ein Mann und eine Frau. Es sah so aus, als wollten sie eigentlich vorwärtsgehen, denn sie hielten beide einen Fuß in der Luft, aber sie bewegten sich überhaupt nicht. Ich stand neben Megan. Das Licht um Megans Schutzengel öffnete sich und strahlte so hell, dass ich sie nicht mehr sehen konnte. Ich wusste sofort, was jetzt passieren würde.

Megan fing unkontrollierbar zu schluchzen an. Ich kniete mich neben sie und tröstete sie mit allen liebevollen Worten, die mir einfielen. Ich nahm sie in die Arme und sagte ihr, dass sie nicht weinen müsse. Eine Sekunde lang war Megans Klageschrei leise, aber dann schwoll er an, bis er ohrenbetäubend laut war. Ich war sicher, dass man ihn kilometerweit hören konnte. All meine Liebe würde jetzt nichts mehr nutzen, das wusste ich. Megan würde deshalb nicht aufhören zu schreien. Ich rief Gott und die Engel an und bat sie inständig: »Bitte, helft ihr!«

Die weißen Engel, die uns umgaben, fingen an zu singen. Es war ein hoher, sanfter und lieblicher Gesang, geradezu hypnotisch. Der Gesang beruhigte Megan. Ihr Klageschrei wurde leiser, und schließlich verstummte sie ganz. Zutiefst erleichtert drückte ich sie fest und bedankte mich bei Gott und den Engeln. Die Stille, die Megans Wehklage umgeben hatte, war gebrochen. Ich hörte Bremsen quietschen, dann wurde eine Autotür zugeschlagen, und ein Mann rief: »Ist ihr was passiert?«

Nun hörte ich die Schritte des Mannes und der Frau, die ich vorher gesehen hatte. Sie rannten von der gegenüberliegenden Straßenseite auf uns zu.

»Ist ihr was passiert?«, fragte der Mann aus dem Auto noch einmal. »Kann ich Ihnen irgendwie helfen?«

Erneut wurde alles still. Die drei hilfsbereiten Menschen bewegten sich auf einmal wie in Trance. Ich sah, dass die weißen Engel sie berührten. Nach wenigen Sekunden war alles wieder normal, und der Mann und die Frau gingen wieder auf die andere Straßenseite hinüber. Die Engel, die bei ihnen waren, drehten sich um und lächelten mir zu. Offenbar hatten sie dafür gesorgt, dass die Leute vergaßen, was sie gehört hatten. Ich dankte Gott und den Engeln, dass an diesem Morgen so wenige Menschen unterwegs waren. Die Stadt wirkte ziemlich verlassen. Megan und ich setzten unseren Weg zur Teestube fort. An der Tür stand der

Engel Hosus und berührte Megans Kopf, als wir hineingingen.

Die Ereignisse dieses Tages nahmen mir die Entscheidung im Hinblick auf Johnstown ab. Ich wusste, dass ich Megan aus Maynooth wegbringen musste. Die Erinnerungen dort waren einfach zu viel für sie. Sie brauchte einen Neuanfang.

Ein paar Tage später rief Oma Brennan mich an, um mir zu sagen, dass das alte Bauernhaus in Johnstown jetzt leer stehe. Der alte Mann sei gestorben, und das Haus gehöre nun mir, wenn ich es haben wolle. Ich sagte ihr, dass ich es gerne annehmen wolle, und bedankte mich sehr bei ihr. Oma Brennan freute sich über meine Entscheidung, und auch ich freute mich, wenngleich ich angesichts dessen, was diese Entscheidung alles mit sich brachte, etwas angespannt war. Ich erklärte ihr, dass ich noch ein wenig Zeit benötige. Wir unterhielten uns noch etwas und verabschiedeten uns dann.

Kapitel 4

Die Güte der Engel

Ich habe mein Privatleben und die Arbeit, um die Gott und die Engel mich gebeten haben, stets voneinander getrennt. Menschen, die in der Zeit kurz nach Joes Tod zu mir kamen, ahnten nichts von meinem Verlust. Ein paar Wochen danach war ich eines Abends mit der schlafenden Megan allein im Haus, als es an der Tür klopfte. Draußen stand ein Mann. Als ich ihn hereinbat, flüsterte mir ein Engel ins Ohr, dass ich Ja zu dem sagen solle, worum der Mann mich bitten würde. Ich erkannte die Stimme des Engels – es war Hosus. Der Mann erzählte mir, er sei auf dem Rückweg nach Dublin in Maynooth vorbeigekommen, habe an mich gedacht und wolle mir dafür danken, dass ich ihm und seiner Familie so großartig geholfen habe. Er fragte mich außerdem, ob ein Freund von ihm, dem es sehr schlecht gehe, zu mir kommen dürfe und ob das vielleicht schon in den nächsten Tagen möglich sei.

Ich zögerte, aber da der Engel Hosus mich gebeten hatte, Ja zu sagen, tat ich es. Wir vereinbarten, dass der Mann mich am nächsten Tag anrufen würde, um einen Termin auszumachen. Er bedankte sich bei mir und verabschiedete sich dann.

Als er auf das Gartentor zuging, erschienen zwei Engel, einer zu seiner Linken, der andere zu seiner Rechten. Sie sagten mir ohne Worte, dass dieser Mann einen tiefen Glauben an Gott und die Engel habe und sehr auf sie höre. Als er seine Autotür öffnete, drehte er sich um und winkte mir zu. Aber mir war sehr schwer ums Herz. Als ich wieder ins Haus ging und die Küchentür öffnete, saß Hosus am Küchentisch. Ich ließ mich auf einen Stuhl neben ihm sinken. Die Tränen rannen mir übers Gesicht, und ich sagte: »Ich weiß nicht, ob ich das kann. Ist es nicht zu früh für mich, schon wieder Leute zu empfangen?«

Hosus ergriff meine Hand, sodass ich von Mut und einem Gefühl innerer Ruhe erfüllt wurde, dann sagte er: »Es ist deine Lebensaufgabe, Gottes Werk zu tun, Lorna. Heerscharen von Gottes Engeln sind bei dir, um dir zu helfen, und deswegen kannst du es auch!« Hosus wischte meine Tränen mit seiner Hand fort, dann verschwand er.

Am nächsten Tag rief mich der Mann an, und sein Freund kam am darauffolgenden Abend zu mir.

Das Wetter besserte sich, und es wurde wärmer. Deshalb beschloss ich eines Tages, mit Megan in den Dubliner Zoo zu gehen. Wir fuhren zum Phoenix Park und fanden schließlich einen Parkplatz, der nur etwa zehn Minuten zu Fuß vom Zoo entfernt war. Megan machte das Gehen überhaupt nichts aus, so aufgeregt war sie, und ich freute mich über den Spaziergang durch den Park, da ich die Bäume betrachten und die Vögel und die spielenden Kinder beobachten konnte. Ich sah auch Engel, die mit den Kindern spielten, ohne dass diese es merkten. In der Nähe des Zoos standen ein paar Verkaufsbuden, in denen Frauen Süßigkeiten und Obst anboten. Unmittelbar dahinter lag eine grasbewachsene Mulde, in der viele Kinder spielten. Ich blieb stehen, weil ich dachte, ich hätte einen Bekannten neben einem Baum stehen sehen. Megan lachte über einige Kinder, die sich den Hang hinunterkugeln ließen. Sie wollte mitspielen. Als ich weiterhin zur Mulde schaute, erkannte ich, dass der Bekannte gar kein Mensch, sondern ein Engel war. Sein Licht war so weit gedämpft und er hatte ein so ausgesprochen menschliches Aussehen, dass er glatt als Mensch hätte durchgehen können. Er kam mir so bekannt vor, aber ich kam nicht darauf, wer er war. Immer wieder sagte ich zu mir: »Das kann doch gar nicht sein!«

Der Engel, der so menschlich wirkte, löste sich von dem Baum, ging zu den Kindern hinüber und setzte sich dort auf eine Bank. Ein paar kleine Kinder rannten zu ihm hin, und kurze Zeit später stand er auf und spielte Ball mit ihnen. Ein paar weitere Kinder sowie ein Mann und eine Frau gesellten sich dazu. Kinder sind noch sehr offen und können Engel daher leicht sehen, aber allem Anschein nach sahen auch die beiden Erwachsenen diesen Engel. Es war ihnen natürlich nicht klar, dass es ein Engel war. Alle hatten einen riesigen Spaß. Und ich beobachtete sie mit großem Vergnügen, denn ich hatte noch nie einen Engel Fußball spielen sehen.

Ich wusste immer noch nicht, wer dieser Engel war, aber dass er mir so bekannt vorkam, ließ mir keine

Ruhe. Schließlich wandte sich der Engel mir zu und winkte – und in dem Moment erkannte ich den Engel Michael. Ich lächelte und winkte ihm ebenfalls zu. Dann hörte er auf, Fußball zu spielen, ging auf die Bäume zu und verschwand.

Die Engel taten in dieser Zeit sehr viel, um mich zu trösten und aufzuheitern, und Megan und ich erlebten einen wunderbaren Tag im Zoo.

Manchmal war ich erstaunt darüber, dass die Menschen mich überhaupt fanden. Es geschah durch reine Mundpropaganda. Ich gab meine Telefonnummer nicht oft weiter, aber irgendwie schafften es die Leute, sie sich zu besorgen, oder sie standen einfach vor der Tür. Manchmal war ich gerade beim Wäscheaufhängen oder auf dem Sprung zum Einkaufen. Manche Menschen wollten gerne sofort mit mir sprechen. Andere fragten mich, ob sie an einem anderen Tag wiederkommen oder jemanden mitbringen dürften – zum Beispiel ein krankes Familienmitglied oder eine Freundin, die ein Problem hatte.

Eines Nachmittags klopfte es wieder einmal an der Tür. Als ich öffnete, sah ich drei Frauen, die alle Röcke und Strickjacken in Marineblau und Weiß trugen. Sie hatten keinen Schleier, aber ich wusste sofort, dass es katholische Nonnen waren. Eine von ihnen war sehr betagt und stützte sich auf einen Stock. Auf der einen Seite neben ihr stand eine junge lächelnde Nonne, und auf der anderen Seite stand eine Nonne um die 50. Die drei waren von vielen Engeln umgeben. Wortlos fragte ich diese: »Warum führt ihr diese Frauen hierher? Ihr wisst doch, dass es mir immer noch sehr schwerfällt, Menschen zu empfangen.«

Ein Engel, der neben der jungen Nonne stand, sah mich mit flehendem Blick an, legte seine Hände wie zum Gebet aneinander und sagte: »Bitte Lorna, sie müssen unbedingt mit dir sprechen.«

Ich ließ mich erweichen. »Wie könnte ich Nein sagen, wenn ihr Engel mich so nett für sie bittet?«

»Bitte entschuldigen Sie, dass wir Sie einfach so überfallen«, sagte die etwa 50-jährige Nonne. »Ich hoffe, Sie haben nichts dagegen, dass wir hierhergekommen sind, aber wir haben schon so viel über Sie gehört, und Schwester Catherine«, dabei blickte sie lächelnd zu ihrer älteren Kollegin, »möchte Sie schon so lange kennenlernen.« Ich lächelte sie an und öffnete die Tür nun ganz weit.

»Kein Problem. Ich freue mich, Sie alle zu sehen.« Die jüngste Nonne half Schwester Catherine die Stufen hinauf. Wir gingen in die Küche, und die jüngste Nonne stellte sich mir vor. Sie hieß Ann. Die dritte war Mary. Als ich sie fragte, ob sie gemeinsam mit mir sprechen wollten, antwortete Schwester Mary sehr direkt: »Schwester Catherine möchte Sie unbedingt allein sprechen, und uns beiden wäre das auch lieber.« Ich schlug Schwester Catherine vor, bei mir in der Küche zu bleiben, und geleitete Mary und Ann ins Wohnzimmer.

Als ich wieder in die Küche kam, öffnete sich das Licht um Schwester Catherines Schutzengel. Er war männlich und sehr schön. Er trug eine zarte, silberne Rüstung. Er wies mich an, meinen Stuhl neben Catherines Stuhl zu rücken, und das tat ich. Die Schwester ergriff meine Hände und fing an zu weinen. Ihr Schutzengel strahlte nun noch stärker, so viel Liebe und Mitgefühl empfand er für sie. Langsam senkte sich ein Licht über uns herab. Catherines Schutzengel lächelte mich an. Ich wusste, dass er die Heilengel gebeten hatte, herbeizukommen und uns zu helfen.

Vier Heilengel umgaben uns nun. Sie waren sehr groß und schlank, sodass Schwester Catherine und ich sehr klein wirkten, wie wir da am Küchentisch saßen. Die Heilengel waren sehr, sehr hell und wirkten deshalb geradezu durchsichtig. Sie schimmerten wie Opale. Die Farbe Weiß kommt dem vielleicht noch am nächsten, ist aber keine passende Beschreibung für die Schönheit, die ich sah.

Heilengel sehe ich regelmäßig, etwa einmal in der Woche. Doch ihre Flügel habe ich noch nie deutlich wahrnehmen können, und es gelang mir auch dieses Mal nicht. Aber ich weiß, dass sie Flügel haben. Diese Engel sehen fast identisch aus, aber in ihren Gesichtern kann ich feine Unterschiede erkennen, etwa in der Gesichtsform oder im Ausdruck. Sie kommen meist in Gruppen und arbeiten offenbar stets im Kreis. Dabei stellen sie sich um den heilungsbedürftigen Menschen herum. Heilengel sind natürlich ein Geschenk Gottes, und unser Schutzengel kann sie zu uns hereinlassen. Wenn unser Schutzengel einen anderen Engel (oder einen Geist, also eine Seele, die in den Himmel gegangen ist) ablehnt, dann hat dieser keinen Zugang zu uns. Wie gesagt, unser Schutzengel ist der Torhüter unserer Seele. Gott verströmt seine Gnade durch die Heilengel über uns. Heilengel können uns mit verschiedensten Formen der Heilung helfen. Auf der körperlichen Ebene können sie die Widerstandskraft gegen einen Virus stärken oder unseren Körper schneller gesund werden lassen. Manchmal heilen sie uns aber auch emotional, zum Beispiel wenn sie einem depressiven Menschen helfen, wieder mehr Licht in seinem Leben zu sehen. Auf der spirituellen Ebene können sie uns helfen, indem sie etwa unsere spirituelle Blindheit mindern und uns die Augen für die Existenz Gottes und Seiner Engel sowie für die Wunder des Lebens öffnen.

Jetzt standen also die vier Heilengel sehr dicht um Schwester Catherine und mich herum. Ich spürte eine große Liebe und Leichtigkeit. Es fühlte sich so an, als ströme Gottes Gnade in uns beide hinein. Unter Tränen erzählte die Schwester mir von ihrer Angst vor dem Sterben – sie wisse, dass ihre Zeit bald gekommen sei. Sie sagte, sie schäme sich für ihre Angst, denn als Nonne solle sie doch eigentlich keinerlei Ängste haben. Jesus sei ihr bestimmt böse wegen dieser Angst und wegen ihres mangelnden Glaubens.

Ihr Schutzengel forderte mich auf, sie zu umarmen. »Lass sie deine Liebe spüren. Solchen Trost bekommt sie nicht sehr oft.« Ich umarmte Catherine. Sie war sehr zerbrechlich, aber sie klammerte sich mit festem Griff an mich. Ich flüsterte ihr ins Ohr, dass sie keinerlei Angst haben müsse, da Gott sie sanft aufnehmen werde. Ich versicherte ihr, es gebe keinen Grund, sich vor dem Sterben zu fürchten.

»Wenn Ihre Seele Ihren Körper verlassen hat, werden Sie gar nicht mehr zurückwollen. Warum sollten Sie auch in die schäbige Hülle eines alten, kaputten Körpers zurückkehren wollen?«, sagte ich, um sie ein wenig aufzuheitern. Wir lachten beide.

Nach ein paar Minuten lockerte Schwester Catherine ihren Griff, und ich setzte mich wieder aufrecht hin, hielt aber noch ihre Hand. Sie sagte mir, sie sei trotz all der Nonnen in ihrem Umfeld ihr ganzes Leben lang einsam gewesen. Dann erzählte ich ihr von ihrem Schutzengel, und schließlich bat sie mich, mit ihr zu beten. Während wir beteten, berührten die Heilengel ihre geschlossenen Augen. Dann wurde auch ich aufgefordert, die Augen zu schließen, und während wir beteten, spürte ich, wie die Angst Catherine verließ und eine tiefe innere Ruhe über sie kam.

Ich muss circa eine Stunde mit Schwester Catherine allein gewesen sein. Als wir ins Wohnzimmer gingen, dankte sie mir. »Jetzt habe ich keine Angst mehr vor dem Sterben. Jesus hat mich dazu angehalten, zu Ihnen zu kommen. Ich musste es einfach tun, und jetzt weiß ich, warum.«

Während Schwester Catherine bei Schwester Mary blieb, sprach ich in der Küche allein mit Schwester Ann. Sie erklärte mir, dass sie Novizin und sehr gerne Nonne sei und eigentlich im folgenden Jahr ihre Ewigen Gelübde ablegen wolle. Sehr häufig aber überkamen sie Zweifel, ob Gott das wirklich wolle. Ich konnte sehen, dass zwei Lehrengel bei ihr waren. Der eine sollte ihr beim Lernen helfen, und der andere sollte sie das Beten lehren. Ich lächelte sie an und fragte sie: »Was spüren Sie in Ihrem Herzen?« Rasch erwiderte sie: »Gottes Liebe.«

Ich lächelte sie an. »Da haben Sie Ihre Antwort, Schwester Ann!« Wir beteten zusammen, und ich segnete sie. Mit einem strahlenden Lächeln ging sie ins Wohnzimmer, um Schwester Mary zu holen. Sie war glücklich.

Während Schwester Mary und ich miteinander sprachen, öffnete sich das Licht um ihren Schutzengel einen
Augenblick lang und gab den Blick auf eine weibliche
Erscheinung mit einer starken Persönlichkeit frei. Ich
weiß nicht mehr, worüber Mary und ich gesprochen
haben, aber sie fragte mich, ob ich mit ihr beten und sie
segnen könne. Und natürlich habe ich das getan.

Danach begleitete ich die drei Schwestern zum Auto.
Catherine nahm meine Hand und sagte mehrmals:
»Danke, Lorna. Danken Sie Gott von mir!« Wir verabschiedeten uns, und ich winkte ihnen nach, als sie
davonfuhren. Dann kehrte ich in die Küche zurück. Der
Engel Michael stand am Fenster. Ich freute mich, ihn zu
sehen. Er nahm meine Hand und sagte: »Das hast du
gut gemacht.« Dann ließ er Kraft in mich hineinströmen, und einen Augenblick später war er wieder verschwunden.

Ich erhielt eine telefonische Anfrage, ob ein junger
Mann zu mir kommen könne, der einen Autounfall
gehabt habe. Am vereinbarten Morgen hörte ich ein
Auto vorfahren und öffnete sofort die Haustür. Ein junger Mann Anfang 20 wurde von zwei Menschen in
einem Rollstuhl zur Haustür geschoben. Wie ich bereits
vermutet hatte, handelte es sich um seine Eltern. Nachdem wir uns begrüßt hatten, manövrierten wir den
Rollstuhl über die Stufen in das kleine Cottage hinein.

Als wir am Küchentisch saßen, sah ich mir den jungen Mann, der Conor hieß, genauer an. Das Licht der
Energie, die ihn umgab, war sehr schwach. Er konnte

nicht sprechen und saß regungslos und in sich zusammengesunken in seinem Rollstuhl. Seine Mutter weinte, und gemeinsam beschrieben die Eltern mir dann Conors Zustand. Sein Gehirn war schwer geschädigt und seine Beine gelähmt. Auch sonst konnte er sich offensichtlich kaum bewegen. Es schien, als könne er außerdem weder etwas verstehen noch hören. Er zeigte keinerlei Reaktion, und man konnte in keiner Weise mit ihm kommunizieren. Die Ärzte hatten gesagt, dass es für ihn keine Hoffnung gebe und er wohl den Rest seines Lebens auf diese Weise dahinvegetieren würde.

Ich sah den Sohn an. Heilengel hatten sich um ihn versammelt, aber sein Körper war nicht von einer strahlenden Lichtenergie umgeben. Das Licht um seinen Schutzengel öffnete sich und gab den Blick auf große männliche Stärke frei. Kraftvoll sagte der Schutzengel zu mir: »Er vegetiert nicht vor sich hin, Lorna. Sprich mit ihm! Er hört dich. Er braucht einen Grund zu leben. Er braucht Mut, um dafür zu kämpfen, dass er aus diesem Rollstuhl herauskommt, dass er aufstehen und sein Leben in die Hand nehmen kann.«

Dann schloss sich das Licht um seinen Schutzengel wieder. Ich stand auf und ging zu Conor. Ich sprach ein stilles Gebet und berührte seine Beine, seine Hände, seine Arme und seine Brust. Als ich seinen Herzschlag spürte, legte ich ihm die Hand auf den Kopf und sah ihm in die Augen. »Ich weiß, dass du mich hören kannst«, sagte ich. »Ich weiß, dass du wieder gesund werden kannst, aber du musst dafür kämpfen. Du musst dafür kämpfen, dass du wieder gehen und sprechen kannst. Du musst diesen Kampf aufnehmen. Du musst gesund werden wollen. Ich durfte sehen, dass du wieder gesund werden, arbeiten, heiraten und Kinder haben kannst, aber du darfst dich nicht selber aufgeben. Du musst dafür kämpfen, dass es dir wieder besser geht. Ich werde jeden Tag für dich zu Gott beten – ich gebe dich nicht auf. Ganz egal, was die Ärzte meinen oder was sonst irgendjemand sagt, du wirst es schaffen. Du kannst dein Leben zurückgewinnen. Aber du musst dafür kämpfen!«

Ich schwieg einen kurzen Moment und betete über ihm. Sechs Heilengel standen um ihn herum. Sie hatten ihre Arme ausgestreckt und berührten jeden Körperteil. »Ich weiß, dass du mich hören kannst«, fuhr ich fort. »Ich weiß, dass du gehört hast, was ich gesagt habe, auch wenn du das nicht zeigen kannst. Du kannst es schaffen, aber du musst kämpfen.«

Seine Eltern beteten neben mir, und die Tränen liefen ihnen über das Gesicht. Sie hatten den Ärzten geglaubt und wagten nun nicht mehr zu hoffen. Dabei wollten sie so gerne glauben, dass ihr Sohn wieder gesund werden konnte. Ich begleitete sie zu ihrem Auto und betete dabei immer noch darum, dass Conor wieder gesund werde.

Einige Zeit später – es waren etliche Monate, vielleicht auch ein Jahr vergangen – riefen Conors Eltern mich an, um mir zu sagen, dass sie mit Conor gerne noch einmal vorbeikommen würden. Er war ein völlig anderer Mensch. Er saß zwar immer noch im Rollstuhl, aber er konnte die Arme und den Kopf bewegen. Und er konnte mit stockender Stimme sprechen, etwas undeutlich zwar, aber ich konnte ihn gut verstehen. Er sagte: »Ich habe Sie damals gehört, Lorna. Innerlich habe ich geschrien. Sie waren die Einzige, die sehen konnte, dass ich nicht nur dahinvegetierte. Sie haben mir Hoffnung geschenkt.«

Das Sprechen strengte ihn sehr an, deshalb machte er eine kleine Pause. Ich lächelte ihm zu, als er weitersprach. »Sie haben mir den Glauben an mich selbst zurückgegeben und mir den Mut verliehen, meinen Körper dazu zu zwingen, dass er reagiert. Danke. Ich weiß, dass ich wieder gesund werde. Beten Sie auch weiterhin für mich?« Ich betete noch einmal über ihm, während sich einige Heilengel um ihn herum versammelten. Dann segnete ich ihn.

Seither habe ich Conor noch mehrfach gesehen – jedes Mal ging es ihm ein wenig besser. Zum letzten Mal sah ich ihn vor etwa einem Jahr in der Grafton Street in Dublin. Lachend und Hand in Hand mit einer jungen Frau ging er auf der Straße entlang. Er schien ohne Beeinträchtigung zu laufen. Nichts deutete mehr auf seinen schrecklichen Unfall hin. Er sah mich nicht. Sein Schutzengel zeigte sich mir und schenkte mir ein strahlendes Lächeln. Ich weiß nicht, ob ich diesen jungen Mann je wiedersehen werde. Ich bete immer noch für ihn und bitte um Heilung und um alles, was er in seinem Leben braucht.

Kapitel 5

Ich beschließe umzuziehen

Ein knappes Jahr nach Joes Tod hatten Christopher und Owen beide das College abgeschlossen und arbeiteten ganz in der Nähe von Maynooth, wo wir wohnten. Ruth war im letzten Schuljahr und sollte im kommenden Juni ihren Abschluss machen. Im Leben aller drei war gerade sehr viel los, und vorerst wohnten alle noch zu Hause bei mir.

Als ich eines Tages nach dem Wäscheaufhängen wieder ins Haus kam, erschien der Engel Hosus neben dem Telefon in der Küche. Ich freute mich, ihn zu sehen.

»Lorna, in ein paar Minuten wird das Telefon klingeln«, sagte er. »Oma Brennan wird dran sein. Sag ihr, dass du sie gerne nächsten Sonntag besuchen würdest.« Hosus hatte kaum ausgesprochen, da klingelte es auch schon. Natürlich war es Oma Brennan. Wir unterhielten uns ein paar Minuten und legten dann auf. Hosus war immer noch da und saß jetzt am Küchentisch. Ich setzte mich neben ihn. »Die ganze Familie ist zum Abendessen nach Johnstown eingeladen, Hosus. Und dann wollen wir miteinander das alte Bauernhaus anschauen.«

»Wenn die Jungs und Ruth heute Abend nach Hause kommen, dann sprich mit ihnen über deinen Plan, nach Johnstown umzuziehen«, sagte Hosus. »Bestehe darauf, dass sie mit dir das Bauernhaus besichtigen, damit sie sehen, in welchem Zustand es ist. Es wird alles klappen, ganz egal, wie schwierig und unmöglich es zuweilen erscheinen mag.« Dann verschwand Hosus.

Meistens kamen meine älteren Kinder zu verschiedenen Zeiten nach Hause, aber an diesem Abend gaben sie sich nacheinander die Klinke in die Hand. Wir setzten uns an den Tisch und aßen den Eintopf, den ich gekocht hatte. Megan hatte bereits zu Abend gegessen, saß im Wohnzimmer und sah sich eine Zeichentrickserie im Fernsehen an.

Während wir am Tisch saßen, öffnete sich das Licht um die Schutzengel meiner drei Kinder. Einen Augenblick lang erstrahlte die Küche in ihrem Licht, und die Zeit schien stillzustehen. Ohne dass meine Kinder es merkten, unterstützten und bestärkten ihre Schutzengel mich. Als Mutter dieser drei jungen Erwachsenen war ich tief berührt, dass ihre Schutzengel mich auf jede erdenkliche Weise unterstützten. Ihr Mitgefühl, ihre Liebe und Schönheit bewegten mich sehr. Engel sind wirklich ganz fabelhafte Geschöpfe. Dann schloss sich das Licht um die Schutzengel hinter meinen Kindern wieder, und ich spürte, wie mir jemand durch die Haare fuhr. Da wusste ich, dass auch mein Schutzengel mir seine Unterstützung schenkte.

Ich erzählte meinen Kindern von meiner Sorge um Megan – dass es sie zu sehr belasten würde, in diesem Haus voller Erinnerungen zu leben, und dass es besser für sie sei, wenn ich Oma Brennans Angebot annahm und wir nach Johnstown in das alte Bauernhaus zogen, sobald Ruth im Juni mit der Schule fertig war.

Erschrocken hörten meine Kinder auf zu essen! Doch nachdem sie den ersten Schock überwunden hatten, wurde ihnen klar, dass ich tun musste, was für Megan richtig war, auch wenn die Vorstellung sie traurig machte, dass sie Megan – und mich – dann nicht mehr jeden Tag sehen würden.

»Mam, dieses Bauernhaus war doch schon in einem schrecklichen Zustand, als Dad noch gelebt hat«, sagte Christopher. »Und jetzt ist es bestimmt noch mehr heruntergekommen.«

»Es wird nicht einfach werden, und es wird mit sehr viel Arbeit verbunden sein, das weiß ich«, erwiderte ich. »Und ich kann euch Kinder auch nicht ohne Dach über dem Kopf zurücklassen. Vielleicht könntet ihr beiden Jungs euch überlegen, ob ihr eine Hypothek aufnehmen und mir dieses Haus abkaufen wollt? So hätte ich ein bisschen Geld, um das alte Bauernhaus herzurichten.«

Wie aus einem Munde fragten sie mich: »Mam, können wir uns das noch überlegen? Können wir noch einmal darüber reden, bevor du dich entscheidest?«

»Natürlich können wir noch einmal darüber reden«, beruhigte ich sie. »Denkt bitte immer daran, dass ich euch lieb habe. Ich möchte euch auch nicht euer Zuhause wegnehmen, aber ich glaube, Megan und ich müssen weg aus Maynooth.«

Ich konnte meinen Kindern nicht sagen, dass die Engelfrau Elisha mir mitgeteilt hatte, es sei Gottes Wille, dass ich nach Johnstown zog. Nur zu gerne hätte ich es ihnen erzählt, damit sie besser verstehen konnten, dass ich sie nicht verlassen wollte – aber mir war nicht erlaubt, sie in mein Geheimnis einzuweihen.

»Ich möchte, dass ihr alle am Wochenende mit mir und Megan nach Johnstown kommt, damit wir uns das alte Bauernhaus anschauen können«, fuhr ich fort. »Dann werden wir ja sehen, in welchem Zustand es ist.« Ruth war sehr bestürzt und weinte. »Mam, ich werde dich schrecklich vermissen. Wie soll ich denn ohne meine Mam und ohne meine kleine Schwester leben?« Ich fühlte so sehr mit meinen Kindern. Ich umarmte Ruth inniglich und hielt sie lange fest.

Am Sonntag fuhren wir alle miteinander nach Johnstown, und nach einem Begrüßungstee stiegen Oma Brennan und ihre Tochter Maura zu uns ins Auto, und wir fuhren die kurze Strecke bis zu dem Bauernhaus. Wir bogen in die Zufahrtsstraße ein und stellten unser Auto dann vor dem Hof ab, denn das Tor war verschlossen. Ein paar Meter weiter führte eine kleine Tür in den Vorgarten. Zugewuchert und wild, wie er war, erinnerte er mich an den Garten unseres Cottages in Maynooth zu Beginn meiner Ehe. Diese Erinnerungen bestärkten mich – ich wusste, ich würde eines Tages auch diesen Garten lieben.

Als Oma Brennan die Tür aufschloss, mussten wir alle fest dagegen drücken, denn sie klemmte. Schließlich ging die Tür auf, und wir traten ein. Das Bauernhaus war feucht und kalt. Die Engelfrau Elisha hatte recht gehabt. Es war unbewohnbar. Oma Brennan sagte: »Hier liegt fürchterlich viel Gerümpel herum, das weggeworfen werden muss. Der alte Mann hatte die Angewohnheit, Dinge zu sammeln. Ihr werdet wohl einen Müllcontainer brauchen.« Christopher sagte, er

habe den Eindruck, das ganze Bauernhaus müsse entkernt werden. Ich spürte, dass Joe da war, auch wenn
ich ihn nicht sehen durfte. Und ich dachte: »Ja, ich
könnte mich in dieses Haus verlieben. Megan und ich
könnten hier glücklich werden.«

Als wir später wieder in Oma Brennans Haus waren,
besprachen wir, was wir tun mussten, damit das Bauernhaus rechtmäßig auf mich übertragen werden konnte.

Kapitel 6

Gottes Bibliothek

Die Engel haben mir immer schon gesagt, dass ich einmal Bücher schreiben würde, und ich habe sie jedes Mal ausgelacht. Ich konnte doch kaum meinen Namen schreiben, wie sollte ich da erst ein Buch verfassen? Aber im Alter von 14 Jahren wurde mir eine wunderbare Vision der Bibliothek Gottes geschenkt. Da erkannte ich, wie wichtig Bücher sind und dass ich vielleicht doch eine wichtige Rolle dabei spielen würde.

Als kleines Kind und auch noch als Teenager ging ich oft mit meinem Vater und seinem besten Freund Arthur zum Angeln. Arthur liebte Kinder und nahm sich immer Zeit für mich. Er hatte stets Geschichten auf Lager. Arthur sah ein bisschen älter aus als Paps – er hatte jede Menge Falten im Gesicht –, aber ich glaube, die beiden waren etwa gleich alt. Manchmal angelte ich direkt neben Arthur und Paps. Aber meistens setzte ich mich etwas weiter abseits hin, sodass ich die beiden beim Angeln beobachten konnte. Doch noch wichtiger war mir, ihre Schutzengel und die anderen Engel, die bei ihnen waren, sowie alles, was sonst noch um sie herum vor sich ging, zu sehen.

Beim Angeln lief nicht immer alles glatt. Manchmal verfing sich die Angelschnur in einem Ast oder einem Busch, oder sie blieb an einem großen Stein im Fluss hängen. Einmal unternahm mein Vater alles Mögliche, um einen eingeklemmten Köder freizubekommen. Schwer schnaufend murmelte er, dies sei sein bester Köder, den er auf keinen Fall verlieren wolle. Da berührte ein Engel die Angelschnur, und sie löste sich.

Ein anderes Mal ging ich ein Stückchen flussaufwärts. Als ich an eine Biegung im Fluss kam, blieb ich stehen und rief Paps zu, dass ich noch etwas weitergehen würde. Er antwortete, das sei in Ordnung. Als ich mich wieder umdrehte, kam ein Engel auf mich zu. Diesen weiblichen Engel hatte ich kennengelernt, als ich etwa vier Jahre alt war. Sie hatte mich viel darüber gelehrt, wie man betet.

»Komm, Lorna«, sagte sie. Als ich auf sie zurannte, erschienen sehr viele Engel hinter ihr. Wir gingen noch ein Stückchen weiter, bis wir ein paar Bäume erreichten. Dort setzte ich mich hin und lehnte mich mit dem Rücken an einen Baum.

»Ich habe dir in all den Jahren nie gesagt, wie ich heiße«, sagte sie. »Und du hast mich nie danach gefragt.«

»Ich nenne dich immer den besonderen Gebetsengel«, antwortete ich.

Sie nahm meine Hände und sagte: »Nenn mich ›Amen‹.«

Lächelnd bemerkte ich: »Das sagt man doch am Ende eines Gebets.«

»Ich bin am Ende jedes Gebets, Lorna«, erklärte sie mir. »Gott hört die Gebete jedes Mannes, jeder Frau und jedes Kindes, ungeachtet ihrer Religion. Und am

Ende jedes Gebets sind Engel anwesend. Mit dem letzten Wort ›Amen‹ verstärken und überhöhen die Engel
das Gebet und bitten Gott darum, es zu erhören.«

»Sind deshalb so viele Engel bei dir? Bist du ihre
Chefin?«, fragte ich Amen.

»Die vielen Engel sorgen dafür, dass nicht ein einziges Amen am Ende eines Gebets verloren geht – selbst
wenn der betende Mensch das Wort ›Amen‹ gar nicht
verwendet oder es vergisst.«

»Da haben die Engel aber sehr viel zu tun«, bemerkte
ich. Amen lächelte, beantwortete aber nicht meine Frage, ob sie die Chefin sei.

»Schließe jetzt die Augen, Lorna«, forderte sie mich
auf. Alle anderen Engel versammelten sich um uns, und
wir begannen zu beten. Ich betete mit jeder Faser meines Körpers und meiner Seele. Allmählich veränderte
sich die Atmosphäre. Ich fühlte mich schwerelos wie
eine Feder, als ob ich schwebte und den Boden nicht
berührte. Dabei wusste ich, dass ich auf der Erde saß.
Ich befand mich in einem meditativen Zustand, umgeben von Gottes Engeln. Dann wurde mir gesagt, ich
solle die Augen wieder öffnen. Jetzt stand Amen direkt
vor mir. Sie wirkte noch größer und schöner als zuvor.
Wie in Zeitlupe machte sie einen Schritt nach vorne,
sank auf ein Knie, hob die Hand und legte sie mir auf die
Brust. Dabei sagte sie: »Gott ruft dich, Lorna. Ich werde
deine Seele mitnehmen. Hab keine Angst.« Mir blieb
buchstäblich die Luft weg, und einen Moment lang hatte ich schreckliche Angst. Ich konnte nicht atmen.

Plötzlich befand ich mich in einem riesengroßen Flur.
Er schien weder Wände noch Türen zu haben, und man
konnte nicht erkennen, wo er anfing und wo er aufhör-

te. Ich war von einer Art Dunst umgeben – er war schneeweiß, blendete mich aber nicht. Amen nahm mich bei der Hand, und wir schritten den Flur entlang. Engel und Seelen gingen in beiden Richtungen an uns vorbei, aber ich beachtete sie nicht weiter. Wir liefen ein langes Stück, aber es war überhaupt nicht anstrengend.

Dann blieben wir stehen. Der Dunst war auf einmal wie weggeblasen. »Wir sind da, Lorna«, sagte Amen und wandte sich mir zu. Ich hatte keine Ahnung, wo wir waren. Vor uns befand sich ein dünner Vorhang wie aus Seide. Er hatte offenbar weder Anfang noch Ende. Ich hob die Hand, um ihn zu berühren, aber Amen hielt mich davon ab. Allmählich verblasste der Vorhang und löste sich schließlich ganz auf, und damit verschwand auch der Engel Amen.

Ich befand mich nun ganz allein in einer gigantischen Bibliothek. Endlose Regalreihen standen darin, in denen sich Bücher bis weit hinauf stapelten. Die obersten Regalfächer konnte ich nicht sehen, da sie hoch oben in einem schwebenden Dunst verschwanden. Jedes Regal war mit kunstvollen Holzschnitzereien verziert. Sie passten zu den Schnitzereien an den Beinen der langen Tische im Raum. Diese Tische waren riesig. Ich konnte mich nicht einmal bis zur Tischkante strecken, und jeder Tisch war so lang wie ein ganzer Stall. Um die Tische standen in unregelmäßigen Abständen jeweils drei bis fünf Stühle. Die Stühle hatten Schnitzereien an den Armlehnen und Beinen, die Rückenlehne aber war glatt und ohne Verzierungen. Auf den Tischen häuften sich zahlreiche Bücher, sowohl Bücherstapel als auch einzelne Exemplare, die aufgeschlagen dalagen, als würde sie gerade jemand lesen.

Alles in dieser Bibliothek war riesig – Bücher, Tische, Stühle und Regale. Zwischen den Tischen befanden sich riesengroße kanzelähnliche Gebilde. Sie hatten die Größe eines kleinen Hauses. Seitlich führte jeweils eine Treppe zu einer großen Standfläche hinauf. Jede Kanzel sah anders aus, und alle wirkten ganz neu. So etwas hatte ich noch nie gesehen. Aber das Unglaublichste in dieser riesigen Bibliothek war die gigantische Wendeltreppe, die sich in einiger Entfernung rechts von mir befand. So wie die Regale wirkte auch sie endlos. Sie wand sich nach oben und verlor sich dann in dem Dunst, der über der Bibliothek lag. Es schien auch so, als würde die Treppe durch den Boden hindurch weiter nach unten führen. Sie war so ganz anders als alle Wendeltreppen, die ich bisher gesehen hatte. Sie schimmerte in einem weißgoldenen hellen Licht.

Plötzlich war auf der Treppe sehr viel Bewegung. Engel und Seelen schritten hinauf und hinunter. Sie gingen offenbar durch den Boden hindurch. Einige stiegen hinauf und wurden von anderen passiert, die auf ihrem Weg nach unten waren. Da sah ich mir den Boden zum ersten Mal genauer an. Anfangs hatte ich den Eindruck gehabt, er sei aus Marmor. Aber jetzt, wo ich genauer hinsah, bemerkte ich, dass es kein Marmor war, wie ich ihn kannte. Durch den Boden hindurch konnte ich Licht und Bewegungen erkennen. Staunend stellte ich fest, dass er durchsichtig war. Jetzt schaute ich noch genauer hin und konnte richtig durch ihn hindurchsehen. Die große Wendeltreppe wand sich nach unten, und ich erkannte Seelen und Engel, die eine Etage tiefer unterwegs waren. Ich ging in die Hocke, um mir alles genauer anzusehen und den Boden zu berühren.

Da tippte mir ein wunderschöner Engel an die Schulter und sagte: »Nein, Lorna. Du kannst in dieser Bibliothek hingehen, wo du möchtest, aber fass nichts an!« Dann verschwand der Engel wieder. Ich war enttäuscht, wusste aber instinktiv, dass ich keine Fragen stellen sollte.

In der Bibliothek war ausgesprochen viel los. Fast kam ich mir wie ein Eindringling vor, der eigentlich gar nicht dort sein sollte. Die Bibliothek wirkte wie ein Ort, in den ich in der normalen Welt in meinem jungen Alter niemals eingelassen worden wäre. Doch die Engel und Seelen waren mit meiner Anwesenheit einverstanden und nickten mir zu, als hätten sie mich erwartet. Auf der Wendeltreppe herrschte immer noch reger Betrieb. Drei der Seelen, die ich dort sah, waren Apostel, so sagte man mir. Alle Seelen waren sehr viel größer als ich. Sie hatten die richtige Größe für die Bibliothek. Und die Engel um sie herum waren sogar noch größer.

Soeben war der Apostel Petrus die Treppe herabgestiegen und schritt nun, gefolgt von vier Engeln, ungefähr in meine Richtung. Er sah aus wie ein stattlicher, reifer Mann mit dunklem, zerzaustem Haar. Seine Augen strahlten, aber seine Miene war ernst und nachdenklich. Die Engel, die ihn begleiteten, blieben bei einem Tisch stehen und blätterten in den Büchern, die darauf lagen. Dabei machten sie sich Notizen. Dann stieg Petrus auf eine der Kanzeln. Es hatte nicht den Anschein, als hätte er mich bemerkt. Zwei weitere Apostel kamen in die Bibliothek herunter: Markus und Simon. Wie Petrus war auch Markus ein eher unter-

setzter Mann und um die 40 Jahre alt. Simon hingegen
sah jünger aus. Mit seiner schlanken Statur und seinem
Haar, das wie sonnengebleicht wirkte, kam er mir eher
jungenhaft vor.

Markus und Simon stiegen ebenfalls jeweils auf eine
Kanzel, blätterten in Büchern und machten sich Notizen. Auch andere heilige Seelen unterschiedlichster
Glaubensrichtungen kamen in die Bibliothek – alle wurden von Engeln begleitet. Heute verstehe ich, dass meine Aufmerksamkeit auf bekannte religiöse Persönlichkeiten gelenkt wurde, die ich erkennen konnte – also
auf Persönlichkeiten der christlichen Tradition, in der
ich aufgewachsen bin. Das heißt jedoch nicht, dass eine
Religion der anderen überlegen wäre. Wäre ich eine
junge Jüdin oder Muslima gewesen, wären mir andere
Religionsführer gezeigt worden. Was immer diese
Apostel suchten, es schien ihnen sehr wichtig zu sein,
und sie mussten es offenbar dringend finden. Petrus,
Simon und Markus gingen von einer Kanzel zur anderen. Ich konnte nur geflüsterte Gesprächsfetzen hören.
Ich hatte keine Ahnung, was sie wohl suchen mochten.

Als ich nun zwischen den riesigen Tischen und Kanzeln in der Bibliothek umherging, grüßten mich weitere
Engel, und auch die Apostel auf den Kanzeln schienen
ein Auge darauf zu haben, wohin ich ging. Einmal sah
ich, wie Petrus die Arbeit auf seiner Kanzel unterbrach,
sich besorgt umsah und nach mir Ausschau hielt. Als er
mich entdeckt hatte, wandte er sich wieder seiner Arbeit
zu. Ich beobachtete einige Engel, die Bücher aus den
Regalen nahmen und sie zu den Tischen trugen, die
inzwischen übervoll waren. Manchmal stapelten sie die
Bücher auch auf dem Boden. Andere Engel trugen

Bücher auf die Kanzeln. Alle suchten sehr intensiv nach etwas – es war offensichtlich von großer Bedeutung, denn es lag eine unglaubliche Spannung in der Luft.

Plötzlich begriff ich, was los war. Ohne dass ich eine Stimme gehört hätte, wurde mir mitgeteilt, dass Gott die anderen darum gebeten hatte. Es war eine Art Prüfung, und sie mussten die Aufgabe innerhalb einer bestimmten Zeit lösen. Irgendwo in der Bibliothek stand in einem der Bücher die Antwort, nach der sie suchten. Nun wurde mir klar, dass ich wusste, in welchem Buch sie stand und wo dieses Buch zu finden war. Dennoch wusste ich immer noch nicht, *wie* die Antwort genau lautete. Mittlerweile stand ich direkt vor der unglaublich großen Wendeltreppe und konnte sie zum ersten Mal aus der Nähe betrachten. Sie wurde erleuchtet vom Licht der Engel und der Seelen, die darauf hinauf- und hinuntergingen. Das war der helle weißgoldene Schimmer, den ich von der anderen Seite der Bibliothek aus wahrgenommen hatte. Die riesigen Stufen der Wendeltreppe waren aus demselben Material wie der Boden. Ich konnte direkt in die Stufen hinein- und durch sie hindurchschauen.

Wiederum wortlos wurde ich aufgefordert, mich von der Wendeltreppe zu entfernen. Als ich mich umdrehte, nahm ich eine zunehmende Anspannung in der Bibliothek wahr. Ich wusste, dass Gott nahte. Die Anspannung wuchs. Die Engel und Seelen hatten nicht geschafft, worum Gott sie gebeten hatte! Petrus und die anderen taten mir leid. Ich wollte ihnen sagen, wo die Antwort stand, aber das durfte ich nicht.

Ich schaute auf und sah, dass Petrus Seite um Seite in einem Buch umblätterte. Markus verließ seine Kanzel

und eilte die Treppe zu Petrus' Kanzel hinauf. Dabei
nahm er zwei Stufen auf einmal. Simon konnte ich nicht
sehen. Seine Kanzel war am weitesten von mir weg,
und selbst wenn ich mich auf die Zehenspitzen stellte,
konnte ich nicht erkennen, wo er war. Ich ging wieder
ein Stück in die Bibliothek hinein und befand mich nun
zwischen Engeln und heiligen Seelen, die ihre Suche an
den Tischen fortsetzten. Jetzt konnte ich Simon sehen.
Mit forschen Schritten eilte er von einem Tisch zum
anderen und sprach dabei mit heiligen Seelen verschiedener Religionen sowie mit Engeln. Die Engel zeigten
ihm, was sie sich aus den Büchern notiert hatten. Zwei
weitere Engel trugen einige dicke Bücher und gaben
Simon ein paar davon. Geschwind brachte er sie zu Petrus' Kanzel, gefolgt von den beiden Engeln, die noch
mehr Bücher schleppten. Simon hatte es so eilig, dass
er die Bücher beinahe fallen gelassen hätte. Da stieg
Markus von seiner Kanzel und kam ihm rasch zu Hilfe.
So eilten also Simon, Markus und die beiden Engel mit
Büchern beladen die Stufen zu Petrus' Kanzel hinauf.
Gemeinsam suchten sie fieberhaft und blätterten Buch
um Buch eine Seite nach der anderen um. Ich wollte
ihnen unbedingt helfen. Ich wusste ja, wo die Antwort
stand. Aber ich durfte es ihnen immer noch nicht sagen.
Nun spürte ich, dass Gott die Wendeltreppe hinunter in
die Bibliothek kam. Ich rannte los und versteckte mich,
so schnell ich konnte, hinter einem Buch in einer Ecke.
Das riesige Buch stand hochkant und aufgeschlagen
da, sodass ich mich ganz dahinter verstecken konnte.
Schließlich lugte ich dahinter hervor, weil ich sehen
wollte, was vor sich ging. Gott stieg die Wendeltreppe
hinunter und strahlte dabei eine ungeheure Macht aus.

Es war unglaublich und lässt sich nur sehr schwer beschreiben. Die Macht, die von ihm ausging, war stärker als das heftigste Gewitter, das man sich vorstellen kann: ein tosender Sturm mit rollendem Donner und hell aufflackernden Blitzen. Die Spannung war überwältigend. Meine Seele zitterte vor Aufregung. Ich hatte große Angst, aber gleichzeitig fürchtete ich mich auf einer anderen Ebene überhaupt nicht.

Ich habe das Gefühl, diesem Moment mit meiner Beschreibung überhaupt nicht gerecht zu werden. Mitten im Schreiben schimpfe ich auf die Engel und bitte sie zugleich um ihre Hilfe. Soeben legt mir der Erzengel Michael die Hand auf die Schulter und sagt: »Du machst das gut, Lorna. Gott lässt dich wissen, was du schreiben musst, und wir sind bei dir und helfen dir.« Das ist mir immerhin ein kleiner Trost, auch wenn es mich immer noch ärgert, dass mir die passenden Worte fehlen, um angemessen zu schildern, was ich erlebt habe.

Mittlerweile stand Gott in der Mitte der Bibliothek. Petrus sprach als Erster und gestand, dass er und die anderen die von Gott gestellte Aufgabe nicht erfüllt hatten. Gott wusste das natürlich bereits. Allem Anschein nach war Gott wütend auf sie.

Gott sprach. Seine Stimme klang wie Donnerhall. Kein Engel und keine Seele bewegte sich. Wenn es im Himmel eine Nadel gibt, dann hätte man sie jetzt fallen hören können. »Ich habe euch um eine solche Kleinigkeit gebeten, Petrus«, donnerte Gott. »Ihr solltet eine Antwort in einem Buch in der Bibliothek finden. Ich habe euch Hilfe zuteilwerden lassen, doch selbst mit meiner Hilfe vermochtet ihr es nicht.« Verärgert hob Gott in einer recht menschlichen Geste schwungvoll

den rechten Arm, als wollte Er sagen: »Hinweg, geht
mir aus den Augen, alle miteinander!«

Sämtliche Engel und Seelen verschwanden. Nur Petrus und ich waren noch da. Voller Ehrfurcht nahm ich
die unglaubliche Macht Gottes wahr. Nur aufgrund dieser einen Geste waren alle verschwunden. Ich schob
mich noch ein bisschen weiter hinter das Buch. Ich hatte Angst, dass Gott mich sehen konnte. Der Gedanke,
dass Gott all diese Engel und Seelen verbannt haben
konnte, hatte mich zutiefst erschreckt. Wortlos wurde
mir gesagt, ich solle mir keine Sorgen machen, Gott
habe sie nur vorübergehend weggeschickt. Ich hätte
eigentlich wissen können, dass ich keine Angst haben
musste, denn neben Gottes Macht konnte ich auch Seine unglaubliche Liebe spüren. Ich konnte diese Liebe
spüren und wollte zu Ihm hinlaufen, aber ich war so
überwältigt von seiner Macht, dass ich mich weiter versteckt hielt.

Dann rief Gott meinen Namen. »Lorna«, rief er, »warum versteckst du dich vor mir, wo du doch genau weißt,
dass ich dich immer sehen kann, ganz egal wo du bist?«

Ich blieb in meinem Versteck, hinter das Buch gekau-
ert, und flüsterte: »Ich habe Angst.« Gott schaute über
den Rand des Buches zu mir herunter und lächelte. Ich
kam mir so klein vor, so winzig.

In diesem Augenblick streckten Gott und ich die
Arme nacheinander aus, und Gott ergriff meine Hand.
Gottes Hand war sehr groß, dennoch passten unsere
Hände ineinander. Ich fühlte mich geborgen und war
glücklich. Ich wollte Seine Hand für immer festhalten.

»Du brauchst keine Angst zu haben, Lorna«, sagte
Gott.

»Ich weiß«, sagte ich im Flüsterton, »aber Du bist so groß und mächtig, Gott, und ich bin so klein.« Hand in Hand gingen Gott und ich auf die Kanzel zu, auf der Petrus stand. Die Stufen, die zur Kanzel hinaufführten, waren zu hoch für mich, und ohne zu zögern bückte sich Gott zu mir herunter, hob mich hoch und trug mich in Seinen Armen wie ein Vater. In diesem Moment erkannte ich, dass wir in Gottes Augen alle nur Kinder sind.

Die Standfläche der Kanzel wirkte wie ein großer Raum mit Regalen und einem großen ovalen Schreibtisch in der Mitte. Entlang der gesamten Innenseite der Kanzel verlief ein breites, über und über mit Büchern bestücktes Regal. In der Mitte des Regals befand sich ein Schreibtisch mit einer leicht geneigten Tischplatte etwa wie bei einem Pult. Auf jeder ebenen Fläche waren Bücher übereinandergestapelt. Viele Bücher waren aufgeschlagen, als habe jemand darin verzweifelt nach etwas gesucht – und das hatten die anderen ja auch.

»Lorna, zeig Petrus, wo die Antwort steht«, wies Gott mich an und setzte mich ab. Ich deutete auf den Schreibtisch. Jetzt nahm Petrus mich bei der Hand. Als wir zum Schreibtisch gingen, wurde mir klar, dass ich unmöglich in die Bücher schauen konnte – dafür war der Tisch einfach zu hoch. Ich blieb stehen und schaute zwischen Gott und dem Schreibtisch hin und her. Da erschienen Treppenstufen, die zum Schreibtisch führten und niedrig genug für mich waren, sodass ich einen Blick in die Bücher werfen konnte. Lächelnd bedankte ich mich. Ich wusste, dass Gott meine Gedanken gehört hatte. Er hört sie immer, genauso wie Er mich immer sehen kann.

Auf dem Schreitisch lagen Bücher kreuz und quer verstreut, aber ein aufgeschlagenes Buch war größer als die anderen. Ich blätterte ein paar Seiten um und sagte dann zu Petrus: »Die Antwort steht in diesem Buch.«

»Ich habe jede einzelne Seite darin Hundert Mal gelesen«, sagte Petrus und kam mir beim Blättern zu Hilfe.

»Sie steht in diesem Buch«, wiederholte ich. »Ich weiß, dass sie da drin ist.« Ich wusste auch nicht genau, was ich suchte, aber ich wusste, in dem Moment, in dem ich es sah, würde ich es erkennen. Die Schrift in dem Buch war mir vollkommen unbekannt. Die Buchstaben waren ganz anders als alles, was ich bisher gesehen hatte. Die Sprache war mir völlig fremd, und doch konnte ich sie lesen. Zwischen den Worten konnte ich Namen erkennen. Manchmal waren mehrere Sätze mit einem bestimmten Namen verbunden, und manchmal stand ein Name ganz für sich. Schließlich blätterte ich mit Petrus' Hilfe eine Seite um und sah meinen eigenen Namen. Ich war völlig überrascht, lachte und zeigte ihn Petrus. Petrus strahlte mich an.

Ich spürte, dass Gott mein Haar berührte. Weiter oben auf der Seite entdeckte ich meinen Namen noch einmal, und darunter stand das, was Gott gesucht hatte. Der Abschnitt war nur etwa drei oder vier Sätze lang. Darunter standen viele weitere Namen. Ich deutete auf diesen Abschnitt und sagte zu Petrus: »Da steht das, was du gesucht hast!« Plötzlich war die Bibliothek wieder voller Leben. Zahlreiche Engel, heilige Seelen und die Apostel Markus und Simon waren wieder da. Es herrschte große Freude, Heiterkeit und Gesang.

Ich las Petrus die Antwort vor. Damals verstand ich sie. Sie war mir vollkommen klar, aber jetzt kann ich

mich einfach nicht mehr daran erinnern. Die Engel verhindern aus irgendeinem Grund, dass ich mich an den
Wortlaut erinnere. Vor zehn Jahren wusste ich ihn
noch. Vielleicht fällt er mir ja irgendwann wieder ein.

Petrus' Gesicht hellte sich auf. Er war sehr erleichtert. Er legte seinen Finger neben meinen und las den
Abschnitt ein zweites Mal laut vor. Voller Freude wandte er sich Gott zu. Die Aufgabe war erfüllt. Plötzlich
erschien der Engel Amen auf der Kanzel neben Gott
und Petrus. Ich wusste, dass es für mich nun an der Zeit
war zu gehen, aber ich sah Gott an und fragte ihn wie
ein kleines dreijähriges Kind: »Muss ich wirklich
gehen?« Er antwortete mit Ja.

Amen nahm mich bei der Hand, und plötzlich war ich
wieder an dem Flussufer, eingehüllt in eine Engeldecke.
Wie so oft, wenn meine Seele mitgenommen wird, hatten mich die Engel auch dieses Mal in so etwas wie eine
riesige, schneeweiße Decke gehüllt. Weich wie Federn
legte sie sich um mich, und es war, als wäre sie elekt-
risch geladen, da sie die ganze Zeit funkelte. Amen hielt
mich bei der Hand und legte meine Seele sanft und liebevoll wieder in meinen menschlichen Körper hinein.

»Öffne die Augen, Lorna«, sagte Amen. Das tat ich,
und damit verschwand sie. Ich war sehr müde und fühlte mich ganz steif. Nach einer kleinen Weile stand ich
auf und ging zurück zu Paps und Arthur. Es kam mir so
vor, als sei ich stundenlang weg gewesen, aber sie
reagierten so, als sei ich erst vor wenigen Minuten
gegangen.

Die Treppe in der Bibliothek werde ich nie vergessen.
So großartig und beeindruckend war sie. Im Laufe der
Jahre wurde mir eine beträchtliche Anzahl von Treppen

gezeigt, vielleicht ein Dutzend. Darunter waren sowohl solche, die in den Himmel hinaufführen, als auch solche, die sich im Himmel befinden. Jede war einzigartig, aber alle hatten eines gemeinsam: Sie waren geschwungen, keine einzige war kerzengerade. Man könnte sie als Wendeltreppen bezeichnen. Ich glaube, sie werden mir unter anderem gezeigt, damit ich darüber schreiben kann und die Menschen dadurch verstehen, dass es den Himmel wirklich gibt und dass er unendlich ist.

Treppen habe ich bei ganz unterschiedlichen Gelegenheiten gesehen. Manchmal geschah es im meditativen Gebet. Hin und wieder wurden sie mir gezeigt, wenn ein Mensch starb oder wenn ich selbst Nahtoderfahrungen hatte. Natürlich durfte ich nie bis ganz oben gehen. Ich wurde wieder zurückgeschickt – sonst würde ich heute nicht hier sitzen und diese Sätze schreiben.

Ich steige sehr gerne Himmelstreppen hinauf, weil ich mich Gott dann näher fühle. Normalerweise begleitet mich der Engel Amen dabei.

Kapitel 7

Der Regen berührt mich

Obwohl weder Christopher noch Owen eine Hypothek aufnehmen konnten, um mir das Cottage in Maynooth abzukaufen, erledigte ich mit Oma Brennan alle Formalitäten, damit das alte Bauernhaus rechtmäßig auf mich übertragen werden konnte. Aber ohne das Geld von den Jungs war ich nicht in der Lage, das Bauernhaus herzurichten. Und in dem Zustand, in dem es sich befand, war es schlicht unbewohnbar. Eines Tages erzählte Owen seinem Chef, wie schwierig es für ihn war, eine Hypothek aufzunehmen. Daraufhin bot ihm sein Chef seine Hilfe an.

Als Owen mir ganz begeistert von dem Angebot erzählte, musste ich lächeln. Sein Chef hörte offensichtlich auf seinen Engel.

Er half Owen, mit der Bank zu verhandeln. Doch trotz dieser Unterstützung zog sich das Ganze noch Monate hin, da Owen erst 19 war und die Bank immer wieder die Darlehenssumme senkte. Aber schließlich wurde das Darlehen genehmigt. Ich erinnere mich noch gut an den Tag, als Owen erfuhr, dass es nun in vollem Umfang bewilligt war. Ich stieß einen tiefen Seufzer der Erleichterung aus.

Ein paar Tage später fuhr ein Lastwagen mit einem kleinen Kran vor dem Haus in Maynooth vor. Er hievte einen niedrigen Umzugscontainer in den Garten. Darin wollte ich die Sachen für unseren Umzug verstauen. Von diesem Tag an trug ich nach und nach Megans und meine Siebensachen in den Container. Megan gefiel die ganze Betriebsamkeit sehr.

Immer wenn ich mir Sorgen machte, kam der Engel Hosus und beruhigte mich. »Jede Menge Schutzengel flüstern den unterschiedlichsten Leuten zu, dass sie dir helfen sollen, Lorna. Manche kennst du noch nicht einmal, aber mach dir keine Gedanken, es werden viele Wunder geschehen.«

Eines Abends klopfte ein Nachbar an der Tür. Er hatte von Owen erfahren, dass ich umziehen wollte, und bot mir seine Hilfe an. Als ich ihm von dem Bauernhaus erzählte, schlug er vor, dass ein befreundeter Architekt namens Tony es sich einmal ansehen könne. So würde ich eine Vorstellung davon bekommen, was an dem Haus alles gemacht werden müsse. Ich nahm das Angebot dankbar an und traf mich ein paar Wochen später an einem Sonntag mit Tony bei dem alten Bauernhaus. Er sah sich gründlich um und bestätigte, was meine Söhne mir bereits gesagt hatten. Das Haus befand sich in einem desolaten Zustand und musste komplett entkernt werden. Ich erklärte Tony, dass ich nur ein sehr knappes Budget hatte. Daraufhin prüfte er, ob und wie die Liste der notwendigen Arbeiten gekürzt werden konnte. Auf dieser Liste standen neue Elektroleitungen, neue Wasser- und Abwasserrohre sowie eine neue Abwassergrube, der Austausch sämtlicher vom Holzwurm zerfressenen Böden und Fensterrahmen sowie die Behandlung mit Holzschutzmittel, damit der Holzwurm auch zuverlässig vernichtet wurde. Von dieser Liste konnte man kaum etwas streichen.

Auf Tonys Rat hin sprach ich mit den Jungs und gab dann in der Lokalzeitung eine Anzeige auf, mit der ich einen selbstständigen Bauunternehmer suchte. Wir erhielten ein paar Angebote, aber sie waren sehr teuer, und die geforderten Honorare hätte ich mir nie leisten können. Eines Tages meldete sich ein Zimmermann namens Eddie auf die Anzeige. Er nannte einen günstigeren Preis, also vereinbarten wir, uns gemeinsam mit Tony an einem Samstagnachmittag bei dem Haus zu treffen.

Megan und ich waren als Erste da. Kurz darauf trafen Eddie und Tony ein. Zimmer für Zimmer besichtigten die beiden das Bauernhaus und untersuchten alles. Dabei wollte ich ihnen nicht im Weg sein. Danach sprach Tony allein mit mir und meinte, Eddie sei eine gute Wahl. Sein Preis sei vernünftig, und er könne einen Großteil der anstehenden Arbeiten selbst erledigen, auch wenn ich später noch einen Installateur und einen Elektriker benötigte. Ich war begeistert. Endlich kam Bewegung in die Sache. Ich hatte jemanden gefunden, der die Arbeiten am Haus durchführen konnte!

Eddie konnte allerdings erst in ein paar Wochen anfangen, weil er zuvor noch einen anderen Auftrag erledigen musste. Das war prima, denn so hatten wir Zeit, das Haus auszuräumen, bevor er anfing. Ich wollte sehen, ob ich noch etwas von den alten Möbeln in dem Bauernhaus retten konnte, denn mir gefallen alte Sachen. Am darauffolgenden Wochenende fuhr ich mit Megan und Christopher wieder hin, und wir übernachteten in einer Pension ganz in der Nähe. Ein paar Dinge konnte ich immerhin bergen: einen Schrank, ein paar Kommoden und zwei Marmor-Waschtische. Einen Töpfchenhalter aus Holz verwandelte ich sogar in einen kleinen Schemel. Nur zu gerne hätte ich noch mehr gerettet, aber das meiste war so sehr vom Holzwurm zerfressen, dass es bereits auseinanderfiel. Was wir gerettet hatten, stellten wir in einen großen Schuppen neben dem Haus, wo ich alles sofort gegen den Holzwurm behandelte.

Wann immer es ihm möglich war, arbeitete Christopher übers Wochenende am Haus. Zu den aufwendigen Arbeiten gehörte das Auswechseln der Holzstürze über allen Fenstern. Als wir damit anfingen, forderte Christopher mich dazu auf, ein Stück aus dem Sturz herauszubrechen, als ob er ein Laib Brot wäre. Ich schaute ihn verwundert an und fragte mich, wie um alles in der Welt das möglich sein sollte. Ich brach ein Stück aus dem Holzsturz heraus, genauso wie man einen Brocken weiches Brot abbricht, und zu meiner Überraschung zerbröselte es in meinen Händen. Auch die anderen Holzstürze waren morsch, daher mussten wir sie entfernen und durch Fensterstürze aus Beton ersetzen. Das war eine sehr schwierige Aufgabe, denn die Betonstürze waren mindestens drei Meter lang und extrem schwer. Ein Freund half Christopher zwar, aber die Arbeit ging trotzdem sehr langsam voran. Immer wenn ein Betonsturz eingezogen wurde, waren die Engel noch aufmerksamer als sonst. Sie hielten auch mich dazu an, besonders gut aufzupassen. Ich sah fünf Engel bei den beiden Jungs, die ihnen halfen, einen Sturz anzuheben. Mir war nicht ganz wohl dabei, Christopher und seinem Freund bei dieser Arbeit zuzuschauen, aber gleichzeitig war es tröstlich zu wissen, dass auch die Engel ein wachsames Auge auf sie hatten.

Eines Tages schaute ich wieder einmal zu, als neue Fensterstürze eingezogen wurden. Da sagte ein Engel zu mir: »Lorna, geh hinter das Haus! Dort wartet der Engel Hosus auf dich.« Ich stieg durch ein Fenster nach draußen und kletterte über Berge von Schutt. Dabei sah ich Hosus bereits neben dem Haus stehen. Wie üblich sah er wie ein altmodischer Lehrer aus, und sein Umhang flatterte im Wind. Er lächelte erst und lachte mich dann aus – ich war über und über voller Staub. Dann sagte er: »Deine Stiefel sehen viel zu groß für dich aus, Lorna.«

In diesem Moment verlor ich das Gleichgewicht und rutschte aus, aber Hosus fing mich auf. »Danke, Hosus. Ich brauche zu allem anderen wirklich nicht auch noch blaue Flecken und Kratzer«, sagte ich. Wir setzten uns auf den Schutt und unterhielten uns eine Zeitlang. Dabei erzählte ich ihm von meinen Sorgen. »Wenn Christopher und sein Freund im oberen Stockwerk arbeiten, wird es sehr gefährlich. Dort gibt es keinen Boden, auf dem sie stehen können. Sie stehen lediglich auf Brettern, die über die Balken gelegt worden sind.«

Hosus nahm meine Hand. »Mach dir keine Sorgen, Lorna. Wir werden alles tun, was wir können, und dafür sorgen, dass nichts schiefgeht.« Hosus erfüllte mich mit innerer Ruhe. Dann hörte ich ein Auto auf der Zufahrtsstraße, und Hosus verschwand. Nur ein einziges Mal haben die Jungs beim Arbeiten im oberen Stockwerk den Halt verloren, aber sie konnten sich irgendwie fangen. Ich weiß, dass es mit der Hilfe der Engel geschah. Ich war unglaublich froh, als alle Betonfensterstürze eingezogen waren und diese Arbeit abgeschlossen war.

Im Stall – der zum großen Wohnzimmer des Hauses werden sollte – war das Herausreißen des Bodens eine entsetzliche Arbeit. Man musste einen Meter tief graben. Die ersten 30 Zentimeter waren nicht allzu schlimm, da hauptsächlich Erde und kleine Steine zutage kamen, aber danach stieß man auf riesige Felsbrocken. Christopher musste Maschinen mieten, um sie zu zertrümmern. So füllte sich der Garten vor und hinter dem Haus mit Schutt. Immer wieder musste Christopher einen Weg frei räumen, der gerade so breit war, dass er mit dem Schubkarren hindurchkam. Auch diese Arbeit nahm Monate in Anspruch, denn Christopher konnte nur an den Wochenenden arbeiten. Ich hatte das Gefühl, es würde noch ewig dauern, bis das alte Bauernhaus bewohnbar wäre.

Megan nahm ich nicht immer mit, weil es zeitweise einfach zu gefährlich war. Dann bedrängte sie Christopher, sie wolle einer ihrer Puppen oder ihrem Teddy das neue Haus zeigen. Wenn sie dort war, spielte sie in einer Ecke mit Holzstückchen. Sie baute einen Tisch oder ein Bett für ihre Puppe oder einen Hocker, auf dem ihr Teddy sitzen konnte. Eines Tages hörte ich, wie sie ihrem Teddy sagte, er solle achtgeben, dass er nicht auf den Boden fiel, denn sonst würde er ganz schmutzig. Sie beobachtete nur zu gerne, was vor sich ging, und war von allem fasziniert. Megan war sehr glücklich, wenn sie in dem Bauernhaus war. Sie war dann gelöster. Wenn ich sie so sah, wusste ich, dass der Umzug die richtige Entscheidung war, trotz der Langsamkeit und der vielen Schwierigkeiten, mit denen die Arbeit vor sich ging.

Manchmal sah ich, dass Megans Schutzengel bei ihr auf dem Boden saß und mit ihr spielte. Ihr Schutzengel sah aus wie ein achtjähriges Mädchen, wirkte also ein wenig älter als Megan, die damals fünf Jahre alt war. Aber sie sahen sich in vieler Hinsicht ähnlich. Sie wirkten wie zwei ganz normale Kinder, die miteinander spielten, außer dass ihr Schutzengel nicht über und über staubig wurde wie Megan. Manchmal drehte sich ihr Schutzengel um und sah mich an. Er hatte große braune Augen – so groß wie Untertassen –, war wunderschön und strahlend hell. Sein Haar war lang und dunkel, zu Zöpfen geflochten und mit bunten Lederbändchen zusammengebunden. Ich sehe Megans Schutzengel nicht immer, und ich fühle mich sehr geehrt, wenn das geschieht. Ich fühle mich auch geehrt, wenn ich meinen Schutzengel erblicke. Wie ich bereits sagte, sehe ich das helle Licht des Schutzengels hinter jedem Menschen. Ich habe noch nie einen Menschen ohne das Licht seines Schutzengels gesehen, egal ob es sich um einen Mann, eine Frau oder ein Kind handelt. Aber wenn der Schutzengel eines Menschen sich öffnet, bin ich sehr dankbar. Es geschieht aus unterschiedlichen Gründen. Manchmal sagt mir der Schutzengel, dass etwas nicht in Ordnung ist, und bittet mich, für diesen Menschen zu beten. Manchmal stellt der Schutzengel auch eine geistige Verbindung zwischen der Seele des anderen Menschen und meiner Seele her. Es kann sein, dass ich diesen Menschen nie wieder sehe oder nie erfahre, wie er heißt. Das ist nicht wichtig. Der Schutzengel dieses Menschen und mein Schutzengel tun dann, worum Gott sie gebeten hat: Sie stellen die spirituelle Verbindung zwischen der Seele des anderen Menschen und meiner Seele her. Solange der andere Mensch diese spirituelle Verbindung braucht, sehe ich sein Gesicht. Ich sehe tagtäglich viele Gesichter vor mir, und ich bete um Heilung in ihrem Leben.

Sie sollten sich immer über Folgendes bewusst sein: Jeder hat einen Schutzengel. Sie sind nie allein. Ihr Schutzengel verlässt Sie nie. Andere Engel mögen kommen und gehen, und die Geister unserer Lieben mögen kommen und gehen. Aber Ihr Schutzengel kann Sie niemals verlassen. Ihr Schutzengel ist ein Geschenk Gottes an Sie. Scheuen Sie sich nicht, Ihren Schutzengel in allen Dingen des täglichen Lebens um Hilfe zu bitten. Ihr Schutzengel ist der Hüter Ihrer Seele. Er ist da, um Ihnen zu helfen. Bitten Sie ihn einfach darum. Es ist wirklich so leicht!

Eines Samstags ging ich alleine einkaufen, um etwas zum Mittagessen zu besorgen. Ich ging einen kleinen, ziemlich zugewachsenen Feldweg entlang, der an unserem Haus vorbeiführte. Er wurde hauptsächlich von Traktoren benutzt, und außerdem wurde darauf das Vieh von einer Weide zur anderen getrieben. Unter der Woche hatte es viel geregnet, daher war der Weg recht matschig. An den Hinweg kann ich mich nicht mehr erinnern. Manchmal bin ich beim Gehen in ein meditatives Gebet vertieft und kann mich danach nicht daran erinnern, wie ich von einem Ort zum anderen gekommen bin.

Ganz anders war es allerdings auf dem Rückweg. Kaum hatte ich den kleinen Feldweg erreicht, spazierte der Engel Michael neben mir her. Er war so groß wie immer, hatte dieses Mal aber gewellte dunkle Haare, die er unordentlich nach hinten gebunden hatte. Er trug einen schweren Mantel und Gummistiefel, und man hätte ihn leicht für einen Bauern halten können, der auf den Feldern arbeitete. Ich freute mich, ihn zu sehen. Er nahm mich bei der Hand. Es fällt mir sehr schwer, zu beschreiben, wie es ist, wenn ein Engel einen bei der Hand nimmt, aber man verspürt eine unglaubliche innere Ruhe und tiefe Liebe. Ich wandte mich Michael zu und sah ihn an. »Ich wünschte, du könntest mich ewig an der Hand halten«, sagte ich.

Michael erwiderte nichts darauf. Stattdessen sagte er: »Ich glaube, es ist an der Zeit, dass du mit Megan nach Johnstown ziehst, Lorna.«

Überrascht sah ich ihn an. »Aber wir haben doch noch kein oberes Stockwerk und keine Fenster. Außerdem gibt es noch keinen Strom und nicht einmal eine Toilette. Wir müssen dazu auf die Felder gehen. Und es ist bitterkalt! Wie soll ich da mit einem kleinen Kind allein zurechtkommen?«

Michael strahlte mich an und sagte: »Ich möchte, dass du in ein paar Tagen mit dem Handwerker sprichst, Lorna. Bitte ihn darum, oben ein Zimmer für euch herzurichten. Er soll zusätzliche Bretter über die Balken legen, damit euch nichts passiert, und er soll provisorische Fenster einsetzen. Außerdem sollte er eine Tür einbauen, die ihr abschließen könnt. Ich fürchte, er wird noch keine Treppe anfertigen können, deshalb müsst ihr eine Leiter benutzen. Wenn du jeden Tag dort

bist, wird es auch mit der Arbeit am Haus schneller vor-
angehen.«

Als wir auf einer Eisenbahnbrücke stehen blieben,
brach gerade die Sonne durch die Wolken. Ich wandte
mich Michael zu, der mich noch immer an der Hand
hielt. »Ich habe Angst, Michael! Wir haben noch keinen
Strom und kein Licht. Es steht auch kein anderes Haus
an der kleinen Straße, deshalb gibt es noch nicht einmal
eine Straßenbeleuchtung. In der Nacht ist es dort stockfinster.«

»Hab keine Angst, Lorna. Denke immer daran, dass
die Engel bei dir sind. Wenn du Angst hast, ruf mich einfach. Dann werde ich sofort an deiner Seite sein. Aber
jetzt wollen wir sehen, dass du nach Hause kommst,
bevor es wieder anfängt zu regnen.«

Ich dachte über Michaels Worte nach. »Ich kann erst
umziehen, wenn Ruth ihre Prüfungen hinter sich hat.«

»Mach dir keine Sorgen«, erwiderte Michael lächelnd.
»Sie ist in ein paar Wochen fertig, und genauso lange
wird Eddie auch für die anstehenden Arbeiten brauchen.«

Im Gehen erklärte er weiter, meine Freunde, die
Brennans, hätten ein paar Dinge, die ich gut gebrauchen könne. Ich fragte ihn, worum es sich dabei handelte.

»Nun Lorna, zum Beispiel um ein Zelt und eine Luftmatratze«, antwortete Michael. »Du wirst in dem Raum
im oberen Stockwerk in einem Zelt wohnen.«

Ich sah ihn völlig perplex an. »In einem Zelt?« In diesem Moment fing es heftig an zu regnen, und das Bauernhaus kam in Sicht. Da verschwand Michael wieder.
Ich rannte den Weg hinauf und war froh, als ich das

Haus erreichte und aus dem Regen und der Kälte her-
auskam. Christopher kochte Wasser auf unserem kleinen Campingkocher, und wir tranken eine Tasse Tee
und aßen etwas Brot dazu.

Am Montagmorgen rief ich Eddie an und sagte ihm,
was ich wollte. Ein paar Tage später trafen Megan und
ich ihn in Johnstown. Dort besprachen wir die weitere
Planung, um das Haus bewohnbar zu machen. Eddie
war skeptisch. »Wollen Sie allen Ernstes einziehen,
bevor das Haus fertig ist? Es gibt Ratten hier. Haben Sie
keine Angst vor ihnen?« Ich wusste, dass es im Haus
Ratten gab, denn ich hatte schon welche gesehen. Eines
Tages saßen Christopher und ich auf einem Balken und
aßen unsere Sandwiches, da kamen drei Ratten zu uns,
stellten sich auf die Hinterbeine und wollten Futter! Der
alte Mann, der in dem Haus gewohnt hatte, hatte die
Ratten immer gefüttert. Er hatte sie wohl als Haustiere
gehalten. Eddie bot mir an, sie zu vergiften, aber das
wollte ich nicht. Ich sagte ihm, er solle einfach nur das
obere Zimmer bewohnbar machen, ich würde die Ratten schon vertreiben und hoffen, dass die Botschaft
ankam.

Als er uns an diesem Tag verließ, sagte Eddie: »Sie
sind eine mutige Frau!«

Später trug ich Megan zum Auto, schnallte sie in
ihrem Kindersitz fest und gab ihr ein Malbuch und ein
paar Stifte. Ich sagte ihr, ich wolle nur noch einmal
nachsehen, ob wir auch nichts im Haus vergessen hätten. Man konnte das alte Bauernhaus damals nicht
abschließen. Es waren nur Holzplatten vor den Fenstern und eine Leichtbauplatte vor der Tür. Ich rief
Michael. Sofort erschien er im Hauseingang. Er trug

einen leuchtend gelben Bauhelm auf dem Kopf und hatte eine Schaufel in der Hand. Er sah so strahlend aus wie immer, und in der Sonne funkelten seine Augen voller Licht und Leben. Er erleuchtete das alte Bauernhaus. Er trat ins Zimmer und berührte meine Schulter. Die Schaufel in seiner Hand verschwand.

»Du hast mich gerufen, Lorna.«

Ich sah ihn an. »Deine Schaufel ist verschwunden, Michael, aber du hast immer noch den Helm auf!« Wir lachten beide. »Danke, Michael, du schenkst mir Gelassenheit«, sagte ich. Ich war sehr angespannt, seit er mir gesagt hatte, dass ich in das alte Bauernhaus ziehen und in einem Zelt wohnen sollte. Ich fand die Vorstellung, ohne einen zweiten Erwachsenen auf einer Baustelle zu wohnen, sehr unheimlich. Michaels Anwesenheit beruhigte mich.

»Du schaffst das, Lorna«, sagte Michael. »Denke immer daran, dass die Engel bei dir sind. Gott kennt all deine Ängste und Befürchtungen. Ich soll dir von Ihm ausrichten, dass du versuchen solltest, sie abzulegen.« Dann wurde er wieder praktisch. »Jetzt solltest du zu den Brennans gehen und sie fragen, ob du dir das Zelt und die Luftmatratze ausleihen darfst.«

Michael berührte mich am Kopf und verschwand. Ich zog die provisorische Tür hinter mir zu und ging langsam zum Auto zurück.

Als wir auf das Tor am Haus der Brennans zufuhren, stand Maura gerade im Eingang, und hinter ihr versteckten sich ihre kleineren Kinder. Sie freuten sich über unseren Besuch, und wir unterhielten uns bei einem Tee und Sandwiches. Ich erzählte Maura und Oma Brennan von meinem Plan, trotz des noch sehr rohbaumäßigen Zustands in das Haus zu ziehen. Sie boten uns an, in ihrem Wohnzimmer zu wohnen. Das war sehr nett gemeint, aber ich beharrte darauf, in dem alten Bauernhaus zu wohnen. Aber wir sollten wenigstens zum Duschen und abends zum Essen zu ihnen kommen, schlugen sie mit Nachdruck vor. Und natürlich boten sie mir, ohne dass ich überhaupt danach gefragt hätte, ein Zelt und eine Luftmatratze an, genauso wie Michael es mir versprochen hatte.

Ein paar Wochen vergingen, und in dieser Zeit stellte ich die Sachen zusammen, die wir unbedingt brauchen würden. Ich betete darum, dass die Engel mir den richtigen Zeitpunkt für den Umzug in das Haus zeigen würden.

Es war ein regnerischer Tag im Juni 2002. Ruth hatte am Vortag ihre letzte Prüfung bestanden. Ich wartete mit dem Einkaufen, weil ich hoffte, der Regen würde nachlassen. Am Nachmittag schließlich lugte die Sonne immer wieder kurz zwischen den Wolken hervor. Megan und ich zogen unsere Regenmäntel und Gummistiefel an und gingen los. Es war kalt, aber der Regen hatte aufgehört. Auf unserem Weg ins Dorf planschte Megan mit den Füßen in den Pfützen. Wir erledigten unsere Einkäufe, aber kaum waren wir am Anfang der Straße angekommen, die zu unserem Haus führte, wurde es wieder dunkel, und ein heftiger Regen prasselte herunter.

»Komm, wir spielen ›Der Regen berührt mich‹«, schlug ich vor. Megan war hellauf begeistert. Während wir Hand in Hand weitergingen, forderte ich sie auf, die andere Hand auszustrecken und zu spüren, wie der Regen sie berührte. Das tat Megan und sagte dann ganz aufgeregt: »Mam, ich kann auch spüren, wie der Regen mich im Gesicht berührt.« Dabei lachte sie. Sie streckte die Zunge heraus und versuchte, ein paar Regentropfen aufzufangen. Wir rannten ein Stück und gingen dann wieder normal weiter. Auf diese Weise waren wir in null Komma nichts bei unserem Häuschen. Wir waren nass bis auf die Knochen. Megan rannte mit ausgestreckten Armen im Garten im Kreis herum. Ich selbst konnte nicht schnell genug nach drinnen kommen, aber sie bettelte darum, noch ein wenig im Regen bleiben zu dürfen.

Hastig drehte ich den Schlüssel im Schloss um, weil ich unbedingt aus dem Regen herauskommen wollte. Da erschrak ich heftig! Direkt hinter der Tür stand der Engel Kaphas. In all den Jahren, seit ich ihm zum letzten Mal begegnet war, hatte er sich nicht verändert. Damals war er gekommen, um mir zu sagen, dass mit Joe etwas Besonderes geschehen würde. Auch nun bot er so wie früher einen denkwürdigen Anblick – er war beeindruckend und prachtvoll. Er schien gänzlich aus gleich großen gezackten Glassplittern zu bestehen. Seine Gesichtszüge waren sehr scharf, und die Glassplitter warfen Lichtreflexe auf sein Gesicht. Kaphas war extrem groß, und die Decke im Flur schien verschwunden zu sein. Von ihm ging eine wunderschöne, sanfte, bezaubernde Musik aus. Es war faszinierend.

»Hallo Lorna«, sagte Kaphas mit seiner sanften Stimme. »Bist du so weit? Hast du alles gepackt? Dieses Wochenende wirst du mit Megan nach Johnstown ziehen. Ohne Wenn und Aber, Lorna!« Er lächelte, als wollte er sagen, dass es für ihn bereits beschlossene Sache sei. Er schaute zu Megan hinaus, die immer noch mit ausgebreiteten Armen im strömenden Regen im Kreis herumrannte. »Zeig Megan noch öfter, wie man das Leben genießt. Denk daran, wie wir dich als Kind gelehrt haben, dich über das Licht und die Energie des Regens zu freuen.«

Ohne zu zögern, setzte ich die Einkaufstaschen im Flur ab und rannte wieder zu Megan in den Regen hinaus. »Komm, wir spielen noch ein Spiel.« Ich fasste ihre rechte Hand und berührte dann nur ihre Fingerspitzen. »Leg den Kopf zurück, schau zum Himmel und lass die Augen weit offen!« Megan war ganz aufgeregt. Sie genoss den Regen auf ihrem Gesicht, und ihre Augen strahlten. Da kam Kaphas zu uns und fasste mich bei der rechten und Megan bei der linken Hand. So tanzten wir im Kreis herum wie beim Ringelreihen. Um uns herum wirbelte das Leben – das Licht und die Lebendigkeit des Regens, Energie, die vom Himmel fällt. Ich konnte sehen, wie einzelne Regentropfen langsam auf meine Augen zukamen. Das Licht und die Lebendigkeit des Regens berührten uns, und zugleich wirbelte die Energie des Lebens um uns herum. Es war unglaublich.

Während ich mich so drehte und mit weit geöffneten Augen in den Regen hinaufschaute, verspürte ich einen Schlag. Mir stockte der Atem, denn meine Seele verließ meinen Körper. Normalerweise sitzt meine Seele wie die aller anderen Menschen auch im Körper und füllt ihn ganz aus. Wenn sie daraus hervortritt, geschieht etwas Spirituelles. Wenn das passiert, kann ich meine Seele vor mir sehen. Dieser Anblick erfüllt mich mit großer Freude und einer tiefen inneren Ruhe – mit der Gewissheit, dass Gott für alles sorgt. Ich habe keine Ahnung, ob noch irgendjemand seine eigene Seele sehen kann.

Wenn ich das Privileg habe zu sehen, wie die Seele eines anderen Menschen hervortritt, dann sehe ich sie meist nur ein ganz kleines Stück hervorkommen. Zum größten Teil bleibt sie im Körper. Ich kann mich nur an eine einzige Ausnahme erinnern. Es war kurz bevor mein Vater starb. Da wurde mir gezeigt, wie sich seine Seele vollständig über seinen Körper erhob. Dabei war sie mit einer goldenen Kette an seinem Körper verankert.

Ich weiß immer noch nicht genau, warum meine Seele damals heraustrat. Ich kann nur vermuten, dass die Engel versuchten, mich wieder mit dem Leben zu verbinden, dass sie mir helfen wollten, wieder heil zu werden und die Freuden des Lebens zu genießen. So plötzlich, wie der Regen gekommen war, hörte er auch wieder auf! Und ebenso plötzlich kam die Sonne heraus. Wir hörten auf, uns zu drehen, und blieben einen Augenblick lang stehen. Megan stand vollkommen still und rührte sich nicht. Sie war wie in Trance, ihre Augen wirkten riesengroß. Kaphas stand hinter Megan und berührte ihren Kopf, dann wurde alles wieder normal.

»Mam, hast du das strahlende Licht in den Regentropfen gesehen, die vielen Farben? Die Regentropfen waren riesig!«, stieß Megan voller Begeisterung hervor.

Ich lächelte. »Das war das Licht der lebendigen Energie des Regens, der dich berührt hat.« Natürlich hatte Megan nichts Ungewöhnliches an mir bemerkt. Sie wollte das Spiel unbedingt noch einmal spielen, aber ich sagte ihr, nun sei es an der Zeit, hineinzugehen und uns abzutrocknen. Sie rannte ins Haus. Ich wandte mich Kaphas zu. »Hab vielen, vielen Dank«, sagte ich aus tiefstem Herzen. Da tat Kaphas etwas, was Engel nicht sehr häufig tun. Er ging auf mich zu und wurde dabei langsam unsichtbar. Dann stieg er zu den Wolken auf, und dabei hörte ich Musik. Ich konnte sie so lange hören, bis er vollkommen verschwunden war. Ich weiß, dass er das für mich getan hat, und ich dankte ihm erneut aus ganzem Herzen. Als ich mich umdrehte, sah ich Megan in der Haustür stehen. Ich habe Kaphas nie gefragt, ob er zugelassen hat, dass Megan einen kurzen Blick auf ihn erhaschen oder seine Musik hören konnte. Vielleicht frage ich ihn eines Tages einmal.

Kapitel 8

Engelsfüße leuchten mir auf dem Weg

An diesem Abend bat ich Megan nach dem Abendessen, in ihr Zimmer zu gehen und zu spielen, da ich mit ihren großen Geschwistern reden wollte. Als wir bei einer Tasse Tee am Tisch saßen, sagte ich ihnen, dass es für Megan und mich nun an der Zeit sei, nach Johnstown zu ziehen. Am kommenden Samstagmorgen würden wir fahren. »Mam, einer von uns muss mitkommen«, protestierte Christopher.

»Nein«, erwiderte ich, »das muss ich mit Megan allein machen. Es ist bereits alles mit Maura Brennan und ihrer Familie abgesprochen. Wir werden zuerst bei ihnen vorbeischauen und mit ihnen zu Mittag essen. Von dort aus fahren wir dann mit Zelt und Luftmatratze ausgerüstet zum Bauernhaus.«

Ruth sagte lachend, sie würde am liebsten bei der ersten Gelegenheit zu uns kommen, um zu sehen, wie es war, im Zimmer in einem Zelt zu wohnen. Owen meinte besorgt: »Ihr habt doch nur einen kleinen Gaskocher. Wie wollt ihr euch denn etwas kochen?« Ich erzählte ihm, dass wir jederzeit bei den Brennans zu

Mittag essen konnten. Wir sprachen dann noch darüber, welch ein Glück es war, so gute Freunde und so liebe Menschen ganz in der Nähe zu haben.

Ein wenig später eröffnete ich Megan, dass wir am kommenden Wochenende umziehen würden. Sie hüpfte vor Freude. Sie konnte es kaum erwarten, dass es Samstag wurde und sie in einem Zelt schlafen durfte. Sie rannte zu ihren Geschwistern, um es ihnen zu erzählen. Auch ich freute mich auf den Umzug, denn er würde mir genauso guttun wie Megan, das wusste ich.

Die Woche war schnell vorüber. Am Freitagabend stand alles gepackt im Flur, damit wir es am Samstagmorgen gleich ins Auto laden konnten. In der Nacht schlief ich vor lauter Abschiedsschmerz nicht besonders gut. Christopher, Owen und Ruth fehlten mir jetzt schon. Und ich machte mir Sorgen, weil sie als junge Erwachsene ohne Eltern nun auf eigenen Beinen stehen mussten. Ich wälzte mich im Bett hin und her und betete immer wieder. In meinem Kummer rief ich: »Oh ihr Engel, bitte lasst mich schlafen.« Da spürte ich, dass ein Engel auf meinem Bett saß, und drehte mich um. Es war der weibliche Engel Amen. »Hör auf, dir Sorgen zu machen, Lorna«, sagte sie. Dann streckte sie die Hand aus und berührte meine Augen. »Schließ jetzt die Augen, du musst schlafen.« Und das tat ich dann auch. Das Nächste, woran ich mich erinnere, ist, dass es acht Uhr war und ich mich zuerst bei Amen bedankte. Beim Frühstück sagte Christopher zu mir: »Es ist mir egal, was du meinst. Ich werde mit meinem Motorrad hinter euch herfahren, und dann treffen wir uns bei den Brennans.« Ich wehrte mich nicht gegen seinen Vorschlag.

Um ehrlich zu sein, war ich in gewisser Weise sogar erleichtert.

Um zehn Uhr war das Auto beladen, und es gab endlose Umarmungen. Christopher, Owen und Ruth hatten Tränen in den Augen. Sie hielten sie zurück, um Megan nicht zu beunruhigen. Megan freute sich, dass Christopher mitkam. »Du kannst auch im Zelt schlafen«, bot sie ihm an. Ich bedeutete Christopher, nichts darauf zu sagen. Da hob Owen Megan hoch in die Luft, wirbelte sie herum, und alles war vergessen. Schließlich setzte Owen Megan ins Auto und schnallte sie in ihrem Sitz fest. Ruth öffnete das Tor, und als wir davonfuhren, sah ich im Rückspiegel, dass die drei am Tor standen und uns winkten. In diesem Augenblick öffnete sich das Licht um ihre Schutzengel. Es war ein wunderbarer Anblick, und er erfüllte mich mit der Zuversicht, dass es ihnen allen gut gehen würde. Wir waren etwa eine Stunde unterwegs, als Christopher uns mit seinem Motorrad überholte. Als wir bei den Brennans ankamen, spielten die Kinder im Garten und erwarteten uns bereits. Christophers Motorrad stand schon in der Einfahrt. Wir wurden sehr herzlich begrüßt. Nach dem Mittagessen trugen Maura und die Kinder die Luftmatratze zum Bauernhaus. Dazu nahmen sie die Abkürzung über das Feld hinter ihrem Haus. Christopher brachte es tatsächlich fertig, das Zelt in meinem Auto zu verstauen. Es passte knapp und nur mit viel Drücken hinein, aber jede Menge Engel kamen ihm zu Hilfe. Als ich beim Bauernhaus ankam, erwarteten Maura und die Kinder mich schon. Ich trat durch die provisorische Tür in das Zimmer, das wir bis heute »den Stall« nennen. Eddie hatte sich große Mühe gegeben, es einigermaßen aufzuräumen, aber es stand immer noch voller Baumaterialien. Hohe Holzstapel, Rohre aller Größen und Formen, Säcke mit Zement, Eimer mit Nägeln und jede Menge Werkzeug lagen herum. Ich lächelte. Der Engel Michael hatte recht behalten. Eddie hatte hervorragende Arbeit geleistet und eine Holzleiter angefertigt, über die wir nach oben kamen. Sie wirkte stabil, aber dennoch war es nur eine Leiter, und es ging hoch hinauf.

Maura stieg als Erste die Leiter hoch, gefolgt von Christopher und Megan. Megan war sehr ängstlich. Ich sprach ihr auf dem Weg nach oben Mut zu und ging hinter ihr hinauf. »Mami, ich habe Angst, ich falle runter«, schluchzte sie. Ich versicherte ihr, dass ich sie gut festhielt. Auch Christopher beruhigte sie von oben. Als sie am Ende der Leiter angekommen war, packte er sie und hob sie auf die Holzbretter. Zwei Bretter führten vom Ende der Leiter zum Zimmer. Rechts und links davon ging es steil abwärts. Bis zum Zimmer waren es etwa 25 Schritte. Christopher ermahnte Megan, sehr vorsichtig zu sein und nie alleine dort entlangzugehen. Die Brennan-Kinder folgten uns ohne Zögern auf der Leiter nach oben, ganz so als würden sie so etwas jeden Tag machen. Als ich ins Zimmer kam, war ich überrascht, wie groß es war. Der Handwerker hatte gute Arbeit geleistet. Die provisorischen Fenster waren toll, auch wenn es an den Rändern ein wenig zog. Die Kinder rannten im Zimmer herum und spielten. Maura wies ihre Mädchen an, auf Megan aufzupassen, dann gingen wir wieder hinunter, um das Auto zu entladen. Als wir zur Tür hinausgingen, warf ich einen Blick zurück. Megan und die Brennan-Kinder saßen auf dem

Boden und spielten ein Klatsch-Spiel. Um sie herum erschien ein Engelkreis. Lächelnd schloss ich die Tür hinter mir.

Das Zelt und all die anderen Dinge nach oben zu schaffen, war schwierig und beängstigend. Unaufhörlich sprach ich mit den Engeln und bat sie um Hilfe. Endlich hatten wir alles oben. Die Kinder freuten sich sehr, als sie das Zelt aufbauen konnten. Allmählich wurde es dunkel, und wir legten die Matratze samt Kissen und Decken ins Zelt. Es sah sehr gemütlich aus. Maura wollte ihre Kinder nach Hause bringen, bevor es zu dunkel wurde, um gefahrlos über die Holzbretter und die Leiter hinunterzukommen. Ich nahm eine Taschenlampe aus einer Kiste mit. Als wir aus dem Zimmer gingen, fragte Megan Christopher, wo er im Zelt schlafen wolle. Als ich die Tür schloss, zwinkerte Christopher mir zu. Dann fuhr ich Maura und die Kinder nach Hause. Auf der Rückfahrt zum Bauernhaus hielt ich an und blieb ein paar Minuten auf der Zufahrt stehen. Inzwischen war es stockfinster, und nur durch das Schlafzimmerfenster schimmerte ein schwaches Licht. Es sah sehr einladend aus. Ich war glücklich. Als ich aus dem Auto stieg, schaltete ich meine Taschenlampe an und kletterte dann die Leiter hoch. Ich warf einen Blick auf Megan. Sie war eingeschlafen. Christopher flüsterte mir zu: »Es war gar kein Problem, als ich ihr erklärt habe, dass ich nicht dableibe. Sie hat eingesehen, dass ich nach Maynooth zurückmuss, weil ich am Morgen wieder arbeiten muss. Ich werde so oft vorbeikommen und euch besuchen, wie ich nur kann.« Dann umarmte er mich und griff nach seinem Helm. Dabei sagte er mir noch, ich solle die Tür hinter ihm abschließen. Ich hörte, wie er auf den Brettern entlangging und die Leiter hinunterstieg. Dann blickte ich aus dem Fenster und winkte ihm zum Abschied. Ich sah ihm nach, bis das Licht seines Motorrads verschwunden war. Da spürte ich, dass ein Engel mich an der Schulter berührte. Es war der Engel Hosus. Mit einem strahlenden Lächeln sagte er: »Jetzt lebst du also in einem hübschen, gemütlichen Zelt in einem Zimmer, Lorna. Jetzt brauchst du nur noch ein Lagerfeuer und einen Campingtopf mit kochendem Wasser für Tee.«

»Gute Idee«, sagte ich, zündete den kleinen Kocher an und füllte unseren Campingtopf mit Wasser aus einer Flasche. Meine erste Tasse Tee in meinem neuen Zuhause! »Hier gefällt es mir wirklich gut, Hosus. Hier fühle ich mich zu Hause«, sagte ich zu ihm, und wir unterhielten uns eine Zeitlang. Dann sah Hosus nach Megan. Schließlich sagte er mir, ich brauche etwas Schlaf, und verschwand. Vorsichtig kroch ich ins Zelt, um Megan nicht aufzuwecken. Ich muss innerhalb von Sekunden eingeschlafen sein.

Die Arbeiten am Bauernhaus gingen in meiner Anwesenheit entschieden schneller voran. In einer stürmischen Nacht im Juli heulte der Wind ums Haus. Das alte Bauernhaus hatte viele Winkel und Ritzen, und der Wind veranstaltete einen schrecklichen Lärm. Da weckte mich ein Engel: »Megan geht es nicht gut, Lorna. Sie hat Fieber. Du musst sie zu Maura bringen. Nimm sie hoch und leg sie dir über die Schultern!« Ich erschrak fürchterlich. Wie sollte ich mit einem kranken Kind über die Bretter und die Leiter nach unten kommen? Der Engel verschwand. Ich drehte Megan auf den Rücken. Sie war sehr heiß und ganz nassgeschwitzt vom Fieber. Ich griff nach der Taschenlampe und den Autoschlüsseln. Als ich die Zimmertür öffnete, konnte ich nicht das Geringste sehen. Es war stockfinster. Auch der Mond schien nicht. Ich blieb stehen und wartete, bis meine Augen sich an die Dunkelheit gewöhnt hatten.

Der Engel, der mich aufgeweckt hatte, erschien wieder und sagte: »Ich gehe vor dir her. Hab keine Angst, Lorna. Megan wird wieder gesund.«

»Aber ich habe große Angst«, erwiderte ich. »Megan ist so schwer, und sie glüht förmlich.« Die Dunkelheit hüllte uns ein. Im Strahl der Taschenlampe sah ich lediglich die Holzbretter und den Engel vor mir. Das schwache Licht, das von dem Engel ausging, wurde nirgendwo zurückgeworfen. Doch plötzlich waren die Bretter in ein Licht getaucht, das von den Füßen des Engels ausgestrahlt wurde. Die Engel halfen mir.

»Das ist wirklich unheimlich«, sagte ich zu dem Engel, der vor mir herging. Ich hatte Angst davor, das Gleichgewicht zu verlieren und hinabzustürzen.

Der Engel drehte sich um und sagte: »Folge mir!« Langsam ging ich über die Bretter. »Du fällst nicht, Lorna«, sagte der Engel. »Mach einen Schritt nach dem anderen!«

Bei der Leiter angekommen, fragte ich den Engel: »Und wie soll ich jetzt da runterkommen?«

Der Engel sagte: »Leg Megan auf die Bretter und geh dann auf alle viere!« Ich legte Megan so nah wie möglich an der Leiter auf die Bretter und atmete tief durch, während ich auf alle viere ging. Ich spürte, wie mir der Engel die Taschenlampe aus der Hand nahm. Dann setzte ich einen Fuß auf die Leiter. »Jetzt leg dir Megan über die linke Schulter!«, forderte der Engel mich auf. Zitternd brachte ich Megan in die entsprechende Position. Ich hatte große Angst, hinunterzufallen.

Nun erschien der Engel Hosus neben mir. »Halte den Atem nicht so stark an, Lorna. Du machst das sehr gut.« Jetzt, wo Hosus da war, wurde ich ruhiger und brachte mich auf der Leiter in Position. Zentimeter für Zentimeter und Schritt für Schritt tastete ich mich nach unten. Hosus war dicht bei mir. Währenddessen wachte Megan keinen Moment völlig auf. Ich wusste, dass sie halluzinierte, da sie Selbstgespräche führte, die keinen Sinn ergaben.

Als wir am Fuß der Leiter angekommen waren, war ich unglaublich erleichtert. Ich ging durch die anderen Zimmer in den Stall. Dabei ging mir der Engel die ganze Zeit voraus und leuchtete mir auf dem Weg. Hosus stand an der provisorischen Tür und hielt sie auf. Als ich hinausging – Megan immer noch auf der Schulter –, drehte ich mich noch einmal um und dankte dem Engel mit dem schönen Licht. Lächelnd sagte er: »Ich heiße Avajil.« Und damit verschwand er.

Ich durchquerte den Garten und legte Megan auf den Autorücksitz. Als ich den Zündschlüssel umdrehte, sah ich im Rückspiegel, dass sich das Licht um Megans Schutzengel eine Sekunde lang öffnete. Voll tiefer Liebe und Fürsorge strich er Megan über die Stirn. »Nun fahr schon los, Lorna«, ermahnte mich Hosus vom Beifahrersitz aus. Als ich in Mauras Einfahrt bog, war im Haus bereits Licht. Erleichtert sah ich, dass die Eingangstür aufging. Maura half mir, Megan ins Haus zu tragen. Wir legten sie in eine Badewanne mit kühlem Wasser und rieben sie mit einem Schwamm ab. Dann gaben wir ihr einen Löffel Medizin und legten sie in ein Bett. Megan lächelte uns an und schlief dann schnell wieder ein. Am nächsten Morgen untersuchte der Hausarzt Megan. Ihre Drüsen waren geschwollen, und sie hatte einen entzündeten Rachen, aber – so versicherte er mir – in ein paar Tagen würde es ihr wieder besser gehen. Diese paar Tage blieben wir bei Maura.

Die Nachricht von meinem Umzug sprach sich herum, und immer mehr Leute fanden heraus, wo ich wohnte. Manchmal konnten die Leute wegen des Bauschutts und des Matsches nicht einmal in den Garten kommen, aber im Großen und Ganzen machte ihnen das wohl nichts aus. Manchmal fuhr jemand vor und erschrak, wenn er aus dem Auto stieg und in den Matsch trat. Deshalb ging ich dazu über, den Anrufern zu sagen, dass sie Gummistiefel mitbringen sollten. Ich sagte ihnen auch, es gebe noch keine Toilette und sie müssten auf die Felder gehen, genau wie ich auch. Meistens lachten die Besucher nur und verschwanden für ein paar Minuten auf dem Feld.

Eines sonnigen Tages hatten Megan und ich das Bauernhaus gerade verlassen und waren ein paar Schritte die Straße entlanggegangen, als ein Wagen in die schmale Zufahrtsstraße einbog und auf uns zufuhr. Ich wusste, dass die Leute in dem Auto mich suchten, weil ich vor dem Wagen Engel sehen konnte, die ihn die

Straße entlang und um die Schlaglöcher herum leite-
ten. Außerdem sah ich einen Engel neben der Fahrer-
seite. Der Wagen hielt an, eine Frau kurbelte das Fenster herunter und fragte mich, ob ich wisse, wo Lorna
wohne. Ich stellte mich vor. Sie sagte, sie heiße Margret
und fahre nun schon zum zweiten Mal auf der Suche
nach mir nach Johnstown. Sie wollte mich wegen der
gesundheitlichen Probleme ihrer Kinder unbedingt
sprechen. »Ich war fest entschlossen, Sie zu finden. Ich
habe den Engeln immer wieder Ihren Namen gesagt.
Ich habe noch nie so viel gebetet, und Dank sei Gott und
den Engeln, dass ich Sie gefunden habe.« Wir unterhielten uns noch ein paar Minuten und vereinbarten,
dass Margret und ihre Kinder – vier Jungs, wie ich
erfuhr – in ein paar Tagen zu mir kommen würden. Ich
erklärte ihr, dass wir uns dann in ihrem Wagen unterhalten müssten, da im Haus aufgrund der Handwerker
noch ein völliges Durcheinander herrsche. Dabei sagte
ich ihr auch, dass es keine Toilette gab.

»Selbst wenn Sie in einer Hütte mitten im Sumpf
wohnen würden, würde uns das nichts ausmachen,
Lorna«, sagte Margret. »Ich möchte einfach nur, dass
Sie sich meine Kinder einmal ansehen.«

Ein paar Tage später fuhr der Wagen so dicht wie
möglich vor die Tür des Bauernhauses. Megan hatte ich
zu Maura gebracht, um ungestört zu sein. Ich zog mir
wegen des strömenden Regens einen Mantel über den
Kopf, rannte zum Wagen und öffnete die Tür. Im Wagen
waren Margret, ihre vier hübschen Jungs und alles,
was die Kinder sich nur wünschen konnten: Spielsachen, Essen und Trinken, Wechselkleidung – und Engel.
Der Wagen war vollgestopft mit Engeln!

Die Kinder waren überhaupt nicht schüchtern und sprachen sofort mit mir – alle auf einmal. Gleichzeitig redete auch Margret auf mich ein. Es war herrlich warm und gemütlich in dem Wagen, und er war voller Liebe. Ein Engel neben einem der Jungen sagte mir, es ginge dem Kind nicht gut, es hätte schweres Asthma. Der Junge war vielleicht fünf Jahre alt und sah sehr blass aus. Ich streckte meine Hand nach hinten und berührte ihn. Seine Mutter sagte mir, er heiße Tony. Sie kämpfte mit den Tränen, als sie sah, wie fröhlich er auf dem Rücksitz des Autos spielte. Dabei erzählte sie mir, dass die Ärzte nicht mehr wussten, was sie noch für ihn tun konnten. Immer wieder gaben sie ihm andere Medikamente, aber nichts half. Ich hörte Margret zu und unterhielt mich dabei wortlos mit den Engeln. Währenddessen lag meine Hand auf Tonys Knie. Die Worte der Engel wiedergebend sagte ich Margret, sie solle noch einmal zu einem Arzt gehen und eine zweite Meinung einholen.

Ich betete für Tony und segnete ihn. Dabei bat ich Gott, ständig Heilengel um den Jungen sein zu lassen, damit ihm Heilung gewährt werde und er stark und gesund werden dürfe. Ich segnete auch die anderen drei kleinen Jungen, betete über ihnen und bat ihre Schutzengel, ihnen dabei zu helfen, ihrer Mam und ihrem Dad viel Freude zu machen. Die Kinder sagten ihrer Mam, dass auch sie gesegnet werden müsse. Doch sie erwiderte ihnen, sie sollten still sein und sich mit ihren Spielsachen beschäftigen. Dann wandte sie sich mir zu. Ich sah, dass die Engel einen Schutzschild um die Kinder legten, damit sie nicht hören konnten, was wir sprachen.

Margret erzählte mir von der Beziehung zu ihrem Mann. Sie hatte den Eindruck, dass sie sich voneinander entfernten, und konnte es nicht mehr ertragen. Sie befürchtete, ihre Ehe könne zerbrechen. Ihr Mann arbeitete den ganzen Tag, und wenn er nach Hause kam, dann war sie meistens auch erschöpft, und die Kinder gaben einfach keine Ruhe. Tony brauchte sehr viel Aufmerksamkeit, und häufig machte das seinen drei Brüdern spürbar zu schaffen. Manchmal waren sie sehr wild und kaum zu bändigen, und dann schrie ihr Vater sie an. Das endete damit, dass alle vier Kinder weinten. Das war für Margret sehr belastend. »Ich habe die Schutzengel der Kinder gebeten, ihnen dabei zu helfen, brav zu sein«, sagte ich zu Margret. »Und ich werde Ihren Schutzengel und den Ihres Mannes bitten, Sie miteinander in Liebe zu verbinden und dafür zu sorgen, dass Sie Zeit füreinander finden.« Ich segnete Margret und betete über ihr.

Margret fragte mich, ob sie in ein paar Wochen wiederkommen dürfe, und ich war damit einverstanden. Als sie wiederkam, wirkte sie wie ausgewechselt. Die Anspannung war zum größten Teil aus ihrem Gesicht gewichen, und sie lächelte. Margret besuchte mich noch ein paar Mal, und jedes Mal konnte ich eine Veränderung bei ihr erkennen. Tony war an einen Spezialisten überwiesen worden, und es ging ihm viel besser.

Schließlich brauchte Margret überhaupt nicht mehr zu mir zu kommen. Etliche Zeit später – ich hatte schon ein Jahr lang nichts mehr von ihr gehört – rief sie mich an und fragte, ob sie mich besuchen dürfe. Dieses Mal brachte sie zum ersten Mal ihren Mann und die Kinder mit. Der Mann dankte mir für alles, was ich getan hatte,

und dafür, dass ich für Margret und ihre Söhne dage-
wesen war. Er erzählte mir, wie viel besser es Tony
inzwischen ging. Margret stand neben ihm, ihr Mann
hatte seinen Arm um sie gelegt, und sie sagte mir, sie
sei glücklich. Ihr Mann hatte ihr gesagt, dass er sie liebe. Ihre Angst, ihre Ehe könnte zerbrechen, war verflogen. Sie dankte Gott und den Engeln, dass sie in Liebe
miteinander verbunden worden waren. Ich freute mich
sehr, sie so zu sehen. Ich segnete sie alle, auch den kleinen Tony, und betete über ihnen.

Eines Nachmittags hörte ich ein Geräusch, und als ich
aus dem Fenster schaute, sah ich einen gut gekleideten
Mann, der gerade aus seinem Wagen stieg. Mit seinen
glänzenden Schuhen balancierte er über den Bauschutt
und trat dann trotz größter Vorsicht in den Matsch. Ich
brach in lautes Gelächter aus, als ich ihn vom oberen
Fenster aus beobachtete. Er war von Engeln umgeben,
die ihn nachahmten.

Mit Megan an der Hand ging ich über die Bretter –
inzwischen hatten wir uns daran gewöhnt, und es war
kein Problem mehr –, und wir stiegen die Leiter hinunter. Als wir im Stall ankamen, hatte der Mann bereits
die provisorische Tür geöffnet. Seine Schuhe und
Hosen waren nun völlig verschmutzt, und er sah etwas
mitgenommen aus. Der Engel, der neben ihm stand,
sagte mir, der Mann habe einen guten Eindruck auf
mich machen wollen und sei nun enttäuscht. Der Mann
entschuldigte sich dafür, dass er unangekündigt gekommen war, und stellte sich vor. Er hieß Robert. Er fragte

mich, ob ich fünf Minuten Zeit für ihn hätte und ihn segnen könne. Ich erwiderte, dass ich mir gerne Zeit für ihn nehme, wir uns aber in meinen oder seinen Wagen setzen müssten und dass meine Tochter dabei sein würde. Robert schien nicht ganz glücklich darüber, und der Engel, der neben ihm stand, schüttelte den Kopf und sagte: »Nein, du musst mit ihm alleine sein, Lorna.«

Genau in dem Moment kam Eddie in den Stall, und ich bat ihn, kurz auf Megan aufzupassen. Robert stand die Erleichterung ins Gesicht geschrieben. Er schlug vor, dass wir uns in seinem Auto unterhielten, da er nicht den ganzen Matsch in meins tragen wollte. Als ich die Beifahrertür seines großen, schicken Wagens öffnete, konnte ich riechen, dass dieser noch ganz neu war. Er war überaus gepflegt. Ich schlug vor, mein ohnehin schon verdrecktes Auto zu benutzen, damit seins nicht schmutzig würde, aber er bestand darauf, dass wir in seinem Wagen blieben. Er erzählte mir, er habe viele gesundheitliche Probleme und große Schwierigkeiten mit seiner Familie. Während er sprach, betete ich, ohne dass er es merkte. Das Licht um seinen Schutzengel öffnete sich nur eine Sekunde lang und schloss sich dann gleich wieder. Dann sah ich, wie sich rings um ihn herum ein Heilengel nach dem anderen einfand. Der erste Engel berührte seinen Kopf, ein zweiter seine Brust und ein dritter seinen Rücken. Gleichzeitig schien ein vierter Engel die Lebenskraft um Roberts Körper herumzuschieben. Die Engel waren strahlend und wunderschön, riesengroß und sehr schlank. Es war, als bestünden sie aus glasklarem Kristall. Jeder war einzigartig, und ich konnte sehen, wie die Gnade Gottes als

Lichtstrahl in jeden Engel drang. Auch Robert wurde für mich durchsichtig. Während er sprach und mir von seinen Problemen erzählte, konnte ich jedes Organ und alle seine Arterien und Venen sehen. Ich konnte sehen, wie ein Engel mit seinem Finger alle Arterien und Venen nachfuhr, als ob er die Lebenskraft durch Roberts Körper leitete. Robert ahnte natürlich nichts davon. Als er mir alles erzählt hatte, bat er mich, ihn zu segnen, und während ich das tat, war es, als würden die Heilengel eins. Als ich zum Abschluss des Segens »Amen« sagte, waren sie verschwunden.

Robert sah mich an. »Ich fühle mich schon viel besser. Wäre es in Ordnung, wenn ich noch einmal zu Ihnen käme?« Ich antwortete, das wäre es, aber nur unter der Bedingung, dass er zu einem Arzt ginge und sein Blut untersuchen ließe. Ich gab ihm meine Handynummer, damit er nächstes Mal vorher anrufen konnte. Nach etwa vier Wochen kam Robert wieder. Die Ärzte hatten ein bestimmtes Leiden bei ihm diagnostiziert, und er war bereits in Behandlung. Schon bald würde er wieder gesund sein. Ein paar Jahre lang kam er noch recht oft zu mir. In dieser Zeit beobachtete ich, wie er sich zu einem wesentlich fröhlicheren und fürsorglicheren jungen Mann wandelte, der sein Leben selbst in die Hand nahm. Außerdem lernte er, entspannter und weniger formell zu sein, und er warf sich nicht mehr so in Schale, wenn er zu mir kam.

Im September 2002 begann Megans Schule in Johnstown. Ich hoffte sehr, dass sie dort neue Freunde finden würde. Am ersten Schultag wollte sie nicht hingehen. Ich überredete sie, die neue Schuluniform anzuprobieren, und schließlich war sie einverstanden, aber nur unter einer Bedingung: »Mam, du musst mit mir in die Klasse kommen, damit du meine neue Lehrerin siehst!«

Ich lächelte sie an. »Hast du etwa geglaubt, ich lasse dich einfach an der Tür stehen?« Sie schlang ihre Arme um mich, und wir umarmten uns lange.

Es dauerte ein Weilchen, bis sie sich an die Schule und den neuen Tagesablauf gewöhnt und neue Freunde gefunden hatte. Ruth kam, so oft sie nur konnte, nach Johnstown, weil sie und Megan so sehr aneinander hängen.

Im November 2002 schließlich, sechs Monate nachdem wir eingezogen waren, wurde das Haus richtig bewohnbar, und wir konnten endlich das Zelt abbauen und richtig umziehen. Oben war ein neuer Boden eingezogen worden, und wir waren sehr froh, dass wir nun nicht mehr über die Bretter gehen mussten. Außerdem hatten wir nun richtige Fenster und Außentüren. Allerdings gab es immer noch keine Treppe, sondern nur die Leiter, aber das störte uns nicht sonderlich.

Am Abend vor dem »großen Umzug« war Ruth gekommen, und Megan hatte sich wie immer riesig darüber gefreut. Am nächsten Tag brachte ein Lastwagen den großen Container, den wir schon vor Monaten beladen hatten. Auch Christopher und Owen kamen. Als Erstes gingen wir in das Zimmer, das mein Schlafzimmer werden sollte, und bauten das Zelt ab, in dem wir sechs Monate lang geschlafen hatten. Ich freute mich sehr, dass ich endlich ein normales Bett und ein normales Schlafzimmer bekam. Wir lachten über das zischende Geräusch, das die Luftmatratze von sich gab, als wir die Luft aus ihr herausdrückten. Dann trugen wir den kleinen Gaskocher sowie die Töpfe und Pfannen in unsere zukünftige Küche.

Die Möbel von dem Laster abzuladen und in die unteren Räume zu tragen, war nicht besonders schwierig. Etwas ganz anderes war es hingegen, die Bettgestelle, Matratzen und übrigen Möbel die Leiter hinaufzuwuchten. Schließlich standen aber doch alle Möbel an ihrem Platz, und nach einer Tasse Tee fuhren die Jungs und der Lastwagen wieder zurück nach Dublin.

Ich schaute mich im Stall um. Jetzt hatten wir zwar Möbel – aber trotzdem herrschte immer noch Chaos. Überall stand Baumaterial herum. Weil der Holzboden unten noch nicht verlegt war, hatten wir Estrichböden, daher war alles staubig. Es war immer noch schrecklich viel zu tun. Ruth schlug vor, mit meinem Schlafzimmer anzufangen, aber mir war es wichtiger, dass Megans Zimmer zuerst fertig wurde. Sie hatte nun schon so lange kein eigenes Zimmer mehr gehabt. Hand in Hand gingen Ruth und Megan vom Stall in den Flur und stiegen die Leiter hinauf.

Ein paar Augenblicke später erschien der Engel Hosus. Er saß auf einem Stapel Holzdielen im Stall. Heute war sein Gewand lilafarben und damit ein wenig anders als alle Lehrermäntel, die ich bisher gesehen hatte. Als ich zu ihm hinüberging, setzte sich Hosus auf einen anderen Dielenstapel und bedeutete mir, dort Platz zu nehmen, wo er eben noch gesessen hatte. Er nahm meine Hand und sorgte so dafür, dass ich mich geborgen fühlte.

»Siehst du, wie glücklich Megan jetzt ist, Lorna?«, fragte er. »Und deine anderen Kinder auch!«

»Ja«, antwortete ich. »Das sehe ich, und auch ich werde allmählich glücklicher.«

»Die Engel flüstern dem Handwerker ununterbrochen zu, dass er alles so schnell wie möglich fertig machen soll, Lorna. Es kommt dir zwar so vor, als ginge alles sehr langsam voran, aber dem ist nicht so. Auf diese Weise hast du Zeit, um zu heilen und die Veränderungen in deinem Leben anzunehmen.«

Da rief Megan nach mir, und Hosus verschwand. Rasch lief ich in den Flur und kletterte die Leiter hinauf. Als ich oben angekommen war, standen Megan und Ruth schon ganz erwartungsvoll da. Megan nahm mich bei der Hand, und auf dem Weg zu ihrem Zimmer deutete sie auf die anderen Räume. »Das ist Ruths Zimmer.« Ruth lächelte und sagte, es gefalle ihr. Ich machte mir schon Sorgen, dass alle meine Kinder das alte Bauernhaus in Johnstown nun womöglich auch als ihr Zuhause betrachten könnten. Megan deutete nach links und fuhr fort: »Die beiden Jungs können sich dieses Zimmer teilen.« Megans Zimmer lag neben meinem am Ende des Flurs. Ruth half ihr, das Bett zu beziehen und ihre Spielsachen zu verstauen, während ich mein Bett bezog.

Etwas später rief Megan, ich solle kommen und ihr Zimmer bewundern. Es hatte noch keine Tür. Megan und Ruth lagen aneinandergekuschelt auf dem Bett. Das Licht ihrer Schutzengel bedeckte sie. Megan platzte fast vor Stolz. Ihre riesige Teddybär-Sammlung war am Fuß ihres Bettes und auf dem breiten Fenstersims aufgereiht. Das sah toll aus, und ich freute mich riesig, sie so glücklich zu sehen. Ruth fand, dass wir jetzt alle etwas zu essen brauchten. Wir hatten einen Kocher und eine provisorische Spüle. Es gab einen Tisch und Stühle, aber keine Küchenregale. Daher stand die Küche voller Kisten und Taschen mit Lebensmitteln und Geschirr. Ruth kochte uns eine Hähnchenpfanne, ich wischte die Tische und Stühle sauber, und dann aßen wir mit großem Appetit. Wir hatten alle einen Riesenhunger. In dieser Nacht schliefen wir gut. Es war toll, in einem richtigen Bett zu schlafen. Am nächsten Morgen mussten wir früh aufstehen, denn Ruth musste zurück nach Maynooth zur Arbeit. Megan weinte, als Ruth wegfuhr.

Kapitel 9

Weihnachten im Stall

Bis Weihnachten waren es noch etwa sechs Wochen. Ich wollte das Fest unbedingt mit der ganzen Familie im Bauernhaus in Johnstown feiern. Der Handwerker tat sein Bestes, das Haus etwas bewohnbarer zu machen. Er verlegte die Dielen in einigen Zimmern im Erdgeschoss, baute ein Regal in der Küche ein und versah unsere Schlafzimmer mit Türen.

Am Wochenende vor Weihnachten kamen Ruth, Christopher und Owen nach Johnstown. Ich hatte sie gar nicht erwartet und freute mich daher doppelt, dass sie da waren. Schon als die Kinder noch klein gewesen waren, hatten wir den Weihnachtsbaum zusammen besorgt, und es hatte ihnen immer sehr gefallen. Nun fanden sie, dass wir diese Tradition fortsetzen sollten. Also setzten wir uns alle ins Auto und machten uns auf die Suche nach einem Christbaum. Wir fuhren zu mehreren Verkaufsstellen – einem Gartencenter und einem Parkplatz –, aber Megan gefiel kein einziger Baum, den sie dort sah. Owen murrte: »Das kann noch den ganzen Tag dauern!« Er vereinbarte mit Megan, dass sie sich bei der nächsten Verkaufsstelle, die wir ansteuerten, einen Baum aussuchen musste.

Wir fuhren auf einen Parkplatz mit einer riesigen Ladung Christbäume. Ich konnte zig Engel sehen, die zwischen den Bäumen hin und her huschten, sie betrachteten und beschlossen, welchen Megan sich aussuchen sollte. Bei diesem Anblick lächelte ich in mich hinein. Die Engel fanden einen Christbaum, der ihnen gefiel, und ließen ihn ein wenig leuchten. So sah es aus, als hebe er sich von den anderen ab. Ich hielt mich im Hintergrund und beobachtete das Geschehen, und natürlich kam es, wie es kommen musste: Als Megan zu diesem Baum kam, drehte sie sich zu ihren Brüdern und ihrer Schwester um und sagte: »Den da will ich haben!« Alle Engel freuten sich. Wir kauften den Baum und schoben ihn in den Kofferraum des Wagens. Damit er hineinpasste, mussten wir einen Rücksitz umklappen. Ich weiß nicht mehr, wie wir es geschafft haben, uns alle ins Auto zu quetschen.

Im Stall hatten wir einen Platz für den Christbaum ausgewählt. Die Jungs trugen den Baum hinein, und Megan suchte unterdessen in einem anderen Zimmer nach dem Baumschmuck. Plötzlich hörten wir einen Schrei. Ruth und ich rannten zu Megan, die gerade versuchte, eine riesige Kiste, etwa doppelt so groß wie sie selbst, quer durchs Zimmer zu ziehen. Wir lachten herzlich. Schließlich schafften wir die Kiste mit dem Baumschmuck in den Stall, mit ein wenig Hilfe von zwei Engeln, die mitschoben. Dann schmückten wir alle zusammen den Baum.

Meine größeren Kinder blieben über Nacht. Als sie am nächsten Tag vor dem Haus das Auto beluden, weil sie wieder nach Dublin fahren wollten, öffnete sich einen kurzen Augenblick lang das Licht um Ruths

Schutzengel. Ihr Schutzengel war wunderschön. Er zeigte sich mir als weibliche Erscheinung voller Sanftmut, Freundlichkeit und Stärke. Ihr Schutzengel war ganz blau, es war ein wunderschönes, strahlendes Blau. In einer Hand hielt sie eine Peitsche, in der anderen trug sie einen Helm. Wortlos sprach ich mit ihr und nannte sie bei ihrem Namen, den auch Ruth kennt. »Ruth ist über und über erfüllt vom weihnachtlichen Geist«, sagte mir ihr Schutzengel.

Ruth stand neben dem Wagen und sah mich befremdet an: »Weshalb strahlst du so?«, fragte sie mich.

»Ich bin einfach glücklich«, antwortete ich ihr, und Ruths Schutzengel verschwand wieder. Ich umarmte alle lange. Am längsten aber umarmte ich Owen. Ich würde ihn an Weihnachten nicht sehen. Er machte eine seit Langem geplante Australienreise. Er würde mir fehlen.

Dann fuhren die Kinder los. Ruth und Christopher versprachen, an Heiligabend so früh wie möglich zu kommen.

In der Schule hatte Megan eine Weihnachtskarte und etwas Weihnachtsschmuck gebastelt. Sie war sehr stolz auf ihr Werk und hängte alles an die Eingangstür, damit jeder es sehen konnte, der ins Haus kam. Ruth und Christopher trafen an Heiligabend etwa um 15 Uhr ein. Als Allererstes schaute Ruth in den Kühlschrank, um nachzusehen, ob ich ihre Lieblingsnachspeise für den Weihnachtstag gemacht hatte. Ich hörte, wie sie leise »Mmh lecker« vor sich hinmurmelte.

In dem kleinen gemütlichen Zimmer brannte das Kaminfeuer, und im Fenster hatten wir eine Krippe stehen. Am Abend besuchten wir den Familiengottesdienst in der Kirche in Johnstown. Er war brechend voll, und wir hätten fast keine Sitzplätze mehr bekommen. An Heiligabend gehe ich sehr gerne in den Familiengottesdienst. Es macht mir große Freude, wenn ich sehe und höre, wie die Kinder die Geburt Jesu feiern, und natürlich beobachte ich auch gerne die Engel um sie herum. Als die Kinder zur Heiligen Kommunion zum Altar gingen, durfte ich bei einigen von ihnen die Seelen sehen. Sie tanzten in ihre Körper hinein und wieder heraus. Dabei traten sie etwa zehn Zentimeter aus den Körpern der Kinder heraus und kehrten dann wieder dorthin zurück. Die Seelen leuchteten herrlich.

An Weihnachten werden mir die Seelen vieler Kinder gezeigt. Auch während des übrigen Jahres sehe ich Kinderseelen, aber nicht so viele wie an Weihnachten. Die Engel haben mir gesagt, das liege daran, dass diese Kinder so erfüllt seien vom weihnachtlichen Geist, und natürlich auch daran, dass sie erst vor relativ kurzer Zeit aus dem Himmel gekommen seien. Ich danke Gott jedes Mal, wenn ich jemandes Seele sehen darf. Die Seele ist wichtiger und schöner als jeder Engel. Es ist ein unglaublich großes Privileg, wenn man eine Seele sehen darf.

Vor der Kirche wünschten sich alle fröhliche Weihnachten. Als wir wieder ins Bauernhaus zurückkamen, war es erfüllt vom Licht der Engel. Es war warm und gemütlich. Ich verspürte eine große Vorfreude, als wir uns alle sehr geschäftig an die Vorbereitungen für den Weihnachtsmorgen machten. Und was die Engel anbelangt – wie kann ich ihre Vorfreude beschreiben? Es gibt eigentlich keine Worte für die Freude, die ich in der Weihnachtszeit bei den Engeln sehe. Sie sprudeln über vor freudiger Erregung, wie aufgeregte Kinder. Ich sehe es ihren Gesichtern und all ihren Gesten an. Auch sie bereiten sich darauf vor, Jesu Geburt zu feiern.

Alle halfen mit, das Gemüse und den Truthahn für das Weihnachtsessen am nächsten Tag vorzubereiten. Wir deckten den Tisch im Stall, und es sah alles einfach fantastisch aus. Megan konnte es kaum erwarten, dass der Weihnachtsmann kommen würde, deshalb brachte ich sie etwa um 20 Uhr ins Bett. Sie sprach ihre Gebete, ich küsste sie auf die Stirn und sagte ihr Gute Nacht. Als ich an ihrer Zimmertür war, sah ich mich noch einmal zu ihr um. Ihr Weihnachtssocken hing am Fußende ihres Bettes. Ein Engel berührte ihre Stirn, und sie schlief fast sofort ein.

Ich ging in mein Schlafzimmer, und als ich die Tür öffnete, sah ich die Engel Michael, Hosus und Elija und jede Menge andere Engel auf meinem Bett sitzen. Michael kam zu mir, nahm meine Hände und sagte: »Wir möchten nicht, dass dir Joe so sehr fehlt, Lorna. Gott hat seinen Geist geschickt, und er darf dich ein paar Minuten lang besuchen.«

Ich schaute Michael an und brach in Tränen aus. »Ich hoffe, das sind Freudentränen«, sagte er lächelnd. Alle Engel verschwanden, und ich war allein im Zimmer. Im nächsten Moment sah ich ein Licht vor dem Fenster. Dort stand Joe. Langsam kam er mit offenen Armen auf mich zu. Er sah so aus, wie er als junger Mann ausgesehen hatte, und war völlig gesund. Er leuchtete hell. Ich war außer mir vor Freude. Er nahm meine Hand und umarmte mich dann. Ich verspürte eine tiefe innere Ruhe. Ich wollte für immer in seinen Armen bleiben.

»Lorna«, sagte Joe, »ich möchte, dass du stark bist und das Leben führst, das Gott sich von dir wünscht. Wenn du mich brauchst, wird dein Schutzengel zulassen, dass ich bei dir sein darf, aber ich werde dich nicht mehr in den Arm nehmen können – bis wir uns im Himmel wiedersehen. Denke immer daran, dass ich dich liebe. Sag den Kindern, dass ich sie lieb habe und im Geiste immer bei ihnen bin.«

Dann löste Joe sich aus der Umarmung, hielt mich an beiden Händen und sagte: »Lass zu, dass ein anderer Mann in dein Leben tritt, und lass zu, dass er dich liebt.« Bevor er wieder verschwand, sagte er noch: »Fröhliche Weihnachten, Lorna.«

»Das ist das schönste Weihnachtsgeschenk, das man bekommen kann«, sagte ich in den leeren Raum hinein. Ich war so glücklich. Ein paar Minuten lang blieb ich einfach stehen und dachte, welch ein Geschenk Joes Umarmung für mich war. Dann ging ich langsam den Flur entlang. Dort begegnete ich Ruth, die schon gedacht hatte, ich sei eingeschlafen. Unten verpackten die Kinder Geschenke. Ich gesellte mich zu ihnen. Etwa eine Stunde später gingen wir zu Bett, und als ich die Augen schloss, dankte ich Gott für diesen wunderbaren Tag.

Am Weihnachtsmorgen weckte mich eine aufgeregte Megan mit einem Weihnachtsstrumpf voller Süßigkeiten in der Hand. Danach weckte sie die anderen, und wir gingen alle hinunter – das heißt, wir stiegen natürlich die Leiter hinab. Ruth war sogar noch früher aufgestanden als Megan und hatte die Lichter am Christbaum angeschaltet. Der Stall sah fantastisch aus. Überall saßen Engel. Ich wünschte mir, meine Familie hätte sehen können, was ich sah.

Megan schrie auf vor Freude, als sie sah, dass der Weihnachtsmann ihr ein Fahrrad gebracht hatte. Und er war so klug gewesen, dass er Stützräder, einen Helm und Knieschoner gleich mit dazugelegt hatte. Megan setzte sich sofort auf das Fahrrad und fuhr – unterstützt von ihrem Bruder – von einem Ende des Stalls zum anderen. Dann verkündete Ruth, nun sei es an der Zeit, die übrigen Geschenke auszupacken. Sie war genauso aufgeregt wie ihre kleine Schwester. Nacheinander öffneten wir die Geschenke und umarmten jeweils denjenigen, von dem das Geschenk stammte.

Bis zum Nachmittag spielten wir einige Gesellschaftsspiele und verbrachten die Zeit mit viel Spaß und Gelächter. Owen rief an, um uns fröhliche Weihnachten zu wünschen. Er fehlte uns, aber ihm ging es ganz offensichtlich hervorragend. Er zog uns ein wenig mit dem strahlenden Sonnenschein auf, den er genoss, während bei uns recht kaltes und trübes Wetter vorherrschte.

Um 16 Uhr setzten wir uns an den großen alten Tisch im Stall, der wunderschön geschmückt war, und sagten Dank. Wir wünschten auch Joe fröhliche Weihnachten. Er fehlte uns allen sehr. Und obwohl ich am Vorabend von seinem Geist in den Armen gehalten worden war und das als großes Geschenk empfand, spürte ich nun doch ganz stark, wie sehr ich ihn vermisste. Es fühlte sich falsch an, unser erstes Weihnachten mit der ganzen Familie im neuen Haus zu feiern, ohne dass er dabei war. Aber wir hatten ein wunderbares Essen, das wir alle ausgiebig genossen – und Ruth schmeckte ganz besonders die Himbeer-Sahne-Creme, die ich als Nachtisch zubereitet hatte. Der Rest des Tages und auch die folgenden Tage verliefen sehr fröhlich, und Megan wurde ziemlich gut im Fahrradfahren. Sie übte auf der kleinen Zufahrtsstraße zum Haus, und ihr Bruder half ihr dabei.

Nach vier Tagen fuhren meine größeren Kinder wieder nach Hause. Es waren wunderschöne Weihnachten gewesen. Ich genieße diese besondere Zeit immer sehr, da dann die Familie und Freunde zusammenkommen. Aber dieses erste Weihnachten in Johnstown war etwas ganz Besonderes gewesen. Nun hatte ich endlich das Gefühl, dass das Bauernhaus in Johnstown unser Zuhause war.

Kapitel 10

Zeugin von Jesu Geburt

Ich lerne ständig mehr über die Engel und ihr Wirken in der Welt dazu. Viele Jahre lang habe ich beobachtet, dass zur Weihnachtszeit Engel über die Häuser flogen und Lichtkugeln darauf fallen ließen. Ich fragte mich stets, was das zu bedeuten hatte. Was um alles in der Welt taten die Engel da? Dann hatte ich eine Vision, durch die mir vieles klarer wurde.

Gelegentlich habe ich Visionen. Sie sind völlig anders als Träume. Visionen habe ich, wenn ich hellwach bin. Dann ist es so, als würde ein Blitz durch mein ganzes Wesen fahren. Meine Seele wird von meinem Körper getrennt, und ich weiß, dass ich dem Tode dann tatsächlich sehr nahe bin. Selbst wenn die Vision an sich schön ist – manchmal ist das nämlich ganz und gar nicht der Fall –, so ist der Übergang in den visionären Zustand immer leidvoll, erschreckend und ungewiss. Er läuft nicht immer gleich ab. Ich weiß, dass Visionen mir etwas sehr Wichtiges zeigen, etwas, das die ganze Welt betrifft und nicht nur mein persönliches Umfeld. Eine Botschaft für die Welt sozusagen.

Die Vision, durch die ich besser verstehen konnte, was die Engel an Weihnachten tun, wurde mir mitten in der hektischen Vorweihnachtszeit zuteil, als Joe noch lebte. Er war im Krankenhaus, und ich wollte ihn an Weihnachten zu Hause haben. Als ich eines Nachmittags im Wohnzimmer betete, spürte ich, dass einige Engel sich um mich versammelten und sich selbst förmlich wie Tücher um mich schlugen, sanft zunächst, aber dann immer fester. Das ist eins der Vorzeichen einer Vision. Würden die Engel mich nicht auf diese Weise stützen, würde mein Körper umfallen wie ein Stein, sobald meine Seele ihn verlassen hat.

Jetzt sind meine Augen weit offen, aber ich schwebe fort von dieser Welt. Sie verblasst. Dann ist es einen erschreckenden Sekundenbruchteil lang so, als würde mir der Atem genommen. Ich habe aufgehört zu atmen. Ich bin anderswo, in einer anderen Dimension. Es ist dunkel. Allmählich nehme ich zwei schattenhafte Gestalten wahr, eine rechts und eine links von mir. Sie führen mich zu einer breiten Steinmauer, die so hoch ist, dass sie bis zum Himmel zu reichen scheint. In der Mitte dieser hohen Mauer befindet sich ein Tor. Im granitgrauen Stein glitzern viele winzig kleine verschiedenfarbige Lichtpünktchen. In das Tor sind Zeichen hineingemeißelt, aber ich konzentriere mich nicht lange genug darauf, um sie erkennen zu können, denn mein Blick wird unweigerlich von zwei riesigen goldenen Engeln angezogen. Sie sind größer als die Bäume im Universitätspark von Maynooth. Sie sind fast so groß wie die Mauer. Sie halten Wache neben dem Tor, jeder auf einer Seite. Ich komme näher, und die beiden Engel drehen sich um und schieben das Tor auf. Es sieht so aus, als bestünde das Tor aus einem einzigen riesigen Steinblock, der in der Mitte durchgeschnitten ist und dessen beide Hälften zusammengedrückt werden. Sie schwingen nicht vor oder zurück, sondern müssen zur Seite geschoben werden wie Schiebetüren. Sie sind ungeheuer dick und schwer. Aber sie geben dem Druck der riesigen Engel nach, denn diese sind unglaublich stark. Während die beiden Flügel des Tors zur Seite gleiten, erkenne ich, dass die behauenen Steinblöcke etwa einen Meter dick sind. Dann sehe ich ein Licht im Öffnungsspalt aufleuchten. »Was sich wohl dahinter befinden mag?«, frage ich mich. Ich versuche, hindurchzugucken …

Als ich mich weiter nähere, wird der Spalt breiter, und das Licht wird heller. Als die Öffnung etwa einen Meter breit ist, kommt es plötzlich zu einer Lichtexplosion, aus der zahllose Engel hervorströmen. Sie sind überall, und im ersten Moment blenden sie mich. Dann gehe ich durch die Öffnung hindurch, und es scheint, als seien Millionen von Engeln da, und jetzt sehe ich, dass jeder Einzelne eine Lichtkugel trägt, ganz behutsam und liebevoll, als sei sie sehr kostbar. Die Lichtkugeln sehen genauso aus wie die, die die Engel zu Weihnachten auf die Häuser fallen ließen. Einige Engel schauen zu mir herüber und lächeln mich an, aber die meisten eilen einfach vorbei, als würden sie mich gar nicht bemerken. Ein starker Luftstrom entsteht, er ist sanft, aber kraftvoll. Und während die Engel herausfliegen, wird auch dieser Luftstrom immer stärker.

Dann ist plötzlich alles vorbei, und ich befinde mich wieder im Dunkeln. Über mir nur der nächtliche Sternenhimmel. Der Boden unter meinen Füßen fühlt sich weich an. Irgendwo vor mir, etwa am Ende eines Gartens, erkenne ich ein schwaches Flackern in der Dunkelheit. Dann erscheinen zwei Engel neben mir. Ich gehe weiter und kann nun einen kleinen runden Hügel erkennen, in dem sich eine Höhle befindet. Ich komme immer näher. Und ich frage mich: »Bewege ich mich auf die Höhle zu, oder kommt sie mir entgegen?« Dann bleibe entweder ich stehen, oder die Szenerie steht still, und ich kann plötzlich die Höhle klarer erkennen, als hätten die Engel ein Licht angeschaltet, um mir das zu ermöglichen. Zahlreiche Engel fliegen über den Hügel hinweg und umkreisen ihn. Dabei erzeugen sie das sanfte flackernde Licht, das mir den Weg bahnt. Diese Engel tragen keine Lichtkugeln wie diejenigen, die zuvor an mir vorbeigeeilt sind. Sie sind hier, um die Höhle zu erleuchten und sie vor dem eisigen Wind zu schützen. Vor der Höhle steht ein kleiner windschiefer, von Menschen errichteter Unterschlupf. Er ist etwa einen Meter tief und besteht aus glatten, abgerundeten, grauen Steinblöcken von je etwa 30 Zentimetern Länge. Das Dach ist aus trockenen Rindenstücken, Stroh und Moos angefertigt, so wie man es manchmal auch bei Komposthaufen sieht. Beim Näherkommen sehe ich, dass die Höhle größer ist, als es zunächst den Anschein hatte – sie ist etwa sieben Meter breit und zehn Meter tief. Ich spüre, dass im Dunkeln tief im Inneren der Höhle Leben ist, ein paar kleine Tiere. Ich kann sie riechen. Manche Tiere sind etwa so groß wie Ziegen, aber meine Aufmerksamkeit gilt nicht ihnen. Die Engel in meiner Nähe sagen mir, dies sei der Geburtsort Jesu.

Die junge Frau, Maria, sehe ich zuerst. Sie steht in der Mitte der Höhle, den Kopf leicht geneigt. Ihr langes dunkles Haar ist mit einem weißen Schal zusammengebunden. Sie kümmert sich um ihr Baby – und zutiefst verblüfft bemerke ich, wie jung sie ist! Sie ist ein junger Teenager mit einem runden, hübschen, mädchenhaften Gesicht. Gerade möchte sie es ihrem Baby etwas bequemer machen. Das Baby – jetzt sehe ich es – liegt in einer Art steinernem Futtertrog. Ein paar lose Tücher sind hineingelegt, damit das Kind es etwas weicher hat, und die Mutter streicht sie glatt. Sie faltet ein weiteres Tuch, ein Leintuch wohl, und kniet dann nieder, um es dem Baby unterzuschieben. Es liegt sehr viel Liebe und Fürsorge in ihrem Tun.

Jetzt sehe ich den Vater. Er ist größer und viel älter, vielleicht Ende 20 oder sogar Anfang 30. Er geht zu Maria hinüber und wendet sich ihr und dem Kind ganz zärtlich zu. Josef hat ein wettergegerbtes Gesicht und einen dunklen Bart, nicht schwarz, sondern braun, der kurz und ein wenig ungenau geschnitten ist. Aber er hat ein freundliches Gesicht, und man erkennt auf den ersten Blick, dass er ein guter Mann ist. Maria und Josef reden miteinander, aber ich verstehe nicht, was sie sagen, und auch sie bemerken meine Anwesenheit nicht. Mir kommt es so vor, als könnten sie jeden Augenblick aufschauen und mich sehen, aber aus irgendeinem Grund lässt Gott das nicht zu.

Das Baby greift nach Marias Finger. Dabei dreht es den Kopf ein wenig und lächelt. Es ist etwa drei Monate alt. Es hat keinen dichten Haarschopf, sondern einen zarten, hellbraunen Flaum. Und mit zum Ersten, was mir auffällt – so etwas fällt einer Frau immer auf –, gehören seine wunderschönen langen Wimpern. Seine Augen sind hinreißend, das Weiße ist sehr weiß, die Pupillen sind dunkel. Zwei Mal wendet das Kind seinen Kopf in meine Richtung, und ich bin mir sicher, dass es mich sieht. Jede Mutter weiß, warum ich mir dessen so sicher bin. Ich möchte zu ihm gehen, es hochnehmen und im Arm halten, aber etwas hält mich davon ab. Alles an ihm ist wie bei allen anderen Babys auch, abgesehen davon, dass ein zarter goldener Schimmer von ihm auszugehen scheint.

Ich merke, dass seine Aufmerksamkeit von anderen Dingen angezogen wird, und kann allmählich die Engel erkennen, die das Kind sieht. Etwa 20 Engel stehen im Kreis um Jesus, Maria und Josef herum. Natürlich sind sie ihnen zugewandt. Diese Engel sind anders als die beim Tor und auch anders als die Engel, die die Höhle von oben erleuchten, sie warm halten und beschützen. Sie sind groß und schön und haben sanft schwingende Flügel, deren Farbton sich ständig verändert. Sie sind von einem durchsichtigen gelblichen Gold. Ihre Gewänder fließen an ihnen herab wie ein Wasserfall. Jeweils vier oder fünf von ihnen singen eine Zeitlang zusammen. Sobald sie aufhören, heben vier oder fünf andere zu singen an, als würden sie das Lied untereinander weiterreichen. In ihren Händen halten sie lange, zarte weiße Federn, die am Ende gelbgold gestreift sind. Zu beiden Seiten der Federn hängen etwa 30 lange Fäden herunter. Die meisten Fäden sind rot, aber ungefähr vier sind gold- und silberfarben. Am Ende jedes Fadens hängt ein Glöckchen. Die Engel lassen diese Glöckchen erklingen, um das Kind zu unterhalten. Und es sind ebendiese Glöckchen und Federn, auf die seine Aufmerksamkeit sich richtet.

Nach einer Weile schließt das Baby die Augen und schläft ein. Maria und Josef beobachten es genau und sprechen über das schlafende Kind. Ich weiß das, obwohl ich ihre Worte nicht verstehen kann. Plötzlich öffnet das Kind die Augen, als wolle es sagen: »Ich habe euch an der Nase herumgeführt. Ich habe gar nicht geschlafen.« Da lachen alle Engel, und ich spüre viel Liebe und Glück.

Dann drehen sich die Engel um, die direkt vor mir stehen, und gehen zurück in die Richtung, aus der wir gekommen sind. Ich protestiere ein wenig, aber ich weiß, dass es an der Zeit ist zu gehen ... Und mit einem Schlag befinde ich mich wieder im Cottage und schaue aus dem Fenster.

Es kam mir so vor, als hätte ich Jesus, Maria und Josef etwa 20 Minuten lang beobachtet, aber als ich wieder im Cottage war, erkannte ich am Tageslicht, dass ich nur sehr kurz weg gewesen sein konnte – wahrscheinlich nur ein paar Minuten. Um diese Jahreszeit wird es sehr schnell dunkel, und es war jetzt nicht dunkler als in dem Moment, in dem ich weggeglitten war. Die Zeit existiert wirklich nur für uns.

Ich dachte darüber nach, was ich gesehen hatte, und allmählich wurde mir einiges klar. Wenn wir an Jesu Geburt denken, dann denken wir im Allgemeinen an Menschen – die Heiligen Drei Könige, die Hirten –, die dem Kind Geschenke bringen. Was ich gesehen hatte, in Gestalt der Engel, die Lichtkugeln trugen, waren die Geschenke, die das Kind der Welt machte – zahllose Geschenke. In gewissem Sinn machen alle Kinder uns zahllose Geschenke. Da kleine Kinder gerade erst aus dem Himmel gekommen sind, sind sie voller Liebe und haben ein wahres spirituelles Empfinden. Das wirkt sich auch auf ihre Eltern und andere Erwachsene in ihrer Umgebung aus.

In der Gegenwart von Kindern können wir wieder einen Sinn für Wunder empfinden. Das Traurige ist, dass wir beim Erwachsenwerden oft vergessen, wie es im Himmel war. Vielleicht erinnern wir uns später im Leben wieder daran, wenn wir beten. Doch die meisten Menschen verbringen den größten Teil des Jahres voll und ganz in der materiellen Welt. Nur an Weihnachten wird uns vielleicht ein kurzer Blick auf etwas anderes gestattet. Etwas geschieht. Irgendwo in der geistigen Welt öffnet sich das Tor, das ich in meiner Vision gesehen habe. Es öffnet sich stets am Wendepunkt des Jahres. Wir nennen diese Zeit Weihnachten, weil wir auch an jenen Wendepunkt in der Geschichte vor etwa 2000 Jahren denken. Aber die Menschen auf der ganzen Welt, auch Menschen anderer Religionen, ja sogar die Menschen, die vor den Ereignissen vor 2000 Jahren gelebt haben, wussten schon immer, dass dieses Tor ein Mal im Jahr geöffnet wird. Seither wissen die Menschen, dass dieses große Tor im tiefsten Winter aufgeht und besondere Geistwesen, ganz besondere Engel, wie wir sie in unserem Glauben nennen, in die Welt hineinströmen. Zu Millionen strömen sie in unsere Welt hinein, um die Dunkelheit zu erhellen und die Herzen mit Hoffnung zu erfüllen.

Ich glaube, das ist die Erklärung dafür, was ich gesehen habe, als die Engel über die Häuser flogen und Lichtkugeln auf sie hinabsinken ließen. Wenn sie das tun, kommt es zu einer Lichtexplosion, die in jede Ritze und jeden Winkel dringt, die alle Mauern und den Mörtel dazwischen erhellt. So helfen die Engel den Erwachsenen, sich mit ihren Erinnerungen an den Himmel zu verbinden, mit den spirituellen Gefühlen der Liebe und der Hoffnung, die die Kinder im Haus noch in sich tragen. Und falls keine Kinder da sind – auch die Erwachsenen tragen diese Gefühle in sich, selbst wenn sie vielleicht während des größten Teils des Jahres verborgen sind.

Wenn wir den Impuls verspüren, jemanden einzuladen, der allein ist, oder jemandem ein Geschenk zu machen – ganz egal, worum es sich materiell gesehen handelt –, dann könnte das auf den Einfluss dieser ganz besonderen Engel zurückgehen, die zur Weihnachtszeit die Geschenke des Jesuskindes überbringen.

Kapitel 11

Megans Kommunion

Langsam, aber sicher begannen Megan und ich ein normales Leben in Johnstown zu führen. Megan machte sich gut in der Schule. Eines Tages kam sie ganz aufgeregt nach Hause und erzählte mir, sie sei am Samstag zu einer Geburtstagsparty eingeladen. Als ich sie von der Party abholen wollte, freute ich mich sehr, dass ich hineingebeten wurde, um andere Eltern kennenzulernen. So konnte auch ich neuen Menschen begegnen. Alle wirkten sehr hilfsbereit und nahmen mich herzlich auf.

Meine besten Freunde in Johnstown waren natürlich die Brennans. Sie waren auch weiterhin so nett zu mir, und ohne sie wäre ich verloren gewesen. Ich dankte Gott und den Engeln jeden Tag für ihre Freundschaft. Wir sahen uns sehr häufig. Manchmal schauten wir auf dem Nachhauseweg von der Schule spontan bei ihnen vorbei. Dann spielte Megan mit den Kindern, und ich trank Tee und plauderte mit Maura oder Oma Brennan. Außerdem gab es bei den Brennans zahlreiche Geburtstagsfeiern, weil die Familie so viele Kinder hatte, und Megan genoss das sehr. Manchmal gingen Megan und ich am Wochenende mit den Brennans in der herrlichen Umgebung von Johnstown spazieren. Ich liebe Spaziergänge und die gute Luft in dieser Gegend. Das Landleben bekam Megan ebenfalls sehr gut, und wir waren so glücklich und gesund wie seit Jahren nicht mehr. Ich schloss noch weitere Freundschaften. So traf ich mich zum Beispiel regelmäßig mit Trish in einem Café in Johnstown. Als sie und ihr Mann John umzogen, schenkten sie uns freundlicherweise ihren wunderschönen alten offenen Kaminofen. Er passte ganz wunderbar zu dem gemütlichen Raum im Bauernhaus.

Überhaupt war das alte Bauernhaus ein großartiges Zuhause geworden, das uns ans Herz gewachsen war. Auch meine anderen Kinder kamen sehr gern zu Besuch, wann immer sie konnten. Vom Haus aus können wir die schönsten Sonnenaufgänge beobachten. Wenn die Sonne aufgeht, scheint sie direkt in mein Schlafzimmerfenster hinein. Manchmal sehe ich frühmorgens auf dem Feld hinter dem Vorgarten Füchse oder Hasen und natürlich alle möglichen Vögel.

Megan war inzwischen sieben Jahre alt und bereitete sich auf ihre Kommunion vor. In katholischen Schulen in Irland ist das ein großes Fest und für das betreffende Kind etwas ganz Besonderes. Ruth wollte das Kommunionkleid für Megan kaufen. Eine befreundete ältere Frau in Johnstown bot an, ihr eine weiße Strickjacke zu stricken, und ihre Brüder wollten die Schuhe und die übrigen Sachen besorgen, die sie brauchte.

Eines Freitagnachmittags, etwa sechs Wochen vor der Kommunion im Mai, fuhr ich in die Stadt, um

Megan von der Schule abzuholen. Von dort aus wollten wir direkt nach Maynooth weiterfahren, damit wir am Samstag mit Ruth in Dublin Megans Kleid kaufen konnten. Ich saß im Wagen und beobachtete die Kinder, die zum Schultor herauskamen. Die Schutzengel der Kinder öffneten ihr Licht, und ich durfte sehen, wie jeder Schutzengel sein Kind zu seinen Eltern führte. Es war ein wunderschöner Anblick.

Dann kam Megan. Das Licht um ihren Schutzengel öffnete sich nicht, aber zwei weitere Engel gingen neben ihr her, und zu meiner Überraschung erblickte ich den Geist meiner Großmutter. Auch sie ging neben Megan her. Ich sah ihren Geist zum ersten Mal. Sie sah aus wie als Mensch, wie die schöne, sanftmütige Großmutter, die ich aus Kindertagen in Erinnerung habe. Als Megan beim Auto angelangt war, grüßte mich meine Großmutter mit einem Lächeln durch das Wagenfenster hindurch und verschwand dann wieder. Ich dankte ihr – und vergaß dabei ganz, dass Megan nicht ins Auto einsteigen konnte. Sie klopfte ans Fenster, und ich ließ sie hinein. Es herrschte dichter Verkehr, deshalb kamen wir erst nach 18 Uhr in Maynooth an. Megan war sehr müde, konnte aber dennoch nicht schlafen. Als Ruth sich zu ihr ins Bett legte und sie im Arm hielt, schlief Megan in null Komma nichts ein.

Ich setzte mich ins vordere Zimmer. Im Haus war es still. Ich muss wohl in dem Lehnstuhl neben dem Kamin kurz eingeschlafen sein. Als ich wieder aufwachte, saß der Engel Hosus auf der Couch. Er hielt seinen ulkig geformten Hut in der Hand. Ich glaube, ich habe Ihnen noch gar nicht von seinem gelockten Haar erzählt. Er hat wunderschöne weich fallende Locken, fast ein wenig so wie ich als Kind, aber voller, und wenn er seinen Hut abnimmt, dann fallen sie locker über seine Ohren und reichen ihm bis zu den Ohrläppchen. Ich war verblüfft, ihn zu sehen. Noch halb im Schlaf räkelte ich mich im Sessel.

»Ich bin hier, um dir ein Weilchen Gesellschaft zu leisten«, sagte er und setzte seinen Hut wieder auf. »Na, Lorna, wie ist es, wieder hier im Haus zu sein?«

Es war mein erster Abend im Cottage seit meinem Umzug nach Johnstown etwa ein Jahr zuvor. Seufzend sagte ich: »Es ist seltsam, ohne Joe wieder hier zu sein, besonders jetzt zu Megans Erstkommunion.«

Hosus ergriff meine Hand, und ich fuhr fort: »Weißt du, ich sitze in Joes Sessel. Es war sein Lieblingssessel, aber manchmal hat er darauf bestanden, dass ich hier sitze. Dann saß er auf der Couch, wo du jetzt bist. Wenn ich dich da sitzen sehe, Hosus, dann muss ich einfach an Joe denken. Es fühlt sich sehr seltsam an, dass er nicht hier ist. Du sitzt genau da, wo er an dem Abend saß, bevor er starb.«

»Ich weiß, wie seltsam es für dich ist, dass Joe nicht mehr bei dir ist, Lorna. Gott hat mich gebeten, dir zu sagen, dass Joes Geist bei Megans Kommunion dabei sein wird.«

»Danke, Hosus«, sagte ich lächelnd. »Und danke Gott bitte von mir.«

»Gott hat seinen Dank schon erhalten«, erwiderte Hosus. »Und jetzt solltest du zu Bett gehen.« Damit verschwand Hosus. Etwas benommen stand ich aus dem Sessel auf. Ich kann mich nicht mehr daran erinnern, wie ich ins Schlafzimmer gekommen, ins Bett gegangen und eingeschlafen bin, aber als ich am nächsten

Morgen aufwachte, fühlte ich mich erfrischt, und es ging mir sehr viel besser. Beim Aufstehen fiel mir wieder ein, was Hosus gesagt hatte, und ich dankte Gott dafür.

An diesem Tag probierte Megan in Dublin unglaublich viele weiße Kommunionkleider an. Aber wie es schien, wollte ihr keines so richtig stehen. Nach dem Mittagessen entdeckten wir in einer kleinen Gasse ein Fachgeschäft für Kommunionkleider. Hier fand Megan ein Kleid, das ihr gefiel. Und hier bekamen wir auch die passenden Handschuhe, Schuhe, ein Täschchen und eine kleine Krone. Als sie alles angezogen hatte, sah sie wie eine Prinzessin aus.

Sie konnte es kaum erwarten, wieder in Maynooth zu sein, um ihren Brüdern ihr Kleid mit allem Zubehör vorzuführen. Und diese bewunderten sie sehr. Owen schlug vor, am Tag ihrer Kommunion eine Grillparty zu veranstalten. Christopher und er kümmerten sich um das Organisatorische, wobei sie einplanen mussten, dass das Wetter in Irland im Mai sowohl sonnig als auch nasskalt sein kann. Megan war begeistert. Ruth kam bereits am Vorabend zu uns nach Johnstown, um Megan zu frisieren.

Als auch ihre Brüder und Kiera, Owens Freundin, sowie Brendan, Ruths Freund, ankamen, dankte ich Gott und den Engeln. Im Stall waren mittlerweile alle Dielen verlegt, und es regnete nicht. Es war zwar kalt, aber die Engel versicherten mir, dass die Sonne später herauskommen würde.

Eine Freundin hatte mir ein Geschenk für Megan gegeben: ein schönes Gebetbuch und einen Rosenkranz. Beides überreichte ich ihr nun unmittelbar bevor es an der Zeit war, in die Kirche zu gehen. In der Kirche angekommen, führte Megan uns zu der Bank, die für unsere Familie reserviert war. Ich saß in der Kirche und sah zu, wie sie sich allmählich mit den kleinen Jungen und Mädchen füllte, die ihre Erstkommunion erhalten sollten. Das Licht der Schutzengel aller Kinder strahlte heller als sonst. Ein Engel nahm das Gebetbuch eines Kindes in seine Hände, blätterte darin und sprach Gebete. Ich sah, wie die Seiten umgeblättert wurden, aber ich bin mir nicht sicher, ob das Kind selbst oder sonst jemand es auch bemerkte. Die Kirche war voller Menschen und außerdem zum Bersten voll mit Engeln.

Gefolgt von den Ministranten, schritt der Priester nach vorne zum Altar. Zwei riesige Engel standen neben ihm, als er alle Leute und ganz besonders die Kinder begrüßte, die heute ihre erste Heilige Kommunion erhalten sollten. Zahllose Engel kamen zum Altarbereich mit dem Tabernakel und dem Altartisch herab. Ganz in Weiß schritten die Kommunionkinder paarweise den Mittelgang entlang zu ihren Familien. Jedes Mädchen und jeder Junge war in das Licht seines Schutzengels getaucht. Außerdem waren die Kinder umgeben von einer großen Gruppe weiterer Engel, die alle Lobpreislieder sangen. Ihr Gesang war sehr hoch und stieg in Wellen zum Himmel auf. Ich hätte den ganzen Tag lang so dasitzen und dem Gesang mit geschlossenen Augen lauschen können. Wenn ein Engel singt, versetzt mich das sofort in einen wunderschönen Gebetszustand.

Als ich meine Augen wieder öffnete, sah ich ihn. Joes Geist stand neben dem Altar und lächelte mir zu. Er war bei Megans Heiliger Erstkommunion dabei. Wortlos bedankte ich mich, und wenige Augenblicke später verschwand Joe wieder. Ich war etwas traurig, aber auch froh, dass er für ein paar Momente da gewesen war.

Als die Kinder ihre Heilige Kommunion erhalten sollten, sah ich zu, wie jedes Kind zum Altar ging. Immer wenn der Priester einem Kind die Hostie gab, streckten auch die beiden riesigen Engel neben ihm die Hand mit einer Hostie aus. In einer synchronen Bewegung berührten diese beiden Hostien die Hostie, die der Priester dem Kind gab, und übertrugen Kraft auf sie. Die Bewegungen der Engel waren unglaublich sanft und liebevoll. Ich glaube, die beiden geistigen Hostien übertrugen eine Extraportion Gnade und Segen für jedes Kind auf die Hostie des Priesters. Andere Engel berührten jedes Kind am Kopf und begleiteten es zurück an seinen Platz. Die ganze Zeit über erstrahlte das Licht des Schutzengels jedes Kindes.

Megan war ganz aufgeregt, als sie an der Reihe war, zum Altar zu gehen. Ich betete, während ich beobachtete, dass die Engel dem Priester zur Seite standen, der ihr die Heilige Kommunion gab. Plötzlich erschien Joes Geist wieder. Er stand neben Megan. Als sie sich umdrehte und wieder zurück zu ihrem Platz ging, schritt Joe neben ihr her. Er sah so aus wie zu Beginn unserer Ehe – ein attraktiver junger Mann Ende 20 in einem feinen Anzug. Während er den Mittelgang entlangging, schaute er die ganze Zeit mit einem stolzem Lächeln auf seine kleine Tochter Megan hinunter. Dann sah er auf und sagte wortlos zu mir: »Sag Christopher, Owen und Ruth, dass ich sie lieb habe und immer bei ihnen bin, wenn sie mich brauchen.« Danach verschwand Joes Geist. Als Megan wieder zu unserer Bank kam und sich neben mich setzte, hatte ich Tränen in den Augen.

Vor der Kirche schien die Sonne, wie es die Engel versprochen hatten. Die Menschen unterhielten sich, gratulierten den Kindern und machten Fotos. Christopher und Owen machten Fotos von Megan und ihren Freundinnen, die unentwegt kicherten. Wir standen bestimmt fast eine Stunde lang vor der Kirche, bevor wir uns langsam auf den Heimweg machten. Die Grillparty wurde ein voller Erfolg. Megan brachte es sogar fertig zu essen, ohne ihr Kleidchen zu bekleckern. Das allein war schon ein kleines Wunder.

Kapitel 12

Ein Licht der Hoffnung entzünden

Schon mein ganzes Leben lang, seit meiner frühesten Kindheit bis heute, werden mir Menschen gezeigt – Männer, Frauen und sogar Kinder –, die sich mit dem Gedanken tragen, sich umzubringen. Dass sie Suizidgedanken hegen, erkenne ich daran, was mir die Engel zeigen und sagen. In solchen Zeiten schlingt sich der Schutzengel um den Menschen, der sich das Leben nehmen will. Er verflicht sich mit dem physischen Körper und versucht, darin ein Licht zu entzünden – dem Menschen zu zeigen, dass es Hoffnung gibt. Die Flügel des Schutzengels sind ausgebreitet und legen sich schützend um den Menschen. Ein anderer Teil des Schutzengels wird mit dem Körper verzwirnt, etwa so wie bei den einzelnen Strängen eines Seils. Wenn mir das gezeigt wird, dann spricht der Schutzengel immer mit mir. Manchmal sagt er mir, dass dieser Mensch ein schweres Trauma erlebt hat. Dann wieder beschränkt sich die Kommunikation auf einen kurzen Satz wie zum Beispiel: »Dieser Mensch ist in schrecklicher emotionaler Not.« Hin und wieder verrät der Engel mir auch Einzelheiten. Zuweilen sind andere Engel dabei, und gelegentlich erfahre ich weitere Details. Manchmal, aber nicht immer, sehe ich auch einen Geist bei dem betreffenden Menschen.

Es erschüttert mich immer sehr, wenn ich jemandem begegne, der daran denkt, sich das Leben zu nehmen. Ich finde es zutiefst verstörend. Es treibt mir die Tränen in die Augen.

Bei einem der ersten Male, als ich so etwas erlebte, war ich etwa zehn Jahre alt. Es war an einem Samstag, als ich mit meiner Mutter in der Innenstadt von Dublin beim Einkaufen war. Mam ging in einen Laden namens Hector Greys, wo man alles sehr günstig bekam. Ich stand davor und passte auf die Taschen und den Einkaufsroller auf. Da erschien der Engel Hosus neben mir und nahm mich bei der Hand. An diesem Tag strahlte er sehr hell. Er machte mich auf eine Mutter mit einem Kleinkind auf der anderen Straßenseite aufmerksam. Der Schutzengel der Mutter war mit ihrem physischen Körper verflochten. Ich war verstört. Ich verstand nicht ganz, was ich sah, aber ich wusste, dass es etwas Schreckliches war. »Ich will zu meiner Mutter«, rief ich und riss mich von Hosus los. Ich schnappte mir die Taschen und den Einkaufsroller und rannte damit, so schnell ich konnte, ins Geschäft, um Mam zu suchen. Aber natürlich konnte ich ihr nicht erklären, warum ich so aufgewühlt war.

Wir kauften noch ein bisschen ein, dann schlug Mam vor, eine Tasse Tee trinken zu gehen. Also gingen wir ins Selbstbedienungsrestaurant in einem großen Kaufhaus. Als wir mit unserem Tee an einem Tisch saßen, erschien ein Engel neben Mam. Ich lächelte ihn an. Mam schaute gerade versonnen in ihre Teetasse und merkte nichts. Als der Engel ihr etwas ins Ohr flüsterte, sah Mam auf und fragte mich, ob ich mir ein Stück Gebäck kaufen wolle. Ich nickte. Sie gab mir Geld, und ich stellte mich in der Schlange an. Während ich wartete, nahm der Engel Hosus mich wieder bei der Hand. »Schau mal da drüben«, sagte er. Dort saßen dieselbe Mutter und ihr Kind an einem Tisch und aßen etwas. Wieder sah ich, dass der Schutzengel der Mutter mit ihrem physischen Körper verflochten war. Ich war höchst beunruhigt und atmete heftig. Hosus sprach kein Wort, er drückte einfach nur meine Hand. Da öffnete sich das Licht um den Schutzengel der Mutter. Er sah wunderschön aus. Ich durfte die Gedanken der Frau hören. In ihrem Inneren war es sehr dunkel. Sie war extrem niedergeschlagen. Sie fühlte sich von ihrem Mann nicht geliebt. Und obwohl ihr Schutzengel mir sagte, dass er sie sehr wohl liebte, hatte die Frau das Gefühl, das alles nicht mehr aushalten zu können. Sie sah ihre kleine Tochter an. Ich konnte hören, mit wie viel Liebe sie an dieses kleine Mädchen dachte. Dennoch hatte sie das Gefühl, ihrer Tochter würde es ohne sie besser gehen. Als ich an der Kasse das Geld für das Gebäck bezahlte, hatte ich Tränen in den Augen. Die Kassiererin fragte mich, ob alles in Ordnung sei. Ich antwortete ihr, mir sei Staub in die Augen gekommen.

Hosus forderte mich auf, am Tisch der Mutter mit dem Kind vorbeizugehen. Als ich an der Mutter vorbeikam, wusste ich, dass ich sie berühren musste, und sei es auch nur ganz flüchtig. Ich musste die Verbindung herstellen, um die Gott mich gebeten hatte. Eine Verbindung, durch die es ihrem Schutzengel gelingen konnte, diese Frau davon abzubringen, sich das Leben zu nehmen, und ihr so viel Licht, Liebe und Hoffnung zu schenken, dass sie ihr Vorhaben nicht in die Tat umsetzte. Ihr Schutzengel sagte zu mir: »Sie soll leben. Sie braucht einfach nur Hilfe, nicht nur von uns Engeln, sondern auch von ihrer Familie und von Freunden. Bete für diese wunderbare Mutter, Lorna!«

Als ich an ihr vorbeiging, berührte ich sie sanft. Es war so sachte, dass sie es nicht einmal bemerkte. Dann ging ich zu Mam und setzte mich. Sie fragte mich, ob ich mich unterwegs verirrt hätte. Ich tat so, als hätte ich vergessen, wo wir saßen. Ich aß mein Gebäck und beobachtete dabei die Mutter und das kleine Mädchen. Sie saßen etwa sechs Tische von uns entfernt. Ich sah die ungeheuer große Liebe, die der Schutzengel der Frau für sie empfand. Wieder füllten sich meine Augen mit Tränen, und Mam fragte mich: »Was ist denn los? Warum sind deine Augen so rot?« Ich antwortete, ich hätte wohl Staub in die Augen bekommen, und Mam streckte ihre Hand aus, um nachzuschauen: »Ich kann nichts sehen«, sagte sie. Dann standen wir auf, um zu gehen. An der Treppe angekommen, blieb ich stehen, schaute mich noch einmal nach Mutter und Kind um und sprach ein kurzes Gebet.

Danach sah ich noch etwa zwei Jahre lang das Gesicht der Mutter vor mir. Ich betete unablässig für sie. Schließlich sagten mir die Engel, ihr Leben habe sich zum Besseren gewendet, und sie denke nun nicht mehr daran, sich umzubringen. Ich war sehr froh zu wissen, dass es ihr gut ging und dass die kleine Tochter ihre Mam, die sie so sehr liebte, immer noch hatte.

An einem sonnigen Herbsttag kurz nach unserem Umzug nach Johnstown machte ich einen Spaziergang in der Natur. Es waren nicht viele Leute unterwegs. Plötzlich erschrak ich sehr, als ich einen traurig aussehenden jungen Mann auf einem Baumstumpf sitzen sah. Sein Schutzengel war mit seinem physischen Körper verflochten und sagte mir, der junge Mann habe das Gefühl, völlig unzulänglich zu sein. Er glaube, er tauge zu nichts und das Leben sei nicht lebenswert. Mir wurde sehr schwer ums Herz. Ich betete und schimpfte, weil ich mich so hilflos fühlte. Kurz danach kam ich an einen kleinen Teich, aus dem ein Bach herausfloss. Dort setzte ich mich hin und weinte. Gerade als ich aufstehen und weitergehen wollte, erschien der Engel Elija am gegenüberliegenden Ufer. Der kleine Zierteich hatte eigentlich nur einen Durchmesser von circa eineinhalb Metern. Aber nun, da Elija da war, veränderte sich alles. Der Teich verwandelte sich in einen großen See, und Elija ging darüber. Obwohl er kraftvoll ausschritt und schnell ging, dauerte es eine ganze Weile, bis er bei mir war. Ich begrüßte ihn. »Komm, Lorna, lass uns spazieren gehen«, sagte er und streckte mir seine Hand entgegen.

Wir gingen einen Feldweg entlang und stiegen dann ein paar Stufen hinauf zu einem Platz, an dem viele große Bäume standen. Ich fragte Elija, wohin wir gingen, aber er gab mir keine Antwort. Schließlich erreichten

wir einen großen, schönen Baum. Ich lehnte mich
gegen ihn, und Elija ergriff meine Hände. Ich wusste,
dass die Engel nun meine Seele mitnahmen, und mir
stockte der Atem. Ich wusste, dass ich im Himmel war.
Alles um mich herum war so hell und strahlend. Da
erschien Gott neben mir. Es war, als säßen wir mitten
im Sonnenlicht, so hell und strahlend war alles, aber
das Licht blendete mich nicht. Gottes Gesicht leuchtete
und war voller Liebe. Ich kann es nicht in Worte fassen.
Als Gott mir erlaubte, Seine Augen zu sehen, wusste
ich, dass Er alles sehen kann. Als ich eine kurze Sekunde lang in Seine Augen schaute, war mir, als sähe ich
darin das ganze Leben und die gesamte Schöpfung, alle
Liebe und alle Hoffnung. So wunderschön und strahlend die Augen der Engel auch sind, Gottes Augen sind
noch viel mehr als das. Es liegt weit jenseits unseres
Fassungsvermögens. Gott war in Gewänder gekleidet,
die weißer leuchteten als alles, was ich bisher gesehen
hatte, und von Seinen Fingerspitzen und Füßen strahlte
ein helles Licht aus. Als ich mich umschaute, sah ich,
dass wir von unglaublich vielen Engeln umgeben
waren. Ich konnte sie nicht zählen.

»Warum bist du so aufgebracht, mein kleines Liebes-
vögelchen?«, fragte mich Gott in einem sehr zärtlichen
und sanften Ton.

»Ich fühle mich so allein und hilflos, wenn jemand
sich das Leben nehmen will«, antwortete ich.

»Du bist nie allein«, sagte Gott. »Ich bin immer bei
dir, Lorna.« Er lächelte mich an. »Wie ich sehe, versteckst du dich jetzt nicht mehr ganz so sehr vor mir.«

Nervös und ganz aufgeregt vor lauter Freude darüber, in der Gegenwart Gottes zu sein, erwiderte ich:

»Ich verstecke mich, weil du so mächtig bist und mich deine Gegenwart so überwältigt. Sogar jetzt würde ich am liebsten davonlaufen und mich verstecken.«

Mit großer Liebe und tiefem Mitgefühl lächelte Gott mich an und sagte: »Ein Freitod wühlt dich sehr auf, weil du alle Emotionen und die Seele des betroffenen Menschen spürst. Du bist mein kleiner Liebesvogel, Lorna. Die Seelen brauchen deine Liebe und ich auch. Deine Gebete sind so voller Liebe und Mitgefühl«, fuhr Gott fort. »Ich liebe alle meine Kinder. Ich möchte, dass keines von ihnen sich das Leben nimmt. Ich bin immer bei ihnen, und es gibt immer Hoffnung. Ich und meine Engel tun unser Bestes, damit die Menschen diese Hoffnung sehen können. Ich habe meinen Kindern den freien Willen gegeben, daher kann ich sie nicht davon abhalten, sich das Leben zu nehmen, aber wenn eines meiner Kinder das tut, dann hülle ich es in meine Decke der Liebe und führe es in den Himmel.«

Ich spürte, wie mir wieder Tränen in die Augen stiegen. Dann breitete Gott mit einer einladenden Geste Seine Arme aus. In diesem Moment waren wir von wunderschönen Seelen umgeben. Sie waren überall um uns herum und erschienen als Männer, Frauen und Kinder unterschiedlichen Alters. Ohne dass Gott auch nur ein Wort gesagt hätte, wusste ich, dass diese Seelen sich das Leben genommen hatten, weil es für sie unerträglich geworden war. Sie waren sich vorgekommen wie in einem finsteren Loch. In ihrem Innersten hatten sie sich ungeliebt gefühlt und geglaubt, sie würden niemandem etwas bedeuten. Außerdem hatten sie wenig Selbstvertrauen oder ein geringes Selbstwertgefühl. Das Licht und die Liebe in ihrem Inneren hatten sie nicht sehen können. Möglicherweise hatten sie eine Familie und Freunde, die sie liebten und denen sie viel bedeuteten, aber da sie sich innerlich in einem finsteren Loch befanden, konnten sie das nicht spüren. Sie konnten das Licht dieser Liebe nicht sehen. Aber jetzt strahlten alle diese Seelen und waren erfüllt von unbeschreiblicher Freude und höchstem Glück.

Ich lächelte, als ich sie sah, und Gott lächelte mich ebenfalls an. Dann löste sich alles auf. Gott, die Engel und Seelen und das wunderschöne Licht verschwanden, und alles kehrte wieder zum Normalzustand zurück. Ich befand mich wieder unter dem schönen großen Baum. Schließlich ging ich zu meinem Auto zurück und fuhr nach Hause. Jetzt fühlte ich mich getröstet. Ich dachte über alles nach und erkannte, dass die Liebe das finstere Loch durchdringen muss.

Menschen, die daran denken, sich das Leben zu nehmen, wissen nicht, dass sie vollkommen, einzigartig und sehr wichtig sind. Jedem Menschen ist eine einzigartige Rolle zugedacht, die er auf dieser Welt zu spielen hat – kein anderer kann sie für ihn übernehmen. Wenn jemand sich das Leben nimmt, hat das eine schwächende Wirkung auf alle Menschen auf der ganzen Welt. Wenn heute beispielsweise jemand in Kenia einen Suizid begeht – ganz gleich, ob er einer Religion angehört oder nicht –, dann beeinträchtigt das uns alle, auch wenn wir davon nichts merken und es nie erfahren.

Ich habe mit einigen Menschen gesprochen, die versucht haben, sich umzubringen. Viele haben mir erzählt, wie dankbar sie seien, dass es ihnen nicht gelungen ist. Doch manchmal kommen solche Menschen trotz aller Hilfe und aller Liebe, die ihnen zuteilwird, nicht mehr aus dem finsteren Loch heraus. Der Schmerz ist einfach zu groß, und sie wissen sich nicht mehr zu helfen. Dann nehmen sie sich das Leben. Ich weiß, dass sie dann in Gottes Decke der Liebe gehüllt und in den Himmel gebracht werden.

Eines Tages saß ich allein in Bewley's Café in der Grafton Street in Dublin. Da kamen eine Frau und ihre Tochter herein. Das Mädchen war im Teenageralter. Ihr Schutzengel war körperlich mit ihr verflochten. Das wühlte mich sehr auf. Das etwa 14-jährige Mädchen war sehr hübsch. Sein Schutzengel sagte mir, es werde in der Schule von Mitschülern körperlich und psychisch drangsaliert. Die Schikanen seien extrem, und diejenigen, die sie ausübten, machten dem Mädchen das Leben unerträglich und raubten ihm jegliches Selbstwertgefühl. Wenn Sie wüssten, wie sehr ich gebetet habe. Bis heute sehe ich das Gesicht des jungen Mädchens, daher weiß ich, dass es keinen Suizid begangen hat. Aber ich weiß auch, dass sein Engel nach wie vor körperlich mit ihm verflochten ist. Daher besteht immer noch das Risiko, dass es sich das Leben nimmt.

Wegen ihrer intensiven Gefühle und ihrer großen Sensibilität sind Teenager besonders suizidgefährdet. Sie sind so zart und zerbrechlich und versuchen doch die meiste Zeit zu beweisen, wie stark sie sind. Sie behaupten, alles sei ihnen egal und nichts könne sie verletzen, aber unter der Oberfläche haben sie große Angst. Selbst der charmanteste und scheinbar selbstbewussteste Teenager kann solchen Zweifeln unterworfen sein. Die scheinbare Selbstsicherheit ist manchmal einer der Gründe, warum die Leute besonders schockiert sind, wenn ein Teenager sich das Leben nimmt.

Teenager machen eine schwierige Zeit durch, wenn sie ihre Sexualität entdecken und ihren Wert daran messen, ob sie Erfolg in Liebesbeziehungen haben. Junge Männer nehmen sich manchmal das Leben, weil sie sexuell verwirrt sind. Manchmal entwickelt ein Junge keinerlei Interesse an Mädchen und bekommt Panik, wenn er sieht, dass seine Freunde sich zu Mädchen hingezogen fühlen. Deshalb ist es wichtig, den Jungen zu sagen, dass manche Menschen einfach langsamer in ihrer sexuellen Entwicklung sind als andere. Ich habe einmal einen 18-jährigen jungen Mann kennengelernt, der mir erzählte, er habe mit 16 ernsthaft an einen Freitod gedacht, weil er befürchtete, dass er nie ein Interesse an Mädchen entwickeln würde. Er glaubte, er sei schwul, und wurde deshalb in der Schule gehänselt. Er war zutiefst verwirrt angesichts der Vorstellung, was seine Familie und seine Freunde denken würden, wenn er tatsächlich homosexuell wäre. Er plante seinen Suizid bis ins Detail, aber er schob ihn immer wieder auf. Dann spürte er allmählich, dass er sich für ein Mädchen aus der Nachbarschaft interessierte, dass er den Blick nicht mehr von ihr abwenden konnte, wenn er ihr zufällig begegnete, und dass er in ihrer Gegenwart nervös wurde. Eine Zeitlang verwirrte ihn das sogar noch mehr. Heute ist sie seine Freundin, und alle Gedanken an einen Suizid sind verflogen.

Oft werde ich zur Homosexualität befragt. Gott sagt mir, dass sie Teil Seiner Schöpfung ist. Bereits bei der Zeugung weiß Er, welche seiner Kinder homosexuell werden. Das gehört zu ihrem Lebensweg, und Er liebt sie ganz genauso wie alle anderen. Eines Tages besuchte mich ein junger Mann in Johnstown. Als ich ihn vor meiner Tür stehen sah, bemerkte ich bereits, dass sein Schutzengel mit seinem physischen Körper verflochten war. Er war ein gut aussehender circa 25-jähriger Mann. Sein Engel sagte mir gleich, was los war, aber der junge Mann war sehr unsicher und brauchte ziemlich lange, bis er auf den Punkt kam. Schließlich verriet er mir aber doch, dass er schwul war und Angst davor hatte, dass seine Familie, Freunde oder Arbeitskollegen das herausfinden könnten. Er war der älteste Sohn in der Familie. Er sagte, er habe noch nie jemandem von seiner Homosexualität erzählt. Ich sei die Erste, die es erfahre. Zur Tarnung ging er mit Mädchen aus, aber er fand, dass das falsch und den Mädchen gegenüber unfair sei. Er sagte mir, er sei mehrfach nahe dran gewesen, sich das Leben zu nehmen, habe aber immer im letzten Moment davor zurückgeschreckt. Sein Schutzengel sagte mir, der junge Mann sei immer noch dazu entschlossen, habe aber jedes Mal auf ihn gehört und es deshalb bleiben lassen. Aber sein Schutzengel wusste auch, dass er den jungen Mann nicht mehr davon abhalten können würde, falls er es noch einmal versuchte. Beide brauchten meine Hilfe.

Ich unterhielt mich einige Zeit mit dem jungen Mann und versuchte, ihm den Mut zu schenken, den er brauchte, um mit seinem Vater zu sprechen. Er wusste, dass er etwas tun musste und nicht mehr länger mit einer Lüge leben konnte. Bis heute sehe ich täglich sein Gesicht vor mir. Er macht immer noch eine schwere Zeit durch, aber ich bete darum, dass er den Mut findet, mit seiner Familie zu sprechen, und dass diese die Liebe und Großherzigkeit besitzt, ihn so zu akzeptieren, wie er ist. Und ich bete darum, dass er mit der Zeit den Gedanken aufgibt, seinem Leben ein Ende zu setzen.

Kapitel 13

Ich falle mit der Tür ins Haus

Eines schönen Sommertages, ich war gerade Anfang 20 und noch nicht verheiratet, tat ich etwas für mich eher Ungewöhnliches. Ich wollte einen langen Spaziergang im Phoenix Park machen. Das ist ein großer Park ganz in der Nähe von Old Kilmainham, wo ich als Kind gewohnt habe. Ich nahm den Bus aus Leixlip und ging durch die Eingangstore in den Park. Die Engel forderten mich auf, einem bestimmten Weg durch ein kleines Tal zu folgen. Es war ein schöner, sonniger Tag, aber in dem Park waren nicht viele Menschen. Ein alter Mann ging an mir vorbei. Vor mir sah ich einen Jungen, der quer über den Weg rannte. Hinter ihm kam ein junger Mann – ich nahm an, es war sein Vater – mit einer jungen Frau daher. Plötzlich veränderte sich das Licht, als sei mit einem Mal die Dämmerung hereingebrochen. Der Engel Michael ging neben mir her und hielt mich bei der Hand, und mit einem Mal war ich von vielen Engeln umgeben. Als ich nach vorne sah, wurde der Pfad, auf dem ich ging, schmal und dornig, und ich spürte, dass die Büsche meine bloßen Knöchel streiften.

Michael sagte mir, dass die Engel meine Seele mitnehmen würden. Einen Augenblick lang stockte mir der Atem. Am Ende des Weges leuchtete ein schönes helles Licht. Ich spürte, dass ich dorthin geführt, ja transportiert wurde. Ich konnte meinen Körper nicht mehr wahrnehmen. Ich war ein kleines Kind und rannte barfuß eine sandige Straße mit kleinen Läden entlang. Ich trug etwas in einem Musselintuch, und mein langes Kleid war bis zu den Knien hinauf zerrissen. Ich erinnere mich an jeden Schritt. Ich lief schnell, aber ich war nicht außer Atem. Dann rannte ich ein paar Treppenstufen hinauf und fiel förmlich mit einer nicht sehr soliden Haustür in einen Innenraum hinein. Maria, die Mutter Jesu, war darin an einem kleinen, alten und recht abgenutzten Tisch zugange. Sie bereitete etwas zum Essen zu, und ihre Hände waren ganz mehlig. Das Zimmer war ziemlich leer. Durch eine kleine Öffnung in der Wand kam gerade so viel Licht, dass sie dabei arbeiten konnte. Ich bemerkte, dass Josef nicht da war. Maria brauchte die Zutat, die ich in dem Tuch mitgebracht hatte. Sie fragte mich: »Warum hast du so lange gebraucht?« Ich wusste, dass ich zu spät kam und etwas falsch gemacht hatte.

Ich erinnere mich, dass ich auf einen grob zusammengezimmerten Holzhocker kletterte. Ich wusste, dass Maria liebenswürdig war und dass ich bei ihr sein wollte. Sie war immer noch sehr jung, aber mittlerweile zehn Jahre älter als damals, als ich sie bei der Geburt Jesu gesehen hatte. Sie trug locker sitzende Kleidung in goldbraunen Farbtönen, und ihr Haar war zusammengebunden – ich konnte nicht sehen, womit. Dann fragte sie mich: »Hast du Jesus gesehen?« Ich schüttelte den Kopf. Ich sah ihr bei der Zubereitung des Essens zu. Schließlich wurde es Zeit, und ich musste gehen. Ich kletterte von dem Hocker herunter. Maria wischte mir das Gesicht ab und klopfte mir den Staub vom Gewand.

Ich verabschiedete mich von ihr und lief nach Hause. Ich konnte spüren, wie ich beim Rennen meine Kinderbeine hob. Dann begegnete ich Jesus in einer Gruppe von drei oder vier anderen Jungs. Es waren seine und auch meine Freunde. Sie spielten ein Spiel, bei dem sie versuchten, mit Steinen auf einen kleinen Steinhaufen zu zielen und ihn so zum Einstürzen zu bringen. Jesus sah aus wie die anderen Jungen auch. Alle waren etwa zehn oder elf Jahre alt. Jesus spielte fröhlich bei dem Spiel mit und tat genau dasselbe wie die anderen auch. Ich bin nicht sicher, ob ich ihn gerufen habe, aber er drehte sich um und sah mich überrascht an, als wolle er sagen: »Was machst du denn hier?« Dann begrüßte er mich. Er wusste, dass ich von seiner Mutter kam. Wir waren in einer kleinen Stadt oder in einem Dorf. Um uns herum waren auch andere Menschen, die alle nach Hause gingen.

Schließlich brachten die Engel mich wieder zurück zum Phoenix Park, und ich befand mich wieder auf dem Weg, wo der Engel Michael meine Hand hielt.

Am Muttertag im März 2005 machten Megan und ich einen Ausflug nach Tramore. Das ist eine hübsche Stadt am Meer, etwa eineinhalb Stunden von Johnstown entfernt. Ruth hatte Megan Geld gegeben, damit sie mich zum Mittagessen einladen konnte, und Megan hatte sich gewünscht, dafür ans Meer zu fahren. Es war ein kühler, stürmischer Frühlingstag, aber die Sonne schien, und es regnete nicht. Wir machten einen langen Spaziergang am Strand und gingen dann in einen Pub, in dem man auch essen konnte. Wir bekamen ein wunderbares Mittagessen, das wir sehr genossen. Danach gingen wir wieder zurück zum Strand. Dort war inzwischen ziemlich viel los. Zahlreiche Spaziergänger waren da sowie spielende Kinder. Ich setzte mich auf eine kleine Mauer, während Megan im Sand spielte. Um ehrlich zu sein, ich fühlte mich einsam, als ich so dasaß. Also sprach ich mit Gott und sagte Ihm, ich brauche etwas mehr Freude in meinem Leben. Ich schaute übers Meer und behielt gleichzeitig Megan im Auge, um sicherzugehen, dass bei ihr alles in Ordnung war. Dann sah ich, wie sich die Meeresenergie aus dem Wasser erhob. Sie war wie ein glitzernder Dunst in Meeresfarben, smaragdgrün, saphirblau und golden. Sie erhob sich aus dem Wasser und kam ganz langsam mit einer wellenartigen Bewegung näher. Es dauerte etwa fünf Minuten, bis sie den Strand erreicht hatte, und weitere fünf Minuten, bis sie den Strand und die Menschen darauf eingehüllt hatte. Es war wunderschön.

Plötzlich erschien in dem Dunst ein Licht, dann ein zweites und ein drittes. Mit einem Mal sah ich, dass zahllose Lichter die Menschen umschwebten. Schließlich platzten die Lichter auf, und ich konnte Engel sehen. Jetzt waren mehr Engel als Menschen am Strand. Es waren keine Schutzengel. Sie waren sehr hell, deshalb konnte ich sie nicht klar erkennen. Jeder dieser Engel hatte eine andere Farbe. Sie waren viel größer als die Leute am Strand. Manche hatten Flügel, aber bei keinem waren diese geöffnet. Die Engel tanzten. Ich konnte zwar keine Musik hören, aber offenbar tanzten alle Engel zur selben Musik. Dabei huschten sie zwischen den Menschen hin und her. Sie tanzten nicht miteinander, so wie wir das tun würden, sondern jeder für sich. Vier dieser Engel kamen zu mir und tanzten im Zwischenraum zwischen mir und Megan, die etwa eineinhalb Meter entfernt war. Sie brachten mich zum Lachen. Es war ein herrlicher Anblick. Und dann tanzten sie um Megan herum. Nach einiger Zeit tanzten die vier Engel wieder davon und mischten sich unter die anderen Menschen. Alles war immer noch umgeben von dem glitzernden Dunst.

Tramore hat einen sehr hübschen Strand. Die Stelle, an der Megan und ich saßen, war sandig, aber links von uns lagen viele faustgroße, von der See ausgewaschene Steine. Vor den Steinen standen zwei große gelbe Pflöcke. Ich habe keine Ahnung, wozu sie da waren. Plötzlich sprang eine wunderschöne Energie aus den Steinen heraus. Sie bestand aus allen erdenklichen Farben. Millionen von kleinen bunten Lichtkugeln hüpften auf und nieder. Die Engel, die bei mir waren, sagten mir, ich solle Megan zu mir rufen. Ich war ganz aufgeregt. Ich wusste, dass ich ihr endlich etwas von dem zeigen durfte, was ich sehen kann. Als ich sie rief, kam sie angerannt, die Hände ganz voller Sand. Ich stand von der Mauer auf und ging neben ihr in die Hocke. Dabei schaute ich zu den hüpfenden Lichtern hinüber. Ich legte den Arm um sie und zog sie dicht an mich heran. »Ich werde dir jetzt etwas zeigen«, sagte ich sanft. »Schau mal zwischen die großen gelben Pflöcke da unten und von dort zu den Steinen.« Sie tat, was ich ihr gesagt hatte, und die Engel hoben den Schleier für sie. Sie fing an zu kichern. Sie konnte nicht glauben, was sie sah. »Ich kann Bälle sehen, die hoch- und runterhüpfen, Hunderte, und alle leuchten in allen Regenbogenfarben.« Ein Engel neben mir flüsterte mir etwas zu. Ich forderte Megan auf, die Bälle weiter zu beobachten, denn ich wusste bereits von dem Engel, dass sie gleich zwischen den Leuten am Strand umherspringen würden. Als die Bälle zu den Menschen hinübersprangen, sah Megan auch den Dunst und wurde noch aufgeregter. Sie wollte losrennen, die Bälle fangen und mit ihnen spielen, aber ich hielt sie gut fest, sodass sie ihrem natürlichen Impuls nicht folgen konnte.

Mit einem Mal verschwanden die Bälle, der Dunst und die Engel (die Megan nicht hatte sehen dürfen). Sie war sehr enttäuscht, dass sie wieder weg waren, freute sich aber riesig, dass sie sie gesehen hatte. Sie wollte unbedingt ein paar Steine aufsammeln und mit nach Johnstown nehmen. Aber ich befürchte, es waren und bleiben einfache graue Steine, auch wenn ein zehnjähriges Mädchen sich große Hoffnungen machte, dass es Zaubersteine sein könnten.

Kapitel 14

Meine Begegnung mit zwei Geistern

Ich empfing weiterhin Menschen, die Hilfe brauchten. Meistens erfuhren sie über andere Leute von mir und bekamen von ihnen auch meine Telefonnummer. Eines Tages suchte ein Ehepaar mich auf. Als ich die Tür öffnete, erschrak ich fürchterlich. Eine kurze Sekunde lang stand ein Geist vor dem Mann. Es war dessen Ur- oder Ururgroßvater. Ich war nicht geschockt, weil ich einen Geist sah, sondern weil ich ihn erkannte. Er hatte zwei anderen Geistern, die mich beinahe 20 Jahre lang begleitet hatten, Schreckliches angetan.

Mit einem Mal kam die Geschichte wieder in mir hoch, aber solange der Mann und seine Frau bei mir waren, verdrängte ich sie. Was die beiden mir berichteten, hatte mit der Geschichte zu tun, deshalb werde ich Ihnen etwas später noch mehr darüber erzählen. Nachdem das Ehepaar wieder gegangen war, saß ich gedankenverloren im Stall und durchlebte die Geschichte der beiden Geister noch einmal. Sie haben mich begleitet, seit ich im Alter von sieben Jahren meine Großmutter in Mountshannon zum ersten Mal besucht hatte, bis ich verheiratet war und Kinder hatte. Die Geschichte ist ziemlich lang, aber außergewöhnlich, deshalb möchte ich sie Ihnen erzählen.

Ich war etwa sieben Jahre alt, als ich zum ersten Mal zum Mountshannon House kam. Das ist eine Jugendherberge in der Grafschaft Clare, in der meine Großmutter Herbergsmutter war. Das große, alte, graue Steinhaus aus dem 18. Jahrhundert mit seinen riesigen Fenstern lag am Rande des Dorfes Mountshannon auf einem kleinen Hügel über dem Lough Derg, einem See, durch den der Fluss Shannon floss. Einst hatten die umliegenden Ländereien zum Haus gehört, aber damals waren sie alle bereits verkauft worden. Doch es gab immer noch einige Scheunengebäude um das Haus herum, die man durch einen großen Steinbogen und einen wunderschönen, verwilderten Vorgarten erreichte.

Am ersten Tag erkundete ich nur von Engeln begleitet das Haus. Ich fühlte mich seltsam. Irgendetwas stimmte nicht. Als ich den Hauptflur im Erdgeschoss entlangging und einen kleinen Gang erblickte, der davon abzweigte, war mir unbehaglich zumute. »Mir gefällt es hier unten nicht«, sagte ich. »Warum habt ihr mich hierhergeführt?« Manchmal wollen die Engel, dass ich Dinge tue, die ich einfach nicht verstehe. Im selben Augenblick rief mich meine Großmutter, daher erhielt ich keine Antwort.

In den Ferien des darauffolgenden Jahres sah ich sie zum ersten Mal. Ich stand draußen in dem großen, alten, gepflasterten Innenhof und blickte zu den kleinen Erdgeschossfenstern gegenüber. Dort sah ich eine schöne junge Frau mit hellem Haar, die aus einem der Fenster zu mir herüberschaute und lächelte. Das werde ich nie vergessen. Es war, als ob sie leuchtete. Ich rief den Engeln zu: »Sie sieht wunderschön aus – genau wie ein Engel. Kann ich zu ihr gehen und mit ihr spielen?«

»Nein«, erwiderten die Engel. »Dieses Mal noch nicht!« Ich fragte mich, warum ich das wohl nicht durfte. Was war hier anders als sonst? Ich war völlig durcheinander und konnte es einfach nicht begreifen. Warum konnte ich nicht zu ihr und mit ihr spielen?

Da erschien Michael. »Komm her zu mir und setz dich neben mich«, sagte er, »dann erzähle ich dir etwas.« Wir saßen vor einem alten Wagenschuppen auf einem großen Stein, der einer Viehtränke ähnelte. Währenddessen flogen hinter uns die Schwalben ein und aus.

»Was denn?«, fragte ich. »Was willst du mir erzählen?«

»Hör mir gut zu, Lorna«, begann er. »Es ist eine sehr lange Geschichte, und ich kann dir jetzt nicht alles erzählen. Ich weiß, dass du die junge Frau dort oben sehen kannst. Sie ist kein Engel wie wir. Sie ist anders. Sie ist ein Geist, und bei ihr ist auch noch ein weiterer Geist. Du wirst ihnen helfen, aber das wird Zeit brauchen. Kannst du das verstehen, Lorna?«

Ich blickte zu Michael auf. In seiner Gegenwart fühlte ich mich ruhig und geborgen, daher sagte ich: »Ich glaube schon irgendwie.« Er sah zu mir herunter und lächelte. »Nun mach dir keine Gedanken mehr und geh einfach wieder spielen.«

Die Ferien vergingen nur langsam, und immer wenn ich im Haus meiner Großmutter war, mied ich den kleinen Gang, der vom Hauptflur im Erdgeschoss abzweigte. Dieser Gang war ganz anders als der Flur. Der Flur war breit und hatte einen gebohnerten dunklen Holzfußboden. An der Wand hingen Bilder und Zimmerpflanzen. Seine Türen waren riesig und hatten schöne Holzrahmen. Der kleine Gang hingegen war sehr schmal und dunkel, der Boden bestand aus Steinplatten, und die gemauerten Wände waren nicht gestrichen. Der Gang sah so lang und dunkel aus, dass ich kaum die Speisekammern entdecken konnte, die an seinem Ende lagen, wie man mir gesagt hatte. Obwohl die Engel es mir nicht verraten hatten, wusste ich, dass die schöne junge Frau sich am Ende dieses Ganges befand. Und ich wusste auch, dass der andere Geist, von dem Michael mir erzählt hatte, ein Mann war und sich ebenfalls dort aufhielt. Ich hatte Angst vor den beiden. Ich wusste, dass sie etwas von mir wollten, aber ich wusste nicht genau, was es war. Doch in jenen Ferien erfuhr ich nichts Weiteres über sie.

In dem Jahr, in dem ich neun wurde und meine dritten Sommerferien in Mountshannon verbrachte, erzählten mir die Engel mehr über die beiden schönen Geister. Einer meiner Lieblingsplätze in dem alten Haus war der sogenannte Wintergarten. Ich bin mir nicht sicher, ob wir ihn heute auch noch so bezeichnen würden. Es war ein kleiner Bereich mit einem großen Fenster am Ende eines Flurs. Er war immer sehr hell und stand voller Pflanzen und Blumen. Wenn ich dort war, kam manchmal Michael zu mir. Dann versammelten sich auch andere Engel um mich herum und zeigten mir etwas aus der Vergangenheit. An jenem Tag bat Michael mich, aus dem Fenster zu schauen. Ich tat es und sah, wie die Landschaft sich veränderte. Es war, als hätte Michael einen Vorhang zurückgezogen. Sie zeigten mir die schöne junge Maid. Das ist natürlich ein recht seltsames Wort für eine Neunjährige, aber das Wort »Maid« kam mir in den Sinn, als die Engel über sie sprachen – damals wusste ich noch nicht einmal, was es bedeutete. Ich drehte mich um und sagte zu Michael: »Du hast gesagt, sie war eine schöne junge Frau, aber ich würde eher sagen, sie war eine Maid. Bedeutet Maid dasselbe wie junge Frau?« Michael nickte.

Ich schaute wieder zu ihr und sah sie über die Wiesen gehen. Michael sagte mir, sie heiße Marie. Sie brachte gerade ein paar Kühe nach Hause und trug einen Stock – keinen kleinen Ast, sondern einen soliden, schweren Stock. Die Engel sagten mir, ich solle genau hinsehen und versuchen, mir alles zu merken. Daher prägte ich mir die Szene genau ein. Ich erinnere mich sogar noch an die Einzelheiten ihres Kleides. Es war weiß mit kleinen, braun-orangefarbenen Blüten. An der linken Seite hatte es eine Tasche, und der Kragen wirkte irgendwie eckig. Ihr langes und sehr glattes Haar wehte im Wind. Sie hatte eine sehr helle Haut und ein blasses Gesicht. Ihre Augen waren blau. Sie hatte eine leichte Statur, und ihre Beine wirkten dünn. Sie trug flache Schuhe. Es waren keine Stiefel, denn ich erinnere mich, dass ich die Engel gefragt habe, warum sie an einem nassen Tag auf der Wiese keine Stiefel trug. Sie haben mir die Frage nie beantwortet, sondern einfach nur gelächelt.

Ich hatte Angst. Warum zeigten mir die Engel das alles? Immer wenn sie so etwas taten, wurde ich gebeten, etwas zu tun, das wusste ich. Aber ich wollte nichts mit der ganzen Sache zu tun haben.

Im Laufe des Sommers erfuhr ich von Michael und den anderen Engeln sehr viel über Marie. Damals sah ich auch den jungen Mann zum ersten Mal. Ich ging an den Scheunen vorbei und sah, dass er für einen kurzen Augenblick aus dem Fenster spähte. Er stand am selben Fenster, an dem ich auch Marie gesehen hatte – in der Nähe der alten Speisekammern. Ich ging weiter und tat so, als hätte ich ihn nicht gesehen. Aber dann erhaschte ich aus den Augenwinkeln doch noch einen kurzen Blick auf ihn. Jetzt stand er an einem anderen kleinen Fenster.

Die Engel hatten mir beigebracht, die äußere Erscheinung anderer rasch zu erfassen. Daher konnte ich allein aufgrund dieser beiden kurzen Momente sagen, dass der Mann dunkelhaarig war und kantige Gesichtszüge hatte. Ich war jedoch nicht ganz sicher, wie groß er war, weil ich nur sein Gesicht und seine Schultern gesehen hatte. Ich wusste nicht, was ich von ihm halten sollte. Ich hatte Angst und ging so schnell ich konnte an dem Fenster vorbei. Dann rannte ich bis zum Tor und kletterte hinüber in den Garten. Dort unter den großen Bäumen und inmitten der schönen Blumen fühlte ich mich sicher. Hier gab es Kaninchen und Vögel, und wenn ich unter einem der großen Bäume saß, dessen Zweige sich nach unten bogen, konnte ich in ein Amselnest hineinschauen und die Eier und später die geschlüpften kleinen Vögel sehen. Ich saß im Garten und schimpfte auf die Engel. Ich erinnerte sie daran, dass ich immerhin noch ein kleines Mädchen war und manchmal Angst hatte.

In diesem Sommer schlüpfte ich am Tag vor unserer Abreise durch die Küche ins Haus, damit ich in den kleinen Gang schauen konnte, auch wenn ich mich nicht traute, hineinzugehen. Ich sah die beiden Geister am Ende des Gangs nebeneinander stehen. Es war kalt dort, sehr, sehr kalt, und es war, als ob ihr Schmerz den Gang entlang zu mir hergekrochen käme, als wolle er mich treffen. Ich sprach das Gebet, das die Engel mich gelehrt hatten: »Jesus und Maria, ich hab euch lieb. Rettet die Seelen.« Ich wich zwei oder drei Schritte zurück, schielte kurz noch einmal zu den Geistern hinüber, hatte aber viel zu viel Angst, um länger hinzuschauen, und rannte dann zu einem großen Fenster am anderen Ende des Flurs. Dort war es hell, und ich konnte über die Kuhweiden bis zum Lough Derg sehen. Hier fühlte ich mich sicher. Es war, als wären die Engel überall um mich herum, wie eine Decke oder ein Dunst. Ich konnte keinen einzelnen Engel ausmachen, aber ich spürte, dass sehr viele da waren.

Wieder in Dublin dachte ich überhaupt nicht mehr an die beiden Geister in Mountshannon, aber immer wenn die Ferienzeit näherrückte, kamen sie mir allmählich wieder in den Sinn. Ich verstand immer noch nicht ganz, was das alles zu bedeuten hatte, aber irgendwo tief in meinem Inneren wusste ich, dass es mit großem Leid zu tun hatte und dass ich eines Tages diesen Gang hinuntergehen musste, den ich jetzt immer noch mied. Der Gedanke daran erfüllte mich mit großer Angst.

Kapitel 15

In längst vergangener Zeit

Als wir im nächsten Sommer wieder nach Mountshannon in die Ferien fuhren, wohnten wir nicht bei meiner Großmutter, sondern in einem leer stehenden Haus im Dorf. Doch wir besuchten Oma sehr oft, und es wurde mir nicht erlaubt, die beiden Geister zu vergessen. Ich wusste, dass man mich dazu auffordern würde, etwas zu tun. Das verunsicherte mich, machte mich traurig und jagte mir Angst ein.

Manchmal, wenn ich so traurig war, erschien Hosus. Eines Tages kam er zu mir, als ich im Wintergarten saß, und sagte: »Wir wissen, dass dir das Herz manchmal schwer wird, dabei bist du noch so klein. Aber du solltest immer daran denken, dass Gott dich anders gemacht hat als andere Menschen, und das wird dein ganzes Leben lang auch so bleiben. Du wirst diese Arbeit immer tun müssen, denn du wirst gebraucht.«

Ich sah ihn zornig an. »Aber ich will das überhaupt nicht. Warum konnte Gott sich nicht jemand anderen aussuchen? Warum will er mich?«

Hosus lachte nur und sagte: »Eines Tages wirst du selbst wissen, warum. Aber du musst in den kleinen Gang gehen, weißt du.«

Ich erwiderte: »Nein! Niemals gehe ich in den kleinen Gang, für niemanden. Ich fürchte mich davor, der Gang macht mir Angst.«

»Aber du hast die Geister doch schon gesehen, Lorna, und du weißt, dass sie wunderschön sind. Du weißt, dass sie gut sind«, sagte Hosus.

»Aber ich spüre, dass etwas Schlimmes geschehen ist. Ich kann es nicht in Worte fassen, aber ich spüre es in meinem Herzen, und es bringt mich zum Weinen.«

Hosus sah mich traurig an. »Du wirst weinen müssen, denn nur durch deine Tränen können die Geister frei werden. Sie brauchen dich, und eines Tages werden sie mit dir kommen, aber du musst in den kleinen Gang hineingehen.«

Doch an diesem Tag ging ich nicht in den Gang hinein. Ich entgegnete Hosus: »Auf keinen Fall!« Dann drehte ich mich um und ging aus dem Wintergarten hinaus und über den großen Flur ins Esszimmer meiner Großmutter. Den Gang würdigte ich keines Blickes, geschweige denn, dass ich hineingegangen wäre. Ich kann manchmal ganz schön trotzig sein. Ich setzte mich auf den Stuhl an der linken Seite des Esszimmertischs. Meine Großmutter kam aus der Küche herein. Sie sagte kein Wort, sondern stellte einfach nur eine Tasse Tee, etwas frisches Brot und Marmelade vor mich hin und ließ mich dann allein.

Eines Tages, nachdem ich meiner Großmutter geholfen hatte, den Boden zu bohnern, erschien der Engel Michael. Er nahm mich bei der Hand und ging mit mir in den Wintergarten. Dort angekommen, forderte er mich auf, nach links zum Obstgarten hinauszusehen, und wieder veränderte sich alles – es war, als schaute ich auf einen großen Bildschirm. Ich wusste, dass ich im Wintergarten stand, neben mir der Engel Michael, der meine Hand hielt, aber Zeit und Ort veränderten sich völlig. Ich konnte eine Gruppe von Frauen sehen, die in einer hügeligen Gegend Brombeeren pflückten, und mitten unter ihnen war Marie. Sie war um die 16. Ein junger Mann kam über die Felder auf die Frauen zu. Er war groß, stattlich und gut gekleidet. Es war der Mann, den ich am Fenster gesehen hatte. Marie richtete sich auf und sah ihn geradewegs an, als könne sie ihre Augen nicht von ihm wenden. Strahlend lächelte er sie an, und sie errötete heftig. Ich konnte sehen und hören, wie die übrigen Mädchen sie hänselten. Eine andere junge Frau, die ihr so ähnlich sah, dass ich sie für ihre Schwester hielt, sagte zu ihr: »Hör lieber auf, so zu lächeln, bevor du ins Haus gehst, sonst merkt jemand noch was.« Dann hörten sie auf, Brombeeren zu pflücken, und Marie lief vor ihrer Schwester her und nach Hause. Als sie ins Haus kam, sagte ihre Mutter: »Deine Wangen sind sehr rot, Marie, du solltest nicht so herumtoben.« Aber sie machte sich deswegen offenbar keine weiteren Gedanken und wies Marie an: »Säubere die leckeren Brombeeren gründlich, dann können wir mit dem Marmeladekochen weitermachen.«

Wieder wechselte die Szene: Ich sah Marie in einem Lebensmittelgeschäft. Es war dunkel und staubig, und auf dem Boden standen eine große Holzkiste, Obststeigen und Säcke. Marie stand an der Theke und kaufte Lebensmittel ein. Da kam der junge Mann herein. Er lächelte Marie strahlend an. Es war ganz offenkundig, dass sie ihre Augen nicht voneinander lassen konnten. Dem Ladeninhaber war das wohl aufgefallen, denn er sagte zu Marie:»Sieh lieber zu, dass du schnell nach Hause kommst, junges Fräulein! Deine Mutter wartet auf den Zucker und die Butter.« Marie wurde rot und lief aus dem Geschäft. Das alles schien ihr sehr peinlich zu sein. Der junge Mann folgte ihr und holte sie in einer ruhigen Straße ein, die offenbar zum Haus ihrer Eltern führte. Im Gehen unterhielten sie sich. Sie wirkten sehr vertraut miteinander, und niemand sah sie.

In diesen Ferien stritt ich die meiste Zeit mit den Engeln. Ich sagte immer noch:»Nein, nein, nein, ich gehe nicht in den kleinen Gang! Es wird mir bestimmt wehtun, und ich bin noch zu klein dafür. Ihr hättet jemand Größeren bitten sollen. Fragt doch einen Erwachsenen!« – Ich bin mir bewusst darüber, dass ich noch nicht erklärt habe, warum ich einen Schmerz oder eine Verletztheit spürte. Damals verstand ich das selbst noch nicht.

Eines Tages erschien Michael, als ich gerade mit einem kleinen verletzten Falken spielte, den ich gerettet hatte. Der Vogel begleitete mich in diesem Sommer ständig. Michael ging mit mir und meinem Vogel durch den Garten und dann in die Küche meiner Großmutter. Sie war gerade zusammen mit meiner Mutter dabei, Brot zu backen, aber offenbar bemerkten sie mich nicht. Michael führte mich in den Wintergarten, in dem alle Pflanzen blühten. Sicher würde ich gleich um etwas gebeten werden.

»Kann ich nicht einfach mit dem Vogel hierbleiben, ihn streicheln und die Sonne genießen?«, bat ich Michael.

»Nein!«, erwiderte er knapp.

Ich sah ihn an. »Nein, ich gehe nicht in den Gang!«, sagte ich trotzig.

»Ich möchte gar nicht, dass du in den Gang gehst«, antwortete er. »Ich möchte einfach nur mit dir im Haus herumgehen.« Michaels Augen waren so strahlend, es war, als könnte man kilometerweit in sie hineinschauen, als ginge man eine lange, lange Straße entlang, als schritte man durch die Zeit. Sein Gesicht leuchtete immer sehr hell. Er nahm meine Hand, dann ließ er sie wieder los und legte mir den Arm um die Schulter. Engel können sich so menschlich machen, dass ich als Kind oft vergaß, dass es Engel waren. Sie waren meine besten Freunde.

Michael nahm mich nun wieder bei der Hand. Wir gingen den Hauptflur entlang und rechts in ein Zimmer hinein, in dem ich erst ein einziges Mal ganz kurz gewesen war. Michael stemmte die beiden großen, schweren Türen auf. Erst jetzt wird mir bewusst, wie oft Michael und die anderen Engel Türen für mich öffnen und andere ähnliche Dinge tun. Jeder, der es gesehen hätte, wäre überzeugt gewesen, dass die Türen von selbst aufgegangen waren.

Das Zimmer war groß und hatte einen Kamin. Es gab nur wenige Möbel darin, aber auf der gegenüberliegenden Seite beim Kamin standen wuchtige, altmodische Sessel. Durch das große Fenster sah ich Weinranken. Das Zimmer war erfüllt von Glück und Freude, aber auch Traurigkeit war darin zu spüren. Ich konnte mir keinen rechten Reim darauf machen und schaute zu Michael auf, der mich fragte: »Spürst du es?«

»Ja«, antwortete ich.

Michael fuhr fort: »Wir müssen dir hin und wieder ein wenig Unterricht erteilen, denn es gibt so Vieles, was du lernen musst, und du hast so wenig Zeit dazu.« Er schob mich etwas nach vorne. »Geh zum Kamin hinüber und sag mir, was du siehst und fühlst.«

Als ich auf die beiden Sessel am Kamin zuging, sah ich plötzlich einen alten Mann und eine alte Frau darin sitzen. Sie trugen schwere, elegant aussehende Kleidung. Sie wirkten glücklich. Ich drehte mich zu Michael um und fragte ihn: »Sehen sie mich nicht?«

»Nein, in Wirklichkeit sind sie im Himmel«, erklärte er mir. »Aber du sollst sie sehen. Kannst du mir noch etwas über sie sagen?«

Ich drehte mich wieder um und betrachtete die alte Frau genauer. Sie war wahrscheinlich noch gar nicht so alt, der Eindruck entstand eher dadurch, wie sie gekleidet war. »Sie hat graubraune, glatte Haare«, sagte ich. »Sie trägt sie hochgesteckt, aber nicht in einem Knoten, sondern eingedreht, und sie hat eine Nadel im Haar und keine Haarklammern, so wie wir sie verwenden. Es ist eine lange Nadel, und es sieht so aus, als sei sie zur Hälfte mit Diamanten besetzt.«

»Das ist richtig, und was siehst du noch?«, hakte Michael nach.

Ich sah mir ihr Gesicht noch genauer an. »Jetzt weiß ich es«, sagte ich. »Das ist *seine* Mutter, nicht wahr?«

Michael nickte lächelnd. Die Frau wandte sich in meine Richtung, und einen Augenblick lang dachte ich, sie könne mich sehen, aber Michael erklärte mir: »Sie darf dich nicht sehen.«

Da rief sie einen Namen, »Edward«, und ein kleiner Junge von höchstens fünf Jahren kam zu ihr gelaufen.

Er hatte ein gebräuntes Gesicht und kam mir etwas pummelig vor, nicht so wie er ausgesehen hatte, als ich ihn im Fenster gesehen hatte. Nun drehte ich mich um und betrachtete den alten Mann. Auch er war eigentlich nicht alt, er wirkte nur irgendwie so. Er sah seinem kleinen Sohn zu, der auf dem Boden mit einer kleinen Kutsche spielte. Ich konnte es damals noch nicht verstehen, aber ich verspürte ein Gefühl der Einsamkeit. Und plötzlich war mir klar, dass er aus irgendwelchen Gründen wusste, dass ihm dieser süße kleine Sohn eines Tages weggenommen und ihm schrecklich fehlen würde.

Edwards Vater saß sehr aufrecht und sehr streng in seinem Sessel und beobachtete seinen spielenden Sohn. Er war offenbar ein Mann von großer Autorität. Er zeigte seine Liebe und Zuneigung nicht und verhielt sich damit genau so, wie es von Vätern damals erwartet wurde. Doch trotz seines Verhaltens glaube ich, dass sein kleiner Sohn wusste, wie sehr er ihn liebte, denn er wandte sich ihm zu und lächelte seinen Vater an. Ich blickte verwundert zu Michael. »Die Sessel sind ganz anders als die Möbel, die jetzt hier stehen«, bemerkte ich, »und auch der Kamin ist anders.«

»Mach dir deswegen keine Gedanken«, sagte Michael. »Wichtig ist, was du in deinem Herzen spürst. Du musst die Liebe und den Schmerz dieser Mutter und dieses Vaters in deinem Herzen spüren und ihren Sohn befreien. Gott setzt dich als Seelenfängerin ein, Lorna. Edward und Marie sind aus freien Stücken hiergeblieben, weil andere Menschen bestimmte Dinge getan haben. Und du musst nun ihren Schmerz spüren, um sie zu befreien.«

Ich drehte mich wieder zu Edward und seinen Eltern um, aber sie waren verschwunden.

»Bevor wir gehen«, sagte Michael, »sag mir, was du jetzt empfindest, Lorna.«

»Ich höre Musik und Lachen und viele Stimmen«, antwortete ich, »aber viele dieser Stimmen stammen aus neuerer Zeit.«

Michael sagte lächelnd: »Du hast recht. Deine Großmutter hat mit ihrer Arbeit in der Jugendherberge viel Licht und Fröhlichkeit in dieses große alte Haus gebracht. Auch sie hat eine Begabung, aber Gott hat sie auf andere Weise eingesetzt, denn sie war nicht stark genug für das, was du tust.«

Lachend entgegnete ich: »Ach, erzähl mir nichts, meine Großmutter ist die Beste!« Und Michael stimmte mir zu. Wir verließen das Zimmer und gingen auf die große alte Treppe zu.

Bevor ich Ihnen erzähle, was geschah, als wir nach oben gingen, möchte ich kurz noch etwas erklären. Ich war zwar mit Michael in dem Haus in Mountshannon, aber ich glaube nicht, dass es dasselbe Haus war, in dem Edwards Eltern gewohnt haben. Wenn die Engel den Vorhang heben, um mir etwas zu zeigen, kann es manchmal sein, dass ich an einem bestimmten Ort bin, mir aber ein völlig anderer gezeigt wird. Immer wenn ich Marie oder Edward sah, dann veränderte sich die Umgebung. Der Wintergarten zum Beispiel hatte eine Aussicht auf den See, aber wenn mir Marie oder Edward gezeigt wurden, sah ich nie einen See. Vielleicht existiert das Haus gar nicht mehr, in dem sich die Geschichte von Edward und Marie abgespielt hat – im Laufe der Jahre wurden in Irland sehr viele alte Häuser zerstört.

Die Jugendherberge hatte ein sehr großes Treppenhaus, zumindest kam es mir als Kind riesig vor. Es war sehr breit und hatte eine Biegung, die nach links und schließlich auf den großen dunklen oberen Flur führte. Wir gingen weiter durch das Haus, und Michael führte mich zu einem verschlossenen Zimmer, in dem ich noch nie gewesen war. Schlösser stellten für Michael kein Hindernis dar – die Tür öffnete sich einfach vor ihm. Das Zimmer war sehr stilvoll eingerichtet, wenngleich es ein wenig muffig roch. Die Fenster waren bestimmt seit Jahren nicht mehr geöffnet worden. »Spürst du in diesem Zimmer etwas, das mit den Geistern von unten zu tun hat?«, fragte Michael mich. »Ich bin mir nicht sicher, Michael«, antwortete ich zögernd, »aber hier ist etwas … etwas, das schon sehr lange her ist, das kann ich spüren.« Ich sah mich einen Moment lang in dem Zimmer um. »Ich sehe eine Hand, die aus dem Bett dort drüben gestreckt wird. Sie gehört einem sehr, sehr alten und sehr schwachen Menschen. Michael, willst du mir etwa sagen, dass die Gefühle in diesem Zimmer etwas mit den Geistern von unten zu tun haben? Wenn ja, dann will ich das wirklich nicht wissen!«

Michael lächelte nur und sagte: »Aber Lorna, du kennst die Antwort doch schon. Du kennst die Antwort immer, weil wir sie dir sagen.«

Ich gab nach. »Gut, dann haben sie also damit zu tun.« Allmählich verstand ich – auch wenn Sie vielleicht bezweifeln, dass eine Zehnjährige das erfassen konnte –, dass ich berufen war, nicht nur den beiden Geistern in dem Haus, sondern auch ihren Mitmenschen und ihren Nachfahren zu helfen.

Als wir die Treppe wieder hinuntergingen, empfand ich das als große Last und war sehr niedergeschlagen. Michael legte seinen Arm um mich und drückte mich. An diesem Tag brauchte ich seine Umarmungen sehr. Wir gingen wieder in den Wintergarten, wo ich mich geborgen fühlte, und dort muss ich wohl eingeschlafen sein, denn ich wurde von ein paar Herbergsgästen geweckt, die den Flur entlanggingen. Ich lächelte ihnen zu und lief durch die Küche meiner Großmutter aus dem Haus und über den Innenhof. Ich schaute mich nicht um, sondern ging geradewegs den Hügel hinauf zu dem Haus, in dem wir wohnten.

Während ich heute hier sitze und diese Geschichte diktiere, sitzt Michael neben mir und ruft mir in Erinnerung, was vor all den Jahren geschehen ist. Dabei sagt er zu mir: »Lorna, du kannst die Geschichte ruhig näher erklären, während du sie weitererzählst, denn dadurch dass du diese Geschichte erzählst, verstehst du sie selbst viel besser.« Ich lerne ständig etwas dazu, wir alle tun das. Die Engel lehren mich immer wieder etwas Neues, und sie werden auch Sie lehren, wenn Sie es zulassen. Und das ist für uns alle sehr, sehr wichtig.

Kapitel 16

Edward und Marie

Wieder kamen die Sommerferien. Dieses Mal wohnte meine Familie in einem kleinen Bungalow auf einem großen alten Bauernhof am Rande des Lough Derg, einem wunderschönen See. Mir gefiel es dort sehr. Es gab Kühe und alles, was zu einem Bauernhof dazugehört, aber der Fußweg zu meiner Großmutter war wesentlich länger als früher. Die Engel zeigten mir auch weiterhin Visionen von Marie und Edward – und immer war es so, als sähe ich sie auf einer großen Kinoleinwand. Eines Tages forderte Hosus mich im Wintergarten auf, zum See hinüberzuschauen. Als ich es tat, verschwand der See, und an seiner Stelle sah ich Hügel. Dann entdeckte ich Marie und Edward zu Pferde. Sie hatten viel Spaß miteinander, und ich konnte das Echo von Maries Lachen in den Hügeln hören. Sie folgten der Straße, die über die Hügel führte, und verschwanden außer Sichtweite. Danach wurde alles wieder normal. Hosus verabschiedete sich von mir und verschwand wieder.

Ein anderes Mal war ich mit Michael im Wintergarten. Er hielt mich bei der Hand, und plötzlich veränderten sich Zeit und Ort vollkommen. Wieder sah ich

Edward und Marie. Hand in Hand gingen sie an einem
Fluss entlang, in dem viele Felsbrocken lagen. Während sie so dahinliefen, wurde das Rauschen des Flusses immer lauter. Hin und wieder konnte ich die beiden
reden hören. Marie erzählte Edward, dass ihr kleiner
Bruder krank war und die Schnecken das Gemüse aufgefressen hatten. Außerdem lachten sie sehr viel. Dann
wurde der Fluss richtig laut, und ich konnte sehen, dass
sie an einem Wasserfall waren. Sie saßen auf einem Felsen am Wasserfall, und Edward küsste Marie. Ich konnte sehen, dass sie sehr glücklich waren. In das Bild hinein hörte ich Michael sagen: »Sie sind verliebt, Lorna,
und ihre Liebe wurde im Himmel beschlossen.«

»Ich weiß, Michael«, erwiderte ich kichernd, »aber
ich habe noch nicht oft gesehen, dass Mädchen und
Jungen sich küssen. Ich finde, es sieht so lustig aus.«
Heute muss ich lachen, wenn ich an meine Reaktion
von damals denke.

Später gingen Marie und Edward wieder am Fluss
zurück. Edward küsste Marie immer wieder. Er sagte,
er liebe sie und sie würden nie auseinandergehen.
Marie erwiderte mit Tränen in den Augen: »Ich habe
Angst, dass deine Familie uns trennt, wenn sie es herausbekommt. Sie wird nicht zulassen, dass wir zusammen sind. Für deine Familie komme ich aus zu einfachen Verhältnissen und bin nicht gut genug für dich.«

Edward wischte ihre Tränen fort und sagte ihr, sie
solle sich keine Gedanken machen, er liebe sie. Sie gingen weiter am Ufer entlang. Als sie an die Stelle kamen,
an der sie sich trennen mussten, versicherte Edward
Marie erneut, dass er sie liebe und dass sie sich bald
wiedersehen würden. Dann war die Vision vorbei. Ich

drehte mich zu Michael um. »Ich kann ihre Liebe spüren, und das ist ein sehr schönes Gefühl. Aber warum spüre ich auch einen solch großen Schmerz?«

»Wenn du Edward und Marie noch besser kennenlernst, wirst du verstehen, dass ihre Liebe sie unzertrennlich macht, ganz gleich, welchen Schmerz sie dadurch erleiden müssen«, antwortete Michael.

Die Engel waren ständig in meiner Nähe, 24 Stunden am Tag. Sie waren überall – überall, wo ich hinging, überall, wo ich hinsah, und ganz besonders wenn ich in Großmutters Haus war. Ich wusste, dass ich eines Tages in den kleinen Gang hineingehen musste, aber ich hatte Angst davor. Ich hatte Angst vor dem, was ich sehen und spüren würde, vor dem großen Schmerz. Ich sprach zu Gott: »Ich weiß, dass du immer bei mir bist, aber ich brauche noch ein bisschen mehr Rückhalt. Ich bin immer noch ziemlich klein.«

Eines Nachmittags saß ich auf einem Stein vor der Scheune und malte ein Bild von einem Schwalbennest, das sich genau hinter dem Eingang befand. Da erschien Hosus und begrüßte mich. Ich freute mich darüber, dass er da war. Er bat mich, zu dem kleinen Fenster hinüberzuschauen, an dem ich Marie zum ersten Mal gesehen hatte. Ich sah hin – und da war sie. Plötzlich veränderte sich alles. Marie trug einen Korb und kam gerade aus einem Geschäft in der Stadt. Ihr Nachhauseweg war offenbar lang und öde, und die Straße war in einem sehr schlechten Zustand. Dann bog Marie von der Straße ab und ging in den Wald. Ich sah, wie sie dort stand, umgeben von Bäumen und Büschen. Sie wirkte ängstlich.

»Was geschieht da gerade?«, fragte ich Hosus.

»Marie trifft sich heimlich mit Edward«, antwortete er.

»Ist das eins ihrer Verstecke?«, fragte ich Hosus weiter. Doch er antwortete nicht, denn in diesem Moment trat Edward zwischen den Bäumen hervor, und ich sah, wie sie sich leidenschaftlich umarmten, als hätten sie einander sehr lange nicht gesehen. Sie setzten sich auf den Boden unter einen Baum und küssten sich immer weiter. Edward hatte seinen Arm um Marie gelegt, und ich hörte, wie er zu ihr sagte, er werde mit seinem Vater über sie beide sprechen. Dann zog Edward einen kleinen Gegenstand aus seiner Brusttasche, nahm Maries Hand und fragte sie, ob sie seine Frau werden wolle. Marie sah glücklich aus, als sie sich den Ring an den Finger steckte und Ja sagte. Dann sah ich, wie Marie den Ring wieder vom Finger nahm und sagte, sie könne ihn noch nicht in der Öffentlichkeit tragen. Sie kramte tief in ihrer Tasche, fand ein Stückchen Faden, und Edward band ihr den Ring um den Hals. Dann küssten und verabschiedeten sie sich. Anschließend wurde mir Marie zu Hause in ihrem Garten gezeigt. Als sie die Haustür erreichte, berührte sie mit der linken Hand ihre Brust, um den Ring unter ihrer Kleidung zu spüren. Dann wurde alles wieder normal.

»Sie haben sich verlobt, Hosus«, rief ich glücklich. »Das bedeutet, dass sie jetzt heiraten können.«

Hosus sah mich traurig an und sagte: »Sie werden niemals heiraten, Lorna.«

Er wies mich an, wieder zum Fenster zu schauen. Das tat ich, und für einen Sekundenbruchteil schien die Zeit stillzustehen. Es war ein schöner, sonniger Tag. Marie und Edward waren an einem ruhigen Ort wieder zusammen. Sie umarmten, küssten und liebten sich. Ich verstand nicht richtig, was sie da machten, aber ich konnte nichts Falsches daran erkennen. Die Vision verschwand, und ich stand da, ein wenig peinlich berührt und schüchtern – ich hatte noch niemals ein Paar bei der Liebe gesehen. Ich wandte mich an Hosus: »Bekommt Marie jetzt ein Baby, obwohl sie noch nicht verheiratet sind?«

»Ja, Lorna, die beiden werden ein Baby haben«, antwortete er und verschwand.

In diesem Sommer ging ich in den kleinen Gang hinein – es war am Nachmittag unseres letzten Ferientags. Zu dem Zeitpunkt war mir noch nicht klar, dass es überhaupt mein letzter Nachmittag in diesem Haus sein sollte. Kurz danach gab meine Großmutter ihre Stelle aus gesundheitlichen Gründen auf, und wir machten nie wieder Ferien in Mountshannon.

Voller Angst und umgeben von Engeln stand ich am Anfang des Ganges. Sofort nahm ich den Schmerz der beiden Geister wahr. Ich begann, in den kleinen Gang hineinzugehen, in den ich mich noch nie vorgewagt hatte. Es war, als ob die Engel einen großen Tempel um mich herum bildeten. Ihre Körper waren die Säulen, und mit ihren Armen formten sie einen großen Bogen. Die beiden Geister, diese beiden schönen Seelen, standen in diesem Tempel. Es war, als befände ich mich in einer anderen Welt. Ich kann mich nicht mehr an viel erinnern, aber ich merkte, dass die beiden Geister mich anfassten und sich an mir festhielten. Ich verspürte einen unglaublich großen emotionalen Schmerz. Ich habe keine Ahnung, wie lange das alles gedauert hat. Danach ging ich den Gang wieder zurück, auf das Licht zu, und die beiden kamen mit mir. Und mit einem Mal war alles vorbei. Ich war wieder im Hauptflur und schaute zu Edward und Marie, die Arm in Arm am Ende des kleinen Gangs standen. Ich konnte sie sehen, aber dieses Mal war es anders. Ich wusste, dass sie eigentlich nicht da waren, nicht so wie sonst. Ich verstand nicht richtig, warum es so war, aber ich wusste, dass sie nun frei waren und das Haus meiner Großmutter verlassen konnten.

Als ich mit meiner Familie am nächsten Tag mit dem Auto aus Mountshannon wegfuhr, hatte ich das Gefühl, dass die beiden Geister, diese schönen Seelen, mir folgten. Ich wusste, dass sie befreit worden waren und nun geradewegs in den Himmel konnten. Aber sie waren noch nicht dorthin gegangen. Ich verstand nicht ganz, was vor sich ging. Warum kamen sie mit mir mit, anstatt direkt zu Gott zu gehen? Wenn Sie weiterlesen, werden Sie erfahren, warum es so war. Deshalb will ich jetzt nur sagen, dass die beiden nicht direkt in den Himmel gehen wollten. Mit meiner Hilfe wollten sie die Fessel des Schmerzes lösen, die so viele Familien in ihrem Fortkommen behinderte. Sie wollten die Ketten zerbrechen und die Menschen befreien, damit durch das, was vor langer Zeit geschehen war, künftigen Generationen nicht noch weiterhin Schmerz und Unglück zugefügt würde.

Kapitel 17

Ich war ihre Torhüterin

Kurz nach unserer Rückkehr aus Mountshannon zogen wir in ein neugebautes Haus in Leixlip, einem Vorort von Dublin. Meine Eltern hatten noch nie ein eigenes Haus besessen, aber aufgrund einer Reihe verschiedener Ereignisse war es ihnen endlich gelungen, eins zu kaufen. Wir freuten uns alle schon sehr darauf. Auf eine seltsame Weise konnte ich immer noch die Gegenwart der beiden Geister aus Mountshannon spüren. Es war, als befänden sie sich auf einer Reise irgendwohin, aber sie kamen nicht zu mir. Irgendwie wusste ich, dass sie ins neue Haus zogen und dort auf mich warteten.

Am Tag unseres Umzugs nach Leixlip verließ ich unser altes Haus als Letzte. Paps war mit einem Wagen voller Leute und Umzugssachen vorausgefahren, und ich wartete nun darauf, dass er wiederkam, um mich, mein Kaninchen und meine Katze Tiger ins neue Haus zu bringen. Ich war ganz allein im alten Haus und machte mir gerade eine Tasse Tee, als Hosus erschien. Ich sah ihn mit Tränen in den Augen an und sagte: »Ich weiß, dass sie im neuen Haus auf mich warten. Aber warum? Warum muss ich noch so lange ihren Schmerz spüren? Ich mag das nicht, und manchmal macht es mir Angst. Ich habe Angst, Angst vor dem Unbekannten.«

Hosus tröstete mich. »Denk nicht weiter daran. Du weißt ja, es sind schöne Geister. Es müssen bestimmte Dinge geschehen, damit alle frei werden. Und du bist die Einzige, die alle befreien kann. Du bist zu ihrer Torhüterin ernannt worden.« Dann wies Hosus mich an, die Augen zu schließen. Ich wachte wieder auf, als ich Paps an die Tür klopfen hörte.

Auf der Fahrt nach Leixlip war ich sehr nervös, weil ich wusste, dass die Geister in dem neuen Haus sein würden. Ich wusste, dass sie gut waren und dass ich keine Angst zu haben brauchte, aber ich war dennoch nicht glücklich darüber. Als wir die Siedlung erreichten, konnte ich mir in meiner Vorstellung bereits ein Bild von dem Haus machen, obwohl ich es noch nie gesehen hatte, noch nicht einmal auf einem Foto. Ich wusste genau, wo mein Vater abbiegen und vor welchem Haus er anhalten würde. Ich erinnere mich daran, dass mir sehr seltsam zumute war, als ich die Wagentür öffnete. Die Gewissheit, dass die beiden Geister 24 Stunden am Tag in meiner Nähe sein würden, beunruhigte mich. Ich holte meine Katze aus dem Heck des Autos und versicherte ihr, dass alles in Ordnung sei. Dann ging die Haustür auf, und meine Mutter rief mir zu: »Beeil dich, komm rein.« Sehr vorsichtig trat ich ein, nicht etwa weil ich meine Katze in der Kiste trug, sondern weil ich spürte, dass ich sehr wachsam sein musste, damit die Geister mir keinen allzu großen Schrecken einjagten. Ich wusste ja nicht, wo sie sich aufhielten.

Wo waren sie? Ich setzte die Kiste ab, öffnete sie und holte die arme Tiger heraus. Sie war völlig verstört. Ich ging mit ihr in das nagelneue Esszimmer und in die Küche, zeigte ihr alles und versicherte ihr noch einmal, dass alles gut war. Die Geister waren nicht im Erdgeschoss – ich hatte mich überall umgesehen. Die Katze beruhigte sich schnell wieder und strich dann im ganzen Haus umher, wo sie alles ausgiebig beschnupperte. Sie hatte mehr Mut als ich, denn ich war bis jetzt nur im Erdgeschoss gewesen. Ich wollte nicht nach oben. Aber schließlich konnte ich es nicht mehr länger umgehen und ging in die Diele. Dort stand Edward auf der Treppe. »Warum stehst du da?«, fragte ich ihn, und er erwiderte: »Hier werde ich immer sein, solange ich hier sein muss.« Ich sagte ihm, dass er mir Angst mache. Darauf antwortete er: »Das tut mir leid, aber ich werde immer mit dir reden müssen, wenn du die Treppe hochgehst. Das gehört zu den Dingen, die wir tun müssen – und es gehört auch zu deinem Leben! Du hast Marie und mich befreit, aber wir werden erst gehen, wenn auch die anderen frei sind.«

»Das gefällt mir nicht. Dann renne ich einfach jedes Mal die Treppe hoch«, erwiderte ich. »Ich spüre deinen Schmerz, und wenn du von den anderen sprichst, dann ist es, als wären sie auch hier, selbst wenn ich ihre Gesichter nicht sehen kann.« Dann holte ich tief Luft und rannte, so schnell ich konnte, die Treppe hinauf. Dabei nahm ich immer zwei Stufen auf einmal. Während ich hinaufrannte, streckte Edward den Arm nach mir aus. Oben angekommen, rief ich: »Geschafft!«

Das Badezimmer am Ende der Treppe wurde sehr wichtig für mich – es wurde mein Zufluchtsort. Das Bad war klein, aber das Wichtige darin war für mich der Lichtschalter, ein Zugschalter an einer Schnur. Am ersten Abend stellte ich fest, dass ich genau in dem Moment, in dem ich oben an der Treppe angekommen war, die Hand ins Badezimmer strecken, an der Schnur ziehen und damit das Licht anschalten konnte. In meinem Kopf entwarf ich bereits alle möglichen Strategien.

An diesem Abend musste ich noch einmal die Treppe hinuntergehen. Ich holte tief Luft und sprach mein übliches Gebet: »Jesus und Maria, ich hab euch lieb. Rettet die Seelen.« Ich konnte spüren, dass Edward mich berührte. Es war, als ob mir das Leben entzogen würde – es floss aus meiner Seele, als würde er es als Gnade von mir empfangen und an andere weitergeben. Tief in meinem Inneren wusste ich, dass die anderen da waren und warteten. Sie warteten darauf, befreit zu werden. Dieses Wissen hielt mich jedoch nicht davon ab, so schnell zu laufen, wie ich nur konnte. Unten angekommen, schaltete ich sofort das Licht in der Diele an und flüchtete mich in die warme Küche.

Sehr zu meinem Kummer beschlossen meine Eltern, dass ich nach unserem Umzug nach Leixlip nicht mehr zur Schule gehen sollte. Ich war immer gerne in die Schule gegangen und hatte gerne gelernt, und nun konnte ich nirgendwo mehr hingehen, um den Geistern zu entkommen. Edward stand ständig auf der Treppe, und oft sagte ich zu ihm: »Ich sehe dich! Lass mich einfach in Ruhe!« Dann lächelte er mich nur an. Er war stets sehr gut gekleidet und sah elegant und stattlich aus.

In der Diele des Hauses gab es ein Telefon und ein altes Telefonbänkchen. Eines Tages klingelte das Telefon, und weil sonst niemand im Haus war, ging ich dran. Es war meine Tante. Während ich mit ihr sprach, alberte Edward am Treppengeländer herum. Er imitierte Vogelstimmen und zwitscherte sie mir ins Ohr, um mich von dem Telefonat abzulenken. »Huch, schau mal, dort am Boden rennt eine kleine Maus«, rief er plötzlich. Vor Schreck machte ich einen Satz – obwohl ich einmal Mäuse als Haustiere gehalten hatte. Ich werde diesen Tag nie vergessen, denn Edward war so sorglos, fröhlich und ständig zu Scherzen aufgelegt. Ein paar Monate nach unserem Einzug in Leixlip kam Paps auf die Idee, dass ich in seiner Werkstatt in Rathmines arbeiten könnte. Ich war begeistert. Mir gefiel die Vorstellung, zur Arbeit zu gehen. Außerdem war ich sehr erleichtert, dass ich so eine Ausrede hatte, um zumindest zeitweise von den Geistern wegzukommen. An dem Abend, als Paps diesen Vorschlag machte, ging ich die Treppe hoch – das heißt, ich rannte wie immer – und wurde zum ersten Mal nicht behelligt, nicht das geringste bisschen. Und ebenso wenig am nächsten Morgen, als ich hinunterging. Ich lächelte, denn ich wusste, dass Edward klar war, dass ich nun das Haus verlassen durfte. Die Arbeit in der Autowerkstatt gefiel mir sehr, und ich machte mich gut. Jeden Abend, wenn ich nach oben musste, um ins Bett zu gehen, rannte ich die Treppe hoch und griff, sobald ich den oberen Flur erreicht hatte, sofort nach der Lichtschnur im Badezimmer. Wenn ich heute daran denke, kommt es mir dumm vor. Ich wusste, dass ich vor nichts Angst zu haben brauchte, aber wenn es dunkel war, ging ich einfach nicht gerne diese Treppe hoch. Manchmal war die Glühbirne in der Diele oder im oberen Flur kaputt, und meine Eltern wechselten sie nicht immer sofort aus. Es schien, als müsste es genau so sein – als müsste es auch die Dunkelheit geben. Doch ganz gleich, wie schnell ich nach oben rannte, immer wurde ich angehalten, ganz so, als liefe alles in Zeitlupe ab oder als wäre die Zeit stehen geblieben. Jedes Mal spürte ich den ganzen Schmerz und die Traurigkeit dieses jungen Mannes. In gewisser Weise ließ Edward die Sünden, die Wut und den Hass derjenigen frei hinausströmen, die ihn und Marie verletzt hatten. Er versuchte, die Sünden anderer reinzuwaschen. Es war, als müsste ich als Mensch zum Ausgleich für die Sünden derer, die die Tragödie ausgelöst oder nicht verhindert hatten, all den Schmerz spüren. Die Sünden waren an künftige Generationen weitergegeben worden. In gewissem Sinne wurde von mir erwartet, dass ich für die Sünden der Ahnen bezahlte. Ich kann es mir nur so erklären. So seltsam sind Gottes Wege. Manchmal verwirrte mich das zutiefst, und eines Tages zog ich mich zurück, um alleine zu beten. Die Engel verschwanden, und ich fragte Gott: »Warum das alles?« Und die Antwort, die Er mir gab, lautete: »Warum nicht, wenn sie es so wollen?«

So ging es die ganzen sieben Jahre, die ich zusammen mit meinen Eltern in dem Haus wohnte – immer wenn ich die Treppe hinauflief, sah ich Edward und spürte all seinen Schmerz. Hin und wieder zeigte er mir bestimmte Abschnitte der Geschichte.

Eines Abends, als ich die Treppe nach oben lief, um ins Bett zu gehen, zeigte er mir, wie er ins Haus seiner Eltern kam. Er erlaubte mir, seine Gedanken zu lesen. Er wollte seinem Vater von Marie erzählen. Ich sah, wie er seinen Vater rief und dann in einen Raum ging, der wie eine Bibliothek aussah. Ein großes Kaminfeuer brannte darin. Dort stand sein Vater mit zwei weiteren

Männern, Edwards Onkeln Martin und James. Edward war überrascht, sie dort zu sehen. Er wusste sofort, dass etwas nicht stimmte. Er ging zu ihnen, begrüßte sie und schüttelte ihnen die Hand. Sie wirkten sehr abweisend. Dann kam ein weiterer Mann herein, den Edward nicht kannte, und sein Vater bat den Mann, Edward zu sagen, was er den anderen bereits erzählt hatte. Der Mann war sehr nervös beim Sprechen. Er hielt seine Mütze in den Händen und knetete sie fest. Er sagte, er habe Edward mit einem jungen Mädchen namens Marie im Wald gesehen. Edwards Vater befahl dem Mann mit wutentbrannter Stimme, den Raum zu verlassen. Ich konnte hören, wie der Vater und die beiden Onkel im Zorn die Stimmen erhoben. Edwards Vater brüllte ihn an, er habe Schande über die Familie gebracht. Er beschimpfte ihn auf eine sehr verletzende Weise und machte sich darüber lustig, dass Edward ein bürgerliches Mädchen heiraten wollte, ja, dass er überhaupt auf die Idee gekommen war, dass ihm so etwas je gestattet würde.

Dann kehrte alles wieder zum Normalzustand zurück. Ich rannte nach oben, fasste um die Ecke und zog an der Schnur im Badezimmer. Ich war völlig niedergeschlagen. Ich setzte mich auf den Toilettendeckel und weinte ein paar Minuten lang. Dabei wusste ich, dass auch meine Tränen Gebete waren. Dann betete ich laut in dem Bewusstsein, dass ich die Torhüterin von Marie und Edward war. Ich schimpfte mit Gott und den Engeln und sagte ihnen, wie ungerecht ich das alles fand. »Ich habe bei Edward und Marie so viel Liebe und Freude gesehen – und jetzt muss ich zusehen, wie ihre Liebe auseinandergerissen wird.« Noch während ich auf dem Toilettendeckel saß, linderten die Engel meinen Schmerz, sodass ich schlafen konnte, als ich schließlich doch ins Bett ging.

Sehr oft zeigte mir Edward die Liebe, die Marie und er füreinander empfanden. Aber immer wenn Edward mich auf der Treppe bei der Hand nahm, wusste ich, dass er mir etwas sehr Schmerzhaftes zeigen wollte. Bei einer solchen Gelegenheit ließ er mich sehen, wie sein Vater und seine beiden Onkel darüber berieten, was sie mit Edward tun sollten. Ihrer Meinung nach war Edward eine Schande für die Familie. Es war seine Pflicht, ein Mädchen mit Landbesitz zu heiraten, damit die Familien reicher würden. Wenn er sich mit einem armen Mädchen einließ, gefährdete er den Wohlstand der ganzen Familie.

Edward wurde wieder zu einem Gespräch mit seinem Vater gerufen. Dieses Mal war seine Mutter mit dabei. Sie versuchte, den Frieden zu wahren, aber ihre Mühe war vergebens. Edwards Vater eröffnete ihm Folgendes: Er werde jeden, der für diese Frau oder ihre Familie eintrete, aus dem Haus jagen, und er werde dafür sorgen, dass diese Leute hungern müssten. Dann sagte er, Edward sei nicht länger sein Sohn. Er werde fortan nicht mehr mit ihm sprechen und ihn verbannen. Edward flehte seinen Vater an, jedoch vergeblich. Innerhalb weniger Stunden wurde er von seinen beiden Onkeln fortgebracht. Bevor er gehen musste, hatte Edward jedoch noch die Gelegenheit, einem treuen Diener einen Brief für seinen Freund und Vertrauten Daniel zu geben. Darin bat Edward Daniel, sich um Marie zu kümmern, ihr zu sagen, warum er fortgehen musste und dass er ihr schreiben würde.

Die beiden Onkel brachten Edward auf ein herunter-
gewirtschaftetes Landgut, das einem der beiden gehörte. Dort sollte er arbeiten. Edward arbeitete sehr hart,
weil er glaubte, wenn er sich in den Augen seines Vaters
bewährte, dann würde dieser Marie schließlich doch
akzeptieren. Jeden Tag schrieb er Marie einen Brief, in
dem er ihr sagte, dass er sie von ganzem Herzen liebe
und hoffe, dass sie den Ring manchmal, wenn sie allein
war, als Zeichen ihrer Liebe an ihren Finger steckte und
dass sie eines Tages wieder zusammen wären. Edward
wusste nicht, dass keiner seiner Briefe Marie erreichte.
Alle wurden von einem seiner Onkel abgefangen. Dieser las sie laut vor, lachte dabei und verbrannte sie
dann.

Manchmal stand Marie neben Edward auf der Treppe. Eines Abends, als ich gerade aus dem Kino kam,
rannte ich wie immer, so schnell ich konnte, die Treppe
hoch. Ich war kaum bis zur Hälfte gekommen, da sah
ich Marie bei Edward auf der Treppe stehen. Dann
bewegte sich alles nur noch ganz langsam, und die Zeit
schien stillzustehen. Ich sah die schwangere Marie in
ihrem Zuhause. Sie war wohl im sechsten Monat oder
etwas darüber. Sie befand sich in dem Zimmer, das sie
sich mit ihren drei Schwestern teilte. Diese standen alle
um sie herum und versuchten, sie zu trösten und vor
dem zu beschützen, was im unteren Stockwerk vor sich
ging. Von unten hörte ich viele laute Frauenstimmen.
Sie beschuldigten Maries Mutter, sie verheimliche
Maries Schwangerschaft. Die Stimmen sagten, man
solle Marie fortschicken und ihr verbieten, jemals wie-
derzukommen, und es wäre ein Segen, wenn das Baby
bei der Geburt sterbe.

Nun wurde mir das untere Stockwerk gezeigt. Das Haus war voller Frauen, aber Maries Mutter war eine starke Persönlichkeit und wurde mit ihnen fertig. Doch dann flog mit einem lauten Knall die Tür auf, und Maries Vater kam herein, gefolgt von einem kleinen Trupp von Männern aus dem Ort. Anscheinend wusste Maries Vater nicht so recht, wie er mit der Situation umgehen sollte. Tief im Inneren hatte auch er eine gehörige Wut auf Marie, weil sie die Familie in diese Situation gebracht hatte. Auch die Männer waren sehr zornig. Ihrer Meinung nach hatte Marie kein Recht, sich mit Edward einzulassen. Durch ihr Verhalten verärgerte sie den Gutsherrn, Edwards Vater, und brachte damit, so befürchteten sie, auch den Lebensunterhalt der anderen Familien in Gefahr. Angesichts all dessen, was ich sah, war ich verzweifelt und daher sehr froh, dass Maries Mutter ihre Tochter mit so großem Nachdruck verteidigte. Sie warf die Bürger aus dem Haus und sagte ihnen, sie sollten ihren Fuß nie mehr über die Schwelle ihres Hauses setzen. Maries Kind würde unter ihrem Dach wie ihr eigenes aufwachsen. Maries Vater stand nun zu ihrer Mutter und forderte die Leute mit lauter Stimme ebenfalls auf, das Haus zu verlassen. Aber er war etwas ratlos, was er tun sollte. Es herrschte so viel Verbitterung und Hass gegenüber Marie, ihrem ungeborenen Kind und ihrer Familie.

Als Edward bereits über ein Jahr auf dem heruntergekommenen Gut gearbeitet hatte, brachte sein Onkel ihm eines Tages einen Brief, in dem er benachrichtigt wurde, dass es seiner Mutter nicht gut ging und er nach Hause kommen sollte. Bevor er ging, drohte ihm sein Onkel noch, wenn er in irgendeiner Weise Kontakt zu dem Mädchen aufnehme, habe er sein Leben verwirkt. Sein Vater und seine ganze Familie seien ohne ihn viel besser dran. Edward eilte nach Hause und war sehr erleichtert, seine Mutter bereits bei etwas besserer Gesundheit anzutreffen. Sie konnte in einem Sessel am Kamin sitzen. Er küsste sie auf die Stirn und sagte, er sei froh zu sehen, dass es ihr schon besser gehe. Seine Mutter freute sich sehr, ihn zu sehen, aber sein Vater sprach immer noch kein Wort mit ihm und verhielt sich so, als gäbe es seinen Sohn nicht. Das schmerzte Edward sehr, denn er liebte seinen Vater von Herzen. An diesem Tag sah ich nur so viel, aber einige Zeit später ergriff Edward auf der Treppe wieder meine Hand, und ich durfte sehen, wie es weiterging. Mir wurde gezeigt, wie Edward seinen Freund Daniel in der Stadt besuchte. Offenbar war das unmittelbar nach seinem Besuch bei seiner kranken Mutter. Daniel erzählte ihm, dass Marie ein Kind bekommen hatte. Edward erschrak. Er hatte nichts von ihrer Schwangerschaft gewusst. Er kam sich dumm vor, weil er nicht daran gedacht hatte, dass das passieren konnte. Andererseits freute er sich, Vater zu sein. Jetzt musste er nur noch eine Möglichkeit finden, wie sie als Familie zusammenleben konnten. Daniel warnte ihn, er dürfe auf keinen Fall versuchen, Marie zu sehen – denn damit gefährde er ihr Leben und das ihres Kindes. Er sagte Edward, sein Vater habe angedroht, jeden von seinem Land zu vertreiben, der Maries Familie helfe, und ein paar Familien hätten darunter auch bereits zu leiden gehabt. Er berichtete Edward von dem großen Hass, den die Leute ihm, Marie und dem Kind gegenüber empfanden. Und er fügte hinzu: »Dein Vater ist ein unerbittlicher Mann. Er kennt keine Gnade.« Edward verließ seinen Freund wieder und ging durch die Stadt. Da erblickte er Marie, und sie sah ihn. Sie sprachen nicht miteinander, konnten aber offenbar gegenseitig ihre Gedanken lesen. Marie begab sich an die Stelle im Wald, an der sie sich das letzte Mal heimlich mit Edward getroffen hatte. Sie hoffte, Edward würde kommen können – und sei es auch nur für einen kurzen Augenblick. Ihr Treffen wurde mir nie gezeigt, aber ich weiß aufgrund der weiteren Ereignisse, dass es dazu kam. Und dass jemand sie beobachtet hat.

Auch Marie begegnete ich um diese Zeit häufig. Meist war sie allerdings sanfter als Edward, weil sie mich ihren Schmerz ja bereits hatte spüren lassen, als ich vor vielen Jahren in Mountshannon in den kleinen Gang geschaut hatte. Manchmal sah ich Marie in unserem neuen Esszimmer. Immer schien sie zu putzen oder abzustauben. Das Haus in Leixlip war eine neu erbaute Doppelhaushälfte, aber ich hatte immer den Eindruck, dass es für sie irgendwo anders stand. Manchmal beobachtete ich, wie sie durch das Esszimmerfenster schritt, als wäre es nicht da. Dann ging sie in den Garten, und es sah so aus, als würde sie Wäsche aufhängen oder einen Teppich ausklopfen.

Marie war immer so fröhlich und unbeschwert. In ihrer Nähe schien stets die Sonne. Manchmal hatte es den Anschein, als würde sie eine Schürze tragen, in der sich der Wind verfing. Sie lächelte mich sehr oft an. Wenn sie das tat, verspürte ich zuweilen einen tiefen Trost, so etwas wie Vergebung, als verletze sie das, was ihr geschehen war, nicht mehr. Gelegentlich sprach sie wortlos mit mir. Eines Tages war ich im Esszimmer, und

Marie erzählte mir, wie es war, als sie Edward zum ersten Mal sah. »Er war so umwerfend, so attraktiv. Ich hatte noch nie einen Jungen gesehen, der so gut aussah. Ich wusste nicht, wer er war oder wie er hieß, aber von diesem Tag an hielt ich nach ihm Ausschau und hoffte, ich würde ihn wiedersehen. Ich musste mir deswegen auch gar keine Gedanken machen, denn ich hörte, dass auch er nach mir Ausschau hielt. So fing alles an, Lorna. Wir verliebten uns ineinander. Wir wussten, dass wir füreinander bestimmt waren.«

Wenn ich von meiner neuen Arbeit in einem Kaufhaus nach Hause kam, sah ich Marie manchmal in meinem Zimmer am Fenster stehen. Jetzt, wo ich daran denke, wird mir plötzlich bewusst, dass ich sie immer nur an diesem und nie an einem anderen Fenster gesehen habe. Sobald ich von der Bushaltestelle aus um die Ecke bog, sah ich, wie sie den Kopf drehte und mich unverwandt ansah. Manchmal hob ich dann die Hand und winkte ihr zu, bevor ich den Blick wieder auf den Fußweg senkte und weiterging. Wenn ich wieder aufsah, war sie stets verschwunden. Manchmal jedoch winkte ich nicht. Dann tat ich so, als hätte ich sie nicht gesehen, und schaute starr nach unten. In diesen Fällen stand sie stets noch am Fenster, wenn ich aufblickte – als warte sie auf mein Winken, auf meine Bestätigung. Dann erst verschwand sie. Wenn ich heute daran denke, muss ich lächeln.

Kapitel 18

Die Tragödie
nimmt ihren Lauf

Ich werde nie den Moment vergessen, als ich Joe das erste Mal mit nach Hause nahm, um ihn meiner Mutter vorzustellen. Als wir zur Eingangstür hereinkamen, warf ich einen verstohlenen Blick nach oben und sah die beiden Geister auf der Treppe – Arm in Arm standen sie da und lächelten mich strahlend an, als würden sie uns segnen und uns alles Gute wünschen.

In der ersten Zeit, in der Joe und ich zusammen waren, dachte ich ständig an die beiden Geister. Eigentlich dachte ich immer an sie. Das mag schwer zu verstehen sein, aber ich betete die ganze Zeit für sie. Ich betete mit jedem Atemzug und wusste, dass ich nie aufhören konnte zu beten, was immer ich auch tat. Sogar wenn ich zu Abend aß, betete ich noch.

Eines Tages, als ich gerade im Garten saß und mein Kaninchen fütterte, zeigten mir die Engel mehr von der Geschichte. Sie zogen den Vorhang beiseite und schenkten mir Einblick in etwas, was mich zutiefst traurig machte. Ich sah Maries Mutter. Sie ging zum Fluss und hielt dabei stolz Maries Baby im Arm. Ich hatte den Eindruck, dass Maries Baby an dem Tag zum ersten Mal öffentlich gezeigt wurde. Es fand wohl irgendein Fest statt, denn alle Leute waren unterwegs zum Fluss. Einige jüngere Geschwister von Marie trugen Decken und Körbe mit Brot und Obst. Nach einer Weile sprach Marie mit ihrer Mutter und schlich sich dann heimlich davon. Ein Engel flüsterte mir zu, es sei der Tag, nachdem sie sich mit Edward im Wald getroffen habe, und sie würde ihn nun wiedersehen. Unten am Fluss waren viele Kinder, die miteinander spielten und herumalberten oder etwas aßen. Und doch kam es mir bei genauerem Hinsehen so vor, als stimme irgendetwas nicht. Ich sah einige Frauen, die Maries Mutter um Hilfe riefen. Maries Mutter eilte zu ihnen hinüber, um ihnen zu helfen. Sie hatte immer noch Maries Baby im Arm. Als sie ein Kind blutüberströmt am Boden liegen sah, übergab sie Maries Baby ganz automatisch und ohne zu zögern einer jungen Frau, die neben ihr stand. Die ganze Situation war sehr hektisch, weil die Leute versuchten, dem blutenden Kind zu helfen. Ein paar Minuten später hörte Maries Mutter einen Schrei vom Flussufer. Alles war ganz schnell gegangen. Irgendwie war Maries Baby in den Fluss gefallen. Maries Mutter war entsetzt. Hektisch sprang sie von dem Kind auf, um das sie sich gekümmert hatte, und rannte voller Verzweiflung zum Fluss. Das Baby war mit der Strömung mitgerissen worden, und Maries Mutter lief am Ufer entlang. Da kamen einige Männer auf sie zu und fingen sie ab. Sie sagten, es sei zu spät, das Baby könne unmöglich noch am Leben sein. Sie würden die Leiche des Babys aus dem Fluss holen. Völlig am Boden zerstört, sank Maries Mutter auf die Knie. Sie klagte verzweifelt. Einige Frauen liefen zu ihr hin. Maries Mutter schaute zu ihnen auf und sah voller Entsetzen ihre selbstgefälligen Mienen. Sie blickte in die Menge, die sie schweigend beobachtete. »Wie konntet ihr nur ein unschuldiges Kind umbringen?«, schrie sie. Dann erhob sie sich und versammelte ihre Familie schweigend um sich. Sie warteten sehr lange auf die Rückkehr der Männer. Doch als es dunkel wurde, gingen sie erschüttert und völlig aufgelöst nach Hause, dabei stützten sie sich gegenseitig. Immer wieder sagte Maries Mutter: »Wie soll ich es bloß Marie sagen?«

Die Vision verblasste. Ich war ganz benommen vor Kummer. Ich konnte mir nicht vorstellen, was eine Mutter oder Großmutter empfand, wenn sie auf diese Art ein Kind verlor. Ich stand auf, ließ mein Kaninchen unbeaufsichtigt, rannte ins Bad und schloss mich dort weinend ein. Die Engel umgaben mich und taten ihr Bestes, um mich zu trösten.

Sooft ich Marie und Edward auch sah, ihr Kind bekam ich nie zu Gesicht. Nie sah ich diesen kleinen Geist. Ich wusste, dass er geradewegs in den Himmel geschickt worden war und dort auf seine Eltern wartete. Ich denke oft an den kleinen Geist, der im Himmel auf seine Mama und seinen Papa wartet, die als Geister auf dieser Erde bleiben wollten, um den Menschen zu helfen, die ihnen so viel Schlimmes angetan hatten.

Schließlich kam die Zeit, als die Geister beschlossen, dass nun auch andere erfahren sollten, dass sie im Haus waren. Das war nötig, damit die Dinge sich weiterentwickeln konnten. Deshalb tat Marie etwas, was sie zuvor noch nie getan hatte.

Eines Morgens schlief ich lange. Ich hatte meinen freien Tag von der Arbeit im Kaufhaus, und ich war am

Vorabend bis spät in die Nacht mit Joe aus gewesen. Im Schlaf hörte ich Marie rufen: »Lorna, Lorna …« Immer wieder rief sie meinen Namen. Dann hörte ich ihre Schritte. Es war, als könnte ich hören, wie sie den Gang entlangging – ihren Gang in Mountshannon. Plötzlich wusste ich, dass sie im oberen Flur war. »Lorna, Lorna …«, immer wieder rief sie sanft, aber beharrlich meinen Namen. Plötzlich hörte ich ein Klopfen an meiner Zimmertür. Ich hatte fürchterliche Angst, dass sie noch jemanden aufwecken könnte. Ich rief Marie zu: »Geh weg!« Dann hörte ich meine Mutter nach mir rufen. Offensichtlich hatte Marie sie geweckt. »Ich bin wach, Mam«, rief ich. Ich saß kerzengerade im Bett, voll banger Erwartung, was wohl als Nächstes passieren würde. Plötzlich drückte Marie die Türklinke nach unten und öffnete die Tür sehr weit. Dabei rief sie immer noch: »Lorna, Lorna …«. Das jagte mir Angst ein. Geister können eigentlich gar keine Türen öffnen. Daher wurde ich nun sogar richtig böse auf Marie. Sie kam die paar Schritte auf mein Hochbett zu, in dem ich immer noch saß, und rief auch dabei ständig meinen Namen. Ich starrte sie an und war mittlerweile vor allem empört. Sie sagte weiterhin einfach nur »Lorna«. Jetzt stand sie genau neben mir, und wir schauten einander in die Augen.

»Kannst du dich noch erinnern, was du gespürt hast, als du noch ein kleines Mädchen warst und ich dich mein Leben habe fühlen lassen, Lorna?«, fragte sie. »Ich weiß, du hast viel davon abgeblockt. Ich werde jetzt reden, und ich werde dich dabei noch einmal fühlen lassen, was du damals gespürt hast, als du noch ein kleines Mädchen warst. Ich werde dabei so sanft wie möglich vorgehen.« Ich bekam wieder Angst, als Marie das sagte, und ich vermute, dass sie es bemerkte, denn sie legte ihre Hand auf meine, und mit einem Mal wurde ich ganz ruhig. Sie zeigte mir eine Vision der weiteren Ereignisse.

Marie ging am Fluss entlang durch baumbewachsenes Gelände. Es war dunkel, und nur ganz wenig Sonnenlicht drang durch die Bäume hindurch, die zu beiden Seiten des Weges standen. Der Boden war nass und matschig. Als sie die Männer sah, dachte sie sich nichts weiter dabei. Sie waren zu viert, vier Nachbarn, die sie kannte. Aber dann packte einer sie und begann ihr zu drohen. Er sagte, sie müsse verschwinden, sie wollten sie nicht länger in der Gegend haben, und wenn sie nicht ginge, dann würden sie sie zusammenschlagen. Dabei stießen und traten sie sie. Marie spürte große Angst in sich aufsteigen. Sie kämpfte mit aller Kraft und versuchte verzweifelt, sich zu wehren. Ich konnte die ganze Angst spüren, die in ihr aufstieg. Es war, als wäre ich in ihr und könnte ihr auf geistige Weise helfen. Ich war in ihr, obwohl ich zu der Zeit noch nicht geboren war! Irgendwie war ich dort – irgendwie war der Zeitunterschied überbrückt worden. Ich konnte spüren, wie sie mit aller Kraft kämpfte. Ich konnte spüren, wie sie verzweifelt versuchte, sich zu wehren. Ich konnte jeden Tritt spüren, der sie traf. Sie war von Kopf bis Fuß voller Matsch und klatschnass von dem Wasser unter ihr. Immer weiter traten die Männer auf sie ein, und sie rollte sich zu einer Kugel zusammen. Dann packte einer der Männer sie bei den Haaren und schleifte sie mit sich, während zwei andere mit Stöcken auf sie einschlugen, die sie von Ästen abgerissen hatten. Ich sehe es immer noch vor mir, wie die Männer so mit ihr durch den Wald liefen und wie Marie ihre Arme schützend über ihren Kopf hielt.

Der Mann, der sie bei den Haaren gepackt hatte, war der Geist, den ich an meiner Haustür in Johnstown gesehen hatte. Dieser Geist war der Urur-, ich weiß nicht, wie viele Male »Ur«-Großvater des Mannes, der mit seiner Frau zu mir gekommen war, um Hilfe zu suchen.

Marie tat ihr Bestes, um sich freizukämpfen. Sie rang um ihr Leben. Sie war zwar zierlich, aber ihr Lebenswille war ausgesprochen stark. Sie dachte an Edward und rief seinen Namen, und sie dachte an ihr Baby.

Ich sehe diesen Mann immer noch vor mir. Er muss etwa 50 Jahre alt gewesen sein. Er hielt sie an den Haaren. Schließlich ließ er ihren geschundenen Körper los, und sie fiel zu Boden. Über den Zeitunterschied hinweg konnte ich ihr sagen, dass ihr Kind, ihr Baby tot war. Ich weiß, dass das schwer zu verstehen ist. Sie hörte mich klar und deutlich. Sie wusste es nun und hörte auf, um ihr Leben zu kämpfen. Sie musste nicht länger leiden als unbedingt nötig. Sie ließ los. Ich weiß, dass Marie an der Stelle starb, an der sie hingefallen war. Ich sehe Maries toten Körper immer noch vor mir. Ich sehe sie vor mir, während ich dies dem Spracherkennungsprogramm meines Computers diktiere. Sie war über und über mit Matsch und Blut verschmiert. Ich sehe ihren Schutzengel, der sich am Boden um sie schlingt. Ich sehe Flügel, nicht die vollständigen Flügel, sondern nur einen Teil davon. Die Federn sind matschig. Engel waren zugegen, als dies geschah, aber sie hatten nicht die Kraft, es zu verhindern. Ich sah den Schrecken in den

Gesichtern der Männer, als sie innehielten und erkannten, was sie getan hatten. Marie sagte mir, es sei ein Unfall gewesen. Die Männer hätten sie nicht umbringen, sondern ihr nur Angst einjagen wollen, aber dann hätten sie jegliche Kontrolle verloren. Dennoch ging einer der Männer noch einmal zu ihr und verpasste ihr noch ein paar Tritte, als ob er sichergehen wolle. Dann liefen sie einfach davon.

Ich saß in meinem Bett in Leixlip. Maries Hand glitt aus meiner heraus, ich ließ mich wieder in die Kissen fallen und schloss einen Moment lang die Augen. Dann ging Marie auf das Fenster zu und verschwand.

Kapitel 19

Ich erzähle Joe und meinem Vater von den Geistern

Joe und ich kauften das kleine Cottage in Maynooth, bevor wir verheiratet waren, und am Tag unserer Hochzeit zogen wir ein. Ich fragte mich, was jetzt wohl mit den beiden Geistern geschehen würde. Würden sie mit mir in das Cottage ziehen? Und wenn ja, was sollte ich dann Joe sagen, der bis jetzt noch gar nichts von ihnen wusste? Ich hätte mir keine Gedanken zu machen brauchen. Sie kamen nicht mit, sondern blieben, wo sie waren, im Haus meiner Eltern in Leixlip. Sie durften nicht in das neue Zuhause meiner eigenen Familie in Maynooth mitkommen. Es sollte nicht sein. Sie durften nicht in mein Leben als Ehefrau und Mutter eingreifen. Das bedeutete allerdings nicht, dass sie aus meinem Leben verschwanden. Manchmal hörte ich in meiner Küche in Maynooth, wie die Geister von Marie und Edward mich aus dem Haus meiner Eltern im knapp zehn Kilometer entfernten Leixlip riefen. Es war, als befürchteten sie, ich könnte sie vergessen. Aber wie konnte ich das? Ich betete immer noch Tag und Nacht darum, dass sie erreichten, was sie sich wünschten, und in der Lage wären zu gehen. Aber die Jahre vergingen, und sie waren immer noch da. Natürlich besuchte ich auch häufig meine Eltern in Leixlip, und dort sah ich die Geister dann.

Eines Tages, als Christopher noch ein Krabbelkind und Owen ein Baby war, besuchte ich meine Eltern wieder einmal. Wir hatten kein Auto, daher musste ich den Bus nehmen. Mit zwei Kindern unter drei Jahren ist das gar nicht so leicht. Als wir um die Ecke bogen und auf das Haus zugingen, sah ich Marie am Fenster meines ehemaligen Zimmers und hob die Hand, um ihr zu winken. Ich hatte immer das Gefühl, dass sie diese Bestätigung brauchte – als Zeichen, dass sie nicht vergessen war.

Ein anderes Mal betrat ich das Haus meiner Eltern wie immer durch die Hintertür. Zwei Männer waren gerade da. Ich begrüßte sie freundlich. Wir wurden einander nicht vorgestellt, aber die Engel flüsterten mir zu, dass einer der beiden Paul heiße und eine Rolle dabei spiele, dass sich für die beiden Geister etwas änderte. Ich spielte mit den Kindern und hörte dabei dem Gespräch zu. Paul und der andere Mann waren Mitglieder in einer der Gebetsgruppen, an denen mein Vater teilnahm. Ich bin sicher, dass sie auf ihre Weise gute Menschen waren, aber irgendetwas stimmte bei den beiden nicht. Ich fühlte mich nicht wohl in ihrer Gegenwart, und ich glaube, meinem Vater fiel das auf. Im Hinblick auf die beiden Geister im Haus empfand ich die Männer als Eindringlinge. Ich hatte das Gefühl, dass ich Marie und Edward vor ihnen beschützen musste, aber ich wusste nicht genau, warum. Ich ließ die Kinder ein paar Minuten allein und ging die Treppe hinauf. Dort war Edward, wie immer. »Was ist da los?«, fragte ich ihn. »Die beiden Männer gefallen mir überhaupt nicht. Ich habe Angst, dass sie dir und Marie etwas antun könnten.« Edward erwiderte, ich solle keine Angst haben, das gehöre zur Veränderung. Er betonte ausdrücklich, ich solle mir keine Sorgen machen.

Das Gespräch drehte sich an diesem Tag ausschließlich um Gott und Jesus. Es war sehr schön für mich mitanzusehen, dass mein Vater ein stärkeres Interesse an der Religion entwickelte und Gott besser kennenlernte. Ich war sehr dankbar dafür und hatte das Gefühl, dass die beiden Geister ihren Anteil daran hatten, dass mein Vater aufgeschlossener wurde. Ich konnte Veränderungen im Hause meiner Eltern beobachten – es wurde mehr über Gott gesprochen, und mehr Leute kamen ins Haus. Aber an diesem Tag hatte ich das Gefühl, dass ich die beiden Geister dort gut beschützen musste. Ich versuchte zwar, mir keine Sorgen zu machen, aber ich konnte einfach nichts dagegen tun.

Eines Tages, als ich in Maynooth war und mich um meine Kinder kümmerte, hörte ich, dass die Geister mich riefen. Sie riefen nur meinen Namen, aber wie aus einem großen, langen Tunnel. Ich wusste nicht, was los war, aber später erfuhr ich, dass mein Vater an diesem Tag etwas auf der Treppe gesehen hatte. Er sah nicht dasselbe wie ich, aber er durfte verschwommen die Unterschenkel und Stiefel eines Mannes wahrnehmen. Er hatte das Gefühl, dass jemand da war. Ich glaube nicht, dass zugelassen wurde, dass er den Schmerz spürte, denn den hätte er wohl nicht ertragen können.

Damals erzählte mir Paps nichts davon, aber er sprach mit Paul, der daraufhin behauptete, das Haus sei besessen. Er sagte außerdem, er habe etwas Schlechtes darin gespürt. Tatsächlich war er jahrelang immer wieder im Haus meiner Eltern gewesen und hatte nie gesagt, dass er etwas spüre, daher bin ich mir nicht sicher, ob er wirklich etwas wahrgenommen hat oder nicht. Als mein Vater sagte, er habe etwas auf der Treppe bemerkt, sagte Paul, »die Gegenwart des Bösen« sei dort am stärksten zu spüren. Paps nahm das Ganze anscheinend nicht allzu ernst, aber hin und wieder betete er und träufelte etwas Weihwasser auf die Treppe.

Die Zeit verging, und ich war immer noch sehr beunruhigt. Ich denke, zum Teil lag es auch daran, dass der Zeitpunkt näherrückte, zu dem ich meine Freunde, die beiden Geister Marie und Edward, verlieren würde. Die beiden schönen Geister waren meine besten Freunde geworden, auch wenn mich das, was ich spürte, hin und wieder sehr aufwühlte. Ich wollte sie nicht verlieren. In gewissem Sinn wäre es wie ein Tod. Die Vorstellung, sie nie mehr zu sehen oder zu hören, machte mich traurig. Aber ich war glücklich, wenn ich daran dachte, dass sie unsere Welt verlassen konnten. Damals glaubte ich, dass es sehr bald geschehen würde. Aber dem war nicht so.

Mam und Paps luden Joe, die Kinder und mich ein, mit ihnen in den Ferien nach Mullingar zu fahren. Der Ort lag etwa 75 Kilometer von Dublin entfernt. Wir machten nur selten Urlaub, daher freuten wir uns alle sehr. Ein paar Wochen vor unserer Abreise hängte ich gerade Wäsche auf die Leine – mir kam es immer so vor, als hätte ich Unmengen von Wäsche –, als eine steife Brise aufkam. Ich wusste sofort, dass es Hosus war. Er sagte, er sei gekommen, um mir eine Nachricht zu überbringen. In unseren Ferien würde Paps mir gegenüber das Thema Geister ansprechen.

Ich holte tief Luft und fragte Hosus: »Was soll ich zu ihm sagen? Soll ich überhaupt etwas sagen?«

»Ja, Lorna, dieses Mal musst du es tun«, antwortete Hosus. »Sag deinem Vater, dass du alles über die Geister weißt, dass sie schon seit Langem da sind und dass in dem Haus eine Messe gelesen werden soll.« Ich muss wohl besorgt ausgesehen haben, denn er fuhr fort: »Mach dir keine Gedanken, wir werden dich anleiten. Du wirst wissen, was du sagen musst, aber deinem Vater wird es sehr schwerfallen, dir zu glauben. Er wird dir nur ein einziges Mal zuhören und dann nie wieder mit dem Thema anfangen. Es ist sehr traurig, aber du musst ihm genau das sagen, was wir dir an diesem Tag eingeben werden.«

Das sicherte ich Hosus zu. Doch ich machte mir wegen des Gesprächs große Sorgen und war traurig, dass mein Vater so wenig mit mir darüber sprechen wollte. Inzwischen hatte ich Joe ein wenig von den Geistern erzählt – eigentlich nur, dass sie seit Jahren da waren und dass ich für sie betete. Von dem Schmerz und der Angst, die ich verspürt hatte, und von meiner Rolle bei der ganzen Geschichte erzählte ich ihm nichts. Ich sagte Joe, dass mein Vater mich auf die Geister ansprechen würde, und ich sagte ihm auch, dass ich mir deswegen sehr große Sorgen mache. Joe versuchte, mich zu beruhigen.

Auf unserer Heimfahrt von den Ferien sprach Paps schließlich das Thema Geister an. Das Auto war voll besetzt mit meinen Eltern, Joe, mir sowie Owen und Christopher. Mein Vater begann das Gespräch, während er fuhr. Er fragte Joe und mich, ob wir wüssten, dass es in dem Haus in Leixlip einen Geist gebe, jemand stehe auf der Treppe. Er fragte uns, ob wir je etwas Seltsames bemerkt oder gehört hätten. Zu meiner Überraschung antwortete meine Mutter. Sie sagte, sie sehe oft eine junge Frau draußen im Garten. Ich weiß nicht, ob das wirklich stimmte – ich war mir diesbezüglich nie ganz sicher. Paps sah sie überrascht an. Ganz offensichtlich hatte sie ihm noch nie etwas darüber erzählt, obwohl sie alles über Paps' Erlebnis auf der Treppe wusste. Ich sagte meinen Eltern, ich wisse, dass die Geister dort seien. Ich beschrieb ihnen Edward. Ich erzählte ihnen nicht alles, aber ich erklärte ihnen, dass noch ein zweiter Geist da war. Ich beschrieb ihnen auch Marie und nannte ihren Namen. Ich sagte ihnen, die beiden Geister seien bereits seit unserem Umzug in dem Haus und sie seien auch schon im Mountshannon House gewesen, als wir dort Ferien gemacht hätten. Außerdem erklärte ich meinen Eltern, dass die Geister nicht böse, sondern gut waren und dass eine Messe gelesen werden müsse, und zwar nicht nur für die beiden Geister selbst, sondern auch für die anderen Seelen, die sie befreien wollten. Ich sagte, es wäre wunderbar, wenn meine Eltern eine solche Messe arrangieren könnten. Ich sagte nicht sehr viel, und Paps hörte einfach nur zu. Er stellte keine Fragen und machte keine Bemerkungen. Das enttäuschte mich sehr. Vielleicht machte er sich Sorgen und wollte mich beschützen. Ich hätte ihm gerne mehr darüber erzählt, was in meinem Leben vor sich ging, aber er fragte mich nicht danach, und ohne Fragen sah ich mich nicht in der Lage, ihm mehr zu erzählen.

Joe saß still im Wagen. Er teilte meinem Vater mit, ich hätte ihm das bereits alles erzählt und ihm viele Dinge geschildert. Mein Vater unterhielt sich mehrere Minuten lang mit Joe über Gott und spirituelle Dinge, aber mich sprach er nie direkt an. Es war das letzte Mal, dass er mir oder Joe etwas über die Geister in Leixlip sagte.

Als wir an diesem Abend im Bett lagen, sagte ich zu Joe, wie enttäuscht ich sei, dass mein Vater mich nicht mehr gefragt und sich nicht stärker für die beiden Geister interessiert hatte. Joe meinte, er habe vielleicht Angst. Ja, womöglich hatte Paps Angst, aber dennoch wollte ich, dass diese Messe gelesen wurde.

Kapitel 20

Die Messe in Leixlip

Ich wollte unbedingt, dass mein Vater eine Messe lesen ließ, denn ich wusste, dass es sehr wichtig war. Monate vergingen, in denen nichts geschah. Doch plötzlich bekam ich, wenn ich bei meinen Eltern zu Besuch war, immer wieder am Rande mit, dass in ihrem Haus eine besondere Messe gelesen werden sollte. Man hatte mich im Zusammenhang mit der Messe weder um Rat gefragt, noch hatte man mir etwas davon erzählt, geschweige denn mich eingeladen. Nur hin und wieder hörte ich zwischen Tür und Angel etwas. Für mich war das eine sehr schwierige Situation. Ich freute mich, dass es Pläne für eine Messe gab, aber ich war wütend und verletzt, weil die Familie mich davon ausschloss.

In diesen Monaten sprach ich oft mit dem Engel Michael und suchte bei ihm Trost. Öfter als sonst ging ich in die Kirche und zündete Kerzen an. Ich fragte Michael, warum ich ignoriert und nicht zu der Messe eingeladen wurde. Er sagte mir, sowohl er selbst als auch die anderen Engel sowie die Schutzengel meiner Eltern seien dabei, sie dazu zu bringen, mich zur Messe einzuladen. »Deine Mutter und dein Vater«, so fuhr er fort, »hören offensichtlich mehr auf andere als auf uns.

Aber wir werden weiterhin versuchen, sie dazu zu bringen, dass sie dich einladen. Es würde die Sache einfacher machen, Lorna, wenn du bei der Messe dafür beten könntest, dass diese Seelen frei werden, aber letztlich macht es keinen großen Unterschied. Wenn du nicht zu der Messe eingeladen wirst, kannst du hinterher etwas tun – mach dir also deswegen keine Gedanken.«

Also überließ ich alles Michael und betete inständig zu Gott, dass ich zu der Messe eingeladen würde. Im Laufe der nächsten Wochen wurde ich immer seltener von meinen Eltern eingeladen, und wenn ich dort war, hatte ich ehrlich gesagt das Gefühl, dass ich eigentlich gar nicht willkommen war, dass meine Eltern und auch andere Leute, die zu Besuch bei ihnen waren, mich nicht dort haben wollten. Die Engel trösteten mich mit den Worten: »Mach dir nichts draus, Lorna. Denk daran, dass die Geister dort gut sind, dass sie nur Gutes tun und dass das Böse ihnen nichts anhaben kann. Aber ein paar Freunde von deiner Mam und deinem Paps verstehen das nicht.« Die Engel empfahlen mir, einfach mein eigenes Leben als Ehefrau und Mutter weiterzuführen und meine Eltern zu besuchen, wenn ich eingeladen war. Doch trotz ihres Trostes machte ich mir immer noch Sorgen darüber, was wohl geschehen würde. Ich hatte Angst um die schönen Geister, die meine Freunde geworden waren – ich hatte Angst, dass etwas schieflaufen könnte.

Ein oder zwei Wochen später kündigte meine Mutter an, dass sie einen Großputz im Haus veranstalten wolle, und bat mich, ihr zu helfen. Sie erklärte mir nicht, weshalb sie das Haus besonders sauber machen wollte, aber ich war natürlich gerne bereit, sie dabei zu unterstützen. Außerdem sollte das Haus zum Teil neu gestrichen werden, daher fragten meine Eltern, ob Joe dabei helfen könne. Paps wurde allmählich alt und konnte nicht mehr so viel selber machen. Ich fragte Joe, und auch er wollte gerne helfen.

An unserem Putztag erwähnte Mam die Messe mit keinem Wort, geschweige denn, dass sie mich dazu eingeladen hätte. Aber ich musste lächeln, denn eine Nachbarin, eine liebenswerte große Frau mit einem sehr aufgeweckten kleinen Jungen kam vorbei, um mit Mam über die Sandwiches zu sprechen, die sie für Sonntag vorbereiten wollte. Mam führte sie schweigend ins Esszimmer und schloss die Tür hinter sich. Wieder sagte Mam nichts zu mir. Kurz darauf kam eine andere Nachbarin. Dieses Mal ging es um die Kuchen für Sonntag. Wieder sagte meine Mutter nichts über die Messe und lud mich auch nicht dazu ein. An diesem Tag sah ich Edward auf der Treppe, und er nahm meine Hand. Mir wurde der letzte Teil der Geschichte gezeigt. Es war Abend, und Edward ging mit raschem Schritt durch ein Dorf. Zu beiden Seiten der Straße standen Häuser, und in manchen brannte Licht. Ich weiß, dass er auf dem Weg zu einem Treffen mit Marie war. Er hatte eben den Rand des Dorfes erreicht, da sah ich, dass mehrere Männer mit dicken Stöcken aus den Häusern traten. Sie schrien ihn an, sie hätten ihm klar und deutlich gesagt, dass er Marie nicht wiedersehen dürfe. Zu meinem Entsetzen erkannte ich einen von ihnen wieder, einen großen, kräftigen, bulligen Mann. Er war einer von denen gewesen, die Marie totgeprügelt hatten. Ein Engel sagte mir, am selben Tag, an dem auch das Baby gestorben sei, habe jemand beobachtet, dass Edward und Marie sich wieder getroffen hätten. Da hätten die Leute beschlossen, ihnen eine Lektion zu erteilen. Die Männer benutzten so schreckliche Worte, dass ich sie nicht wiederholen möchte. Sie beleidigten Edward und Marie mit jedem erdenklichen Schimpfwort. Und ihr Kind bezeichneten sie als Bastard.

Edward hatte Angst, aber er war auch sehr wütend und wehrte sich. Die Männer schlugen und traten ihn, und ich sah, dass er aus Nase und Mund blutete. Immer wenn er versuchte aufzustehen, schlugen sie ihn wieder nieder. Sie brüllten: »Du hättest dich von ihr fernhalten sollen. Unsere Kinder sollen nicht hungern bloß wegen euch beiden.« Die Menschen in den umstehenden Häusern hörten mit Sicherheit, was vor sich ging, aber niemand kam heraus, keiner versuchte, die Männer aufzuhalten.

Edward bekam ununterbrochen Schläge auf die Brust und den Magen. Ich sah, wie er ohnmächtig zu Boden fiel. Da drehten die Männer sich um und machten sich langsam aus dem Staub. Ein paar Minuten später rief jemand verzweifelt Edwards Namen. Dann sah ich Daniel, der auf einen Stock gestützt zu ihm humpelte. Jemand musste ihm gesagt haben, was geschehen war. Daniel sank neben Edward auf die Knie, dabei entglitt ihm sein Stock. Er schlang seine Arme um Edward und rief: »Was haben sie bloß mit dir gemacht?« Edward öffnete ein wenig die Augen und murmelte etwas, das sein Freund genau nicht verstehen konnte. Doch er wusste, dass es dabei um Marie ging. Deshalb sagte er: »Ja, ich werde mich um Marie kümmern.« Es brach mir fast das Herz, als ich das hörte. Ich wusste ja, dass

Marie und ihr Baby bereits tot waren. Ich sah, wie sich Edwards schöne Seele aus seinem Körper löste, während ihn Daniel in Tränen aufgelöst in seinen Armen hielt. Ich hörte, wie Maries Stimme Edward rief, und sah, wie die beiden Seelen einander umarmten. Ich konnte sehen, dass Licht aus den Hauseingängen kam und die Menschen beobachteten, was draußen vor sich ging – ohne ein Wort zu sagen und ohne eine Träne zu vergießen.

Ich stand auf der Treppe, und Edward ließ meine Hand los. Eine Sekunde lang lief alles wie in Zeitlupe ab, dann rannte ich nach oben, zog heftig an der Schnur des Badezimmerlichts, schloss die Tür hinter mir, öffnete den Kaltwasserhahn und spritzte mir Wasser ins Gesicht. Ich saß weinend auf dem Toilettendeckel und schimpfte auf Gott und die Engel. Dabei dachte ich auch an Maries Tod, an ihren leblosen nassen Körper, der voller Matsch war.

Da erschien Michael. Er beugte sich zu mir herunter, nahm meine Hände in seine und nahm mir damit auch etwas von dem Schmerz, der mein Herz durchdrang. »Bete, Lorna«, sagte er, während er mir mit seiner rechten Hand die Tränen aus dem Gesicht wischte. Ich schluchzte und sah, dass ein paar Tränen auf Michaels Hände fielen. »Selbst deine Tränen sind Gebete, Lorna, und sie explodieren zu Millionen Gebeten des Lichts, der Hoffnung und der Liebe«, sagte Michael. Ich schaute ihm in die Augen. Dabei versiegten meine Tränen, und ich spürte eine innere Ruhe. Michael beruhigte mich mit dem himmlischen Frieden.

»Und jetzt, Lorna«, sagte Michael, »geh und hilf deiner Mutter, das Haus fertig zu putzen.« Also tat ich schweren Herzens, wie er mich geheißen hatte, und half meiner Mutter beim Hausputz für eine Messe, zu der ich nicht eingeladen war, ja, von der ich möglichst wenig wissen sollte. Nach der Arbeit kam Joe und half Paps, das Wohnzimmer zu streichen.

Als wir an diesem Abend die Kinder in Paps' Auto packten, schaute ich mich nach Mam um, die an der Türschwelle stand. Dabei konnte ich ihren Schutzengel als helles Licht hinter ihr sehen. Ich wusste, dass die Engel sich um sie kümmerten. Als wir losfuhren, sah ich rund ums Haus lauter Engel, wie eine Kugel umgaben sie es. Sie waren da, weil am kommenden Sonntagabend die besondere Messe gelesen werden sollte.

An diesem Abend sprach ich im Bett mit Joe darüber, wie elend ich mich fühlte und wie enttäuscht ich war, dass meine Eltern mich nicht zu der Messe eingeladen hatten. Joe umarmte mich und sagte: »Du weißt doch, wie sie sind. Du weißt doch, dass sie dich schon dein ganzes Leben lang bei den meisten Dingen nicht miteinbeziehen.«

»Das macht mir normalerweise nichts aus, Joe – aber dieses Mal schon, denn es ist etwas extrem Wichtiges. Ich weiß, wie wichtig diese Messe ist, auch wenn mir nicht ganz klar ist, wie das Ganze ablaufen wird, wenn ich nicht dabei bin. Ich weiß nicht, ob die anderen es richtig machen.« Joe tröstete mich, und schließlich schlief ich ein.

Die folgenden Tage vergingen recht langsam, und ich war ständig im Gebet. Ich hatte die beiden Geister immer vor Augen. Als der Sonntag kam, war ich noch immer nicht eingeladen worden. Am Morgen ging ich in meiner Gemeinde in die Kirche und empfing die

Kommunion. Am selben Abend sollte die Messe im Haus meiner Eltern gelesen werden. Der Tag wollte einfach nicht vorübergehen, und ich war wie benommen. Joe kümmerte sich an diesem Tag um alles. Er kochte das Mittagessen und ging dann mit den Kindern spazieren, damit ich etwas Ruhe hatte. Ich hoffte inständig, dass mein Vater noch anrufen würde. Es hätte mir so viel bedeutet, aber er tat es nicht. Trotz der starken Verbindung zwischen den beiden schönen Geistern und mir wurde es mir nicht gestattet, im Geist zu reisen und während der Messe bei ihnen zu sein. Ich wurde ferngehalten.

Ich blieb den ganzen Tag auf seltsame Weise benommen, aber etwa um 23 Uhr erschrak ich plötzlich, drehte mich im Bett zu Joe um und sagte zu ihm: »Die Geister sind immer noch im Haus in Leixlip! Das verstehe ich nicht. Sie sollten doch während der Messe gehen. Irgendetwas ist schiefgelaufen.« Joe legte den Arm um mich. Die Engel müssen dafür gesorgt haben, dass ich sofort einschlief, denn als ich wieder aufwachte, war es bereits Morgen.

Kapitel 21

Die letzte Reise

Die folgenden Wochen waren sehr verwirrend. Ich wusste, dass die Geister immer noch im Haus meiner Eltern in Leixlip waren. Innerlich waren sie mir gegenwärtiger denn je. Es war, als hielten sie sich an mir fest. Ich betete und betete immer wieder: »Herr, bitte hilf ihnen, frei zu werden. Sie haben jetzt doch alles getan, was sie tun mussten, nicht wahr? Sie sind rein. Den Familien, die mit ihnen zu tun hatten, sowie deren Kindern und Kindeskindern wurde doch bestimmt vergeben, oder?« Während ich betete, war es, als ob mich Blitze durchzuckten. Ich spürte, dass die Engel ihre Flügel um mich herum ausbreiteten und dass mein Haar zerzaust wurde. Ich wusste, dass der wichtigste Engel von allen da war. Er sprach kein Wort, sondern versicherte mir nur, dass alles in Ordnung war.

Das Leben ging seinen gewohnten Gang, und Christopher kam in die Schule. Doch dann, ein paar Wochen später, setzte ich mich eines frühen Septembermorgens plötzlich kerzengerade im Bett auf. Mit einem Mal wusste ich, dass wir den Anfang vom Ende erreicht hatten – den letzten Teil der Reise der beiden schönen Geister. Während ich mich im Bett aufsetzte, war es, als ob die Wände des Cottages verschwanden und unglaublich viele Engel hereinrauschten. Sie lächelten mir zu und sagten, sie seien gekommen, um mir eine Extraportion Kraft zu schenken, denn was nun folgte, würde schwierig werden. Innerlich spürte ich bereits, dass es schwer sein würde.

An diesem Tag tat ich alles wie sonst auch. Ich machte Frühstück, brachte Christopher in die Schule und spielte mit Owen, aber innerlich war ich nicht richtig anwesend. Ich konnte das Haus in Leixlip spüren. Es war, als wollte das Leben durch seine Steinwände hindurch nach draußen brechen. Ich wusste, dass die beiden Geister das Haus verließen. Dann fühlte es sich so an, als wäre das Haus lebendig und als würde es aufgeblasen wie ein Luftballon, allerdings wie einer mit sehr vielen Löchern, sodass das Leben daraus entwich. Das Haus füllte und leerte sich mehrere Male. Plötzlich hörte alles auf, und es schien, als seien die beiden Geister endlich aus dem Haus befreit. Ich konnte ihre Kraft spüren. Sie waren frei und durften sich geradewegs in den Himmel begeben – ihre Arbeit war getan –, aber sie gingen noch nicht dorthin! Sie mussten noch eine letzte Reise machen.

Sie schienen zu Fuß irgendwohin zu gehen … sehr, sehr langsam. Gott hatte ihnen Empfindungen geschenkt, so als wären sie wieder lebendig. So konnten ihre Körper noch einmal spüren und erleben, wie aufregend das Leben als Mensch ist. Ich konnte sehen und fühlen, was sie erlebten. Ich konnte jedes Mal die Anstrengung spüren, mit der sie ihre Füße hoben und die Knie beugten. Es war, als wäre ihr Körper eine schwere Last, die sie mit sich schleppten. Es fiel ihnen schwer, diese Reise zu machen und ihren menschlichen Körper mit Leben zu erfüllen, denn eigentlich hätte er ja gar nicht mehr hier auf der Erde sein sollen. Offenbar mussten sie sich tatsächlich körperlich vorwärtsschleppen. Es fiel ihnen sehr schwer, aber trotzdem freuten sie sich riesig über das Gefühl, wieder lebendig wie Menschen zu sein.

Während sie unterwegs waren, spürte ich all ihre Schmerzen und Beschwerden, als wären es meine eigenen. Meine Beine wurden mir schwer. Mein Körper war so müde und schwer, als wäre ich selbst unterwegs. Aber ich konnte auch eine große Freude, große Aufregung und große Sehnsucht spüren, während die Geister vorwärtsgingen. Ich weinte vor Glück, als mir klar wurde – und ich finde das immer noch überwältigend –, wohin ihre letzte Reise ging: Sie kamen zu mir nach Maynooth. Sie kamen, um mir zu danken. Ich fühlte mich überaus privilegiert und geehrt. Ich fühlte mich wie ein Kind, dem man sagt, es werde gleich ein ganz besonderes Geschenk erhalten. Ich war voller gespannter Vorfreude. Ich spürte jeden ihrer Schritte, als sie aus dem Haus in Leixlip kamen und durch die Siedlung gingen, dann an den Geschäften vorbei, durch die nächste Siedlung, über die Bahngleise bis zum Kanal und schließlich am Kanal entlang. Zu Fuß sind es von Leixlip bis Maynooth etwa acht bis neun Kilometer. Ich könnte noch stundenlang jeden Grashalm beschreiben, den sie sahen, jedes bisschen Leben, jeden Luftpartikel, der ihren menschlichen Körper berührte. Sie gingen barfuß, und als sie am Kanal entlangliefen, spürten sie die Erde und das Gras unter ihren Füßen und zwischen ihren Zehen. Manchmal spürte ich sogar, wenn etwa ein Blatt an ihren Füßen kleben blieb oder sie sich an einem Zweig einen Kratzer zuzogen.

Hin und wieder blieben sie einen Moment lang stehen, um sich an der Umgebung zu erfreuen. Sie genossen es, sich wie Menschen zu fühlen, und ich genoss es mit ihnen, trotz des körperlichen Tributs, den es von mir forderte. Ich freute mich, dass ich jeden kleinsten Regentropfen spürte, der auf sie herniederfiel, die Wärme der Sonne, die ihre Körper beschien, den Wind auf ihrer Haut. Ich hörte jeden Vogel in ihrer Nähe. Ich spürte ihre Freude und Dankbarkeit darüber, dass sie all die Dinge fühlen konnten, die wir Lebenden als so selbstverständlich erachten. Ich war voller Vorfreude, dass sie zu mir kamen.

Tag um Tag verging, denn sie legten die acht bis neun Kilometer bis zu unserem Haus sehr langsam zurück. Wenn Joe zu Hause war, berichtete ich ihm manchmal: »Sie sind unterwegs, Joe. Sie kommen nach Maynooth, um sich zu bedanken. Hättest du das gedacht? Ich bin so aufgeregt, ich wünschte, sie wären schon da.« Einerseits freute ich mich darauf, dass sie nach Maynooth kamen, um sich zu verabschieden, aber gleichzeitig füllten sich meine Augen mit Tränen, wenn ich daran dachte, dass sie nun endgültig weggingen.

Körperlich war diese Zeit sehr belastend für mich. Eines Tages, nach etwa einer Woche, rief ich: »Oh Gott, ich fühle mich so schwer! Wie nah sind sie denn jetzt? Ich halte das nicht mehr aus. Ich kann die Last, die mit ihrem Kommen einhergeht, nicht mehr ertragen, aber gleichzeitig bin ich so glücklich. Wo sind sie?«

Einer der Engel, die um mich waren, antwortete: »Lorna, wir wissen, dass du es schaffst. Wir wissen, dass du jeden Schritt spürst und dass es dich auslaugt, aber du musst ihnen weiter Kraft schenken, und du kannst das auch. Sie müssen hierherkommen. Es ist sehr wichtig für sie, sich zu bedanken. Es tut uns leid, dass es so lange dauert, aber sie sind bereits am Kanal – du weißt schon, dort, wo die hohen Bäume stehen.«

»Ja, ich weiß«, antwortete ich. »Ich kann die Autos auf der Straße neben diesem Kanalabschnitt hören. Ich wünsche mir einfach nur, dass sie bald hier sind. Wie lange dauert es noch?« Ich konnte in zwei Stunden von Leixlip nach Maynooth laufen, und dabei ließ ich mir noch Zeit, und ihre Reise dauerte nun schon über eine Woche.

»Noch ein paar Tage«, erklärte mir der Engel, »vielleicht auch ein bisschen länger, aber wir wollen, dass du stark bleibst. Wir wollen, dass du jetzt ständig an sie denkst. Sei dir stets bewusst, dass dies zu ihrer Lebensreise gehört und auch zu deiner.«

»Nun gut, dann dürft ihr mir aber nicht mehr von der Seite weichen«, erwiderte ich. »Ihr müsst alle ständig bei mir bleiben. Ich weiß, dass ich es schaffen kann, auch wenn ich manchmal glaube, dass mein Körper es nicht aushält, und ich verärgert bin und auf euch schimpfe. Ich weiß, dass wir das zu Ende bringen müssen, und ich weiß auch, dass die Geister bald kommen werden, und freue mich darauf.«

Ein paar weitere Tage vergingen. Ich spürte, dass sie die ganze Zeit am Kanal unterwegs waren. Als sie die Brücke in Maynooth erreicht hatten, wusste ich genau, dass sie da waren. Ich spürte es so intensiv! »Weißt du, wie nah sie schon sind?«, fragte ich Joe. »Sie sind an der Brücke in Maynooth. Ich kann alles sehen.« Sie

sahen wunderschön aus. Je näher sie an Maynooth her-
ankamen, desto strahlender wurden sie. Doch sogar
nachdem sie bereits die Brücke in Maynooth erreicht
hatten – von dort ist es nur ein kurzer Spaziergang bis
zu mir nach Hause –, brauchten sie noch ein paar Tage,
bis sie tatsächlich bei mir ankamen. Nie werde ich das
Gefühl des Asphalts unter ihren bloßen Füßen vergessen. Auf einem anderen Abschnitt der kleinen Straße
lag Kies, und ich konnte auch ihn unter ihren Füßen
spüren. »Autsch, das tut weh!«, murmelte ich vor mich
hin. »Könnt ihr bitte ein bisschen sachter auftreten?«
Inzwischen waren sie schon sehr, sehr nahe, es war
wunderbar. Ich freute mich auf ihre Ankunft – und fühlte mich ihrer gleichzeitig nicht würdig. Ich fand, dass
ich ihnen nicht genug geholfen hatte, und doch freute
ich mich unbändig auf sie.

In diesen Tagen sah Joe mich hin und wieder sehr
besorgt an. Einmal fragte er mich: »Lorna, bist du überhaupt richtig da?« Ich drehte mich zu ihm um und erwiderte: »Wie könnte ich denn ganz da sein, wo doch die
Geister auf dem Weg hierher sind?« Ich hatte ihm von
ihrer Reise erzählt, aber es fiel ihm natürlich sehr
schwer, das zu verstehen. Eines Tages sagte er zu mir:
»Manchmal verstehe ich einfach nicht, wovon du
sprichst, Lorna, aber ich liebe dich, und ich will versuchen, dich zu verstehen.« Ich lächelte ihn an und erwiderte: »Ich weiß. Für mich ist es auch schwer zu verstehen. Ich muss oft selbst erst versuchen, mir einen Reim
darauf zu machen.«

Joe machte sich Sorgen um mich und sagte, ich sehe
nicht gut aus. Ich erklärte ihm, dass es nun nicht mehr
lange dauern werde und dass sich die Engel um mich

kümmerten. Ich glaube, damit war die Sache für ihn wieder in Ordnung, aber innerlich sagte ich zu mir: »Ach Joe, du ahnst ja nicht, wie anstrengend das alles für mich ist, wie schwer es ist, am Leben zu bleiben.« Ich spürte, dass meine Energie absolut erschöpft war. Nie werde ich den Tag vergessen, an dem die Geister endlich ankamen, auch wenn ich mich an nichts anderes an diesem Tag mehr erinnern kann. Ich weiß weder, was für ein Tag noch wie spät es war oder ob Joe und die Kinder im Haus waren. Alles, woran ich mich erinnern kann und was ich, bis ich sterbe, nicht mehr vergessen werde, ist meine Begegnung mit den beiden Geistern. Ich war unglaublich aufgeregt. Ich wollte hinausrennen, um sie abzuholen, aber das konnte ich nicht. Ich durfte es nicht. Ich sah in einer Vision, dass sie ein paar Häuser weiter an der Hecke vorbeigingen und schließlich bei unserem Gartentor ankamen. Ich hatte keinerlei Zeitempfinden mehr. Ich wartete und wartete einfach nur. Ich konnte alles spüren – das Atmen fiel mir nun mit jedem Atemzug leichter, als flösse das Leben mehr und mehr in meinen Körper zurück, je näher sie kamen. Allmählich fühlte ich mich wieder lebendig.

»Lorna, Lorna, Lorna. Wir sind hier, Lorna!«, hörte ich die Geister nun rufen und machte vor lauter Freude einen Satz. Die Tränen liefen mir übers Gesicht. Sie waren da, sie standen am Tor. Sie sahen so menschlich und doch so strahlend aus. Sie winkten und riefen meinen Namen. Ich eilte zur Haustür hinaus, den Weg entlang zum Gartentürchen und öffnete es. Stürmisch umarmten die Geister mich, und ich lachte und weinte gleichzeitig, und – ob Sie es glauben oder nicht – auch die Geister lachten und weinten. Es herrschte eine große Freude und viel Aufregung. Mir war zum Tanzen zumute. Meine Füße fühlten sich ganz leicht an. Ich fühlte mich wieder wie mit 16. Ich war sehr, sehr glücklich. Ein Licht umhüllte uns alle drei, während wir uns auf dem kleinen Weg vor dem Cottage umarmten. In unserer Umarmung lag sehr viel Liebe. In diesem Moment waren sie wieder aus Fleisch und Blut, und ich konnte sie körperlich spüren. Ich war überwältigt. Es war einfach wunderbar.

Als ich dort draußen vor dem Cottage stand und die beiden Geister umarmte, wurde mir plötzlich die Einsicht geschenkt, warum die Dinge genau so hatten geschehen müssen. Jetzt verstand ich alles, was die Engel mir früher darüber gesagt hatten, dass ich ihre Torhüterin sei. Die Messe hatte nicht ausgereicht, um diese Seelen zu befreien. Ich war ihre Torhüterin, und ich war nicht da gewesen. Das ist nur schwer zu verstehen, das weiß ich, aber gleich beim ersten Mal, als ich sie in Mountshannon sah, wurde die Verbindung geknüpft. Ich war ihre Beschützerin.

In dieser Geschichte geht es um die Liebe – um Gottes Liebe und um die Liebe in meiner Seele, die mich zur Torhüterin der beiden Geister machte. Und es geht um ihre Liebe. Das Maß dieser Liebe übersteigt das menschliche Vorstellungsvermögen. Sie ist noch größer als bedingungslose Liebe. Marie und Edward hatten sich entschieden, nicht in den Himmel zu gehen, wohin sie gehörten und wohin sie sich sehnten. Stattdessen blieben sie freiwillig in dieser Welt, allein aufgrund ihrer Liebe zu den Menschen, von denen sie ermordet worden waren, und zu den Menschen, die ignoriert hatten, was vor sich ging, sowie aufgrund ihrer Liebe zu all den Nachkommen – Generation um Generation –, die von diesen schlechten Taten betroffen waren. Sie blieben aus reiner Liebe. Man muss bedenken, dass das Kind vor Marie starb und Marie sich dennoch entschloss, hierzubleiben. Sie blieb nicht nur wegen des Mannes, den sie liebte. Sie blieb aus Liebe, um den Makel der Sünde für die kommenden Generationen zu beseitigen. Für mich ist das unbegreiflich. Nie wieder bin ich Seelen begegnet, die so etwas getan haben. Marie und Edward müssen zu ihren Lebzeiten unglaublich gute Menschen gewesen sein.

Als wir so am Tor des Cottages standen, waren wir plötzlich von anderen Seelen umgeben – den Seelen derjenigen, die den Mord begangen hatten. Diese Seelen wurden immer heller, bis sie schließlich verschwanden. Es war, als bedankten sie sich dafür, dass der Makel von den Seelen ihrer Nachkommen beseitigt worden war. Diese Seelen waren noch einmal gekommen, um sich zu entschuldigen und sich zu bedanken. Sie bereuten es zutiefst, bei der Ermordung der beiden Menschen und ihres unschuldigen Kindes eine Rolle gespielt zu haben. Die Engel sagten mir, es habe ihnen schon zu Lebzeiten leidgetan. Aber sosehr sie es auch bereuten, die Schuld, die auf den Seelen ihrer direkten Nachkommen lastete, konnten sie nicht aufheben. Dazu bedurfte es Gottes Gnade und der Liebe anderer Menschen. Aufgrund der Sünden ihrer Ahnen tragen manche Familien über Hunderte von Jahren Schuld. Selbst wenn sie keine Ahnung haben, was geschehen ist, haftet ihnen dieser tiefe Makel an. Deshalb sollten wir alle oft für die Seelen unserer Ahnen beten, und wir sollten offen darüber sprechen, was in der Vergangenheit unserer Familien geschehen ist.

Marie und Edward hielten sich vor unserem Cottage eng umschlungen. Sie dankten mir und erzählten mir, wie sehr sie sich darauf freuten, nun nach Hause in den Himmel zu gehen und nach dieser langen Zeit endlich wieder mit ihrem Kind vereint zu sein. Ich freute mich sehr für sie, aber gleichzeitig weinte ich, da ich nicht wollte, dass sie gingen. Fast 20 Jahre lang hatten sie einen so wichtigen Platz in meinem Leben eingenommen. Sie beruhigten mich und erzählten mir von ihrer Freude, in den Himmel, nach Hause zu Gott zu kommen, wo sie immer hatten sein wollen. Das Licht um uns drei wurde schwächer, dann verschwanden sie. Nun waren sie im Himmel, wo sie hingehörten.

Während ich mich daran erinnere, sitze ich im ehemaligen Stall in Johnstown. Es ist nun 20 Jahre her, dass ich die beiden Geister zum letzten Mal gesehen habe. Doch als ich den Geist des Mannes sah, der ebenfalls an dem Mord beteiligt war, wurde ich mit einem Schlag vollständig in diese Zeit zurückversetzt. Ich erkannte ihn auch unter den Geistern, die bei Marie, Edward und mir waren, als wir uns voller Freude und unter Tränen Lebewohl sagten. Seit diesem Tag habe ich Marie und Edward nie wiedergesehen. Aber ich denke noch sehr oft an sie. Ich vermisse sie genauso, wie ich nahe Angehörige vermisse, die gestorben sind. Allerdings verspüre ich keinerlei Bedürfnis, mit Marie und Edward zu sprechen. Mit Joe spreche ich dagegen ständig.

Ich war den Engeln sehr dankbar, dass sie den Ururenkel von einem der Mörder Maries zu mir geschickt hatten. Was er mir an jenem Tag im Stall über sein Leben erzählte, war mir ein großer Trost. Er berichtete mir viel von seiner Familie und aus seinem Leben. Er sagte, er sei in schwierigen Familienverhältnissen aufgewachsen. Sein Vater sei immer wieder wegen Diebstahls aus verschiedenen Jobs entlassen worden und schließlich im Gefängnis gelandet. Er erzählte mir außerdem, dass viele seiner Verwandten tranken – Männer wie Frauen – und ständig aggressiv wurden und Streit suchten. In der Familie gab es so viel Elend, dass einer seiner Onkel zu sagen pflegte, es müsse ein Fluch auf ihr lasten.

Der Mann hatte, als er noch jung war, selbst große Probleme gehabt. Er hatte die Schule früh abgebrochen, immer nur unter großen Schwierigkeiten einen Job gefunden und ihn jedes Mal rasch wieder verloren. Er sah gut aus und hatte stets Erfolg bei Frauen gehabt, aber wenn er wütend wurde, hatte er sie geschlagen. Seine Beziehungen hatten nie lange gehalten. Doch dann hatte sich sein Leben erheblich zum Besseren gewendet. Er erzählte mir, dass ein Arbeitgeber ihm vor etwa 20 Jahren eine Chance gegeben und ihm vertraut hatte, und von da an war es in seinem Leben aufwärtsgegangen. Er enttäuschte das Vertrauen, das in ihn gesetzt worden war, nicht und war beruflich sehr erfolgreich. Inzwischen war er glücklich verheiratet und hatte zwei gesunde Kinder. Sein Leben hatte sich grundlegend verändert. Er erzählte mir, als Kind oder junger Mann sei er nie glücklich gewesen, er habe nie auf der Sonnenseite des Lebens gestanden. Aber jetzt sei das so. Auch seinen Geschwistern ging es ihm zufolge inzwischen besser. Während ich ihm zuhörte, wurde mir klar, dass sein Leben sich in dem Moment grundlegend zum Besseren gewendet hatte, als die beiden Geister und ich die Heilarbeit für die Sünden seiner Vorväter abgeschlossen hatten. Es war überwältigend für mich, zu erfahren, dass das Leben dieses Mannes sich von dem Moment an gewandelt hatte, als die Geister weggegangen waren, und zu wissen, dass dies eine direkte Folge der Arbeit war, die diese beiden Geister und ich geleistet hatten.

Ich war den Engeln so dankbar, dass dieser Mann mich besuchen durfte und sie mir auf diese Weise zeigten, welche Wirkung die Heilarbeit hatte. Und die Wirkung machte sich nicht nur bei diesem Mann bemerkbar, sondern bei Hunderten, vielleicht sogar Tausenden von Menschen, die Nachfahren jener Leute waren, die direkt oder indirekt am Tod von Marie, Edward und ihrem Kind beteiligt waren.

Die Vergangenheit ist unverrückbar. Sie ist bereits geschehen und kann nicht mehr verändert werden. Aber wir können für etwas beten, das in der Vergangenheit geschehen ist. Wir können beten, um das Leid lindern zu helfen, das dadurch verursacht wurde. Ständig erinnern mich die Engel daran, dass wir aufgrund der unrechten Taten unserer Vorfahren beten müssen. Wir müssen aufgrund des Leids beten, das sie durchgemacht haben, um ihnen zu helfen – aber auch um uns selbst das Leben leichter zu machen, denn das Unrecht unserer Ahnen kann sich noch hier und heute auf uns auswirken.

Kapitel 22

Hilfe ist unterwegs

Bereits als ich noch ein kleines Kind war, sagten mir die Engel, dass ich einmal ein Buch schreiben würde. Eines Tages, als Ruth noch ein Baby war und ich sie im Kinderwagen auf der kleinen Straße bei unserem Cottage entlangschob, sprach Michael ausführlicher mit mir darüber. Er sagte mir, die Engel wollten, dass ich über bestimmte Dinge schreibe. Ich blieb mit dem Kinderwagen stehen, sah Michael an und antwortete: »Tief in meinem Herzen weiß ich, dass ich über meine Erlebnisse mit euch Engeln schreiben muss, sowie über all das, was ihr und Gott mich gelehrt habt, und über all die Erfahrungen, die ihr mir geschenkt habt.«

Ja, tief in meinem Inneren wusste ich, dass ich es tun musste, aber schon bei dem Gedanken daran wurde mir angst und bange! Deshalb fuhr ich fort: »Michael, ich habe Angst, dass man mich auslachen wird.« Als ich weiter darüber nachdachte, fielen mir immer mehr Hindernisse ein. »Und überhaupt, Michael, ich kann ja nicht einmal richtig lesen und schreiben! Wie um alles in der Welt soll ich es da schaffen, ein Buch zu schreiben?« Michael lachte mich aus und sagte, ich solle mir bloß keine Sorgen machen. »Hilfe ist schon unterwegs.

Gott schickt dir jemanden, der dir hilft, und die Engel
werden diesen Menschen an deine Tür führen. Gott hat
bereits Engel ausgesandt, die diesen Menschen anleiten. Sie bereiten ihn vor und helfen ihm, die notwendigen Fähigkeiten zu erlernen.« Ich sah Michael an.
»Dann braucht er aber jede Menge Fähigkeiten, denn
übers Bücherschreiben und Verlegen weiß ich gar
nichts.«

Als wir unser Gartentor erreicht hatten, lächelte
Michael wieder und sagte: »Wenn es so weit ist und
dieser Mensch vor deiner Tür steht, sagen wir dir
Bescheid.«

»Ist es ein Mann oder eine Frau?«, fragte ich neugie-
rig.

»Keine weiteren Fragen, Lorna! Gott lässt seine
Engel schwer dafür arbeiten, dass du auf jeden Fall jede
Menge Hilfe bekommst.« Und damit verschwand
Michael.

Die Engel sorgten dafür, dass ich das Buch nicht
mehr vergaß. Zwei oder drei Wochen nach Joes Tod
erinnerten sie mich wieder daran. Ich war mit den Kindern essen gegangen, und die Engel flüsterten mir verschiedene Dinge ins Ohr, um mich aufzuheitern. Dabei
nannten sie auch einen seltsam klingenden Firmenna-
men. Sie sagten mir, so heiße der Verlag, in dem das
Buch veröffentlicht werde, das ich schreiben würde. Es
war kein Verlagsname, den ich schon einmal gehört
hatte. Ich konnte ihn noch nicht einmal aussprechen.
Und um ehrlich zu sein, als ich vom Tisch aufstand, hatte ich ihn bereits wieder vergessen. Aber ich vergaß
nicht, dass sie mir einen Verlag genannt hatten, daher
wusste ich, dass die Engel das Buch nicht vergessen

hatten, auch wenn ich damals nicht in der Lage war, es zu schreiben.

Noch bevor wir aus Maynooth wegzogen, lernte ich endlich die Person kennen, die mir die Engel zu Hilfe schickten. Doch mit der Arbeit sollten wir erst beginnen, als ich mich in Johnstown bereits gut eingelebt hatte.

Es war an einem Sonntagmorgen. Megan und ich hatten lange geschlafen. Eigentlich hatten wir an diesem Morgen in die Frühmesse gehen wollen, aber es sollte nicht sein. Und so gingen wir stattdessen in einen späteren Gottesdienst. Als ich die Tür zu Megans Zimmer öffnete, saßen zwei Engel auf ihrem Bett. Megan schlief noch. Es war ein wunderschöner Anblick. Ich lächelte und fragte die Engel, was sie da machten. Der Engel Michael sagte wortlos »Guten Morgen«. Megan drehte sich verschlafen auf den Rücken und murmelte »Mami«. Der Engel Hosus saß am dichtesten bei Megan und streichelte ihren Kopf. Sie bewegte sich ein bisschen und drehte sich dann wieder um. Hosus legte den Finger auf seine Lippen, und Megan schlief rasch wieder ein. Das Zimmer war erfüllt vom Licht der Engel. Ich sprach ein stilles Gebet, dass jeder Mensch eines Tages das unglaubliche Licht der Engel bei sich zu Hause sehen möge.

Nun stand Michael auf, nahm meine Hände in seine und sagte: »Wir können nicht allzu lange bleiben, Lorna. Ich bin gekommen, um dir zu sagen, dass ein Mann namens Finbar, ein entfernter Bekannter deines Vaters, dich anrufen und bitten wird, einen Freund von ihm zu empfangen. Dieser Freund wiederum wird dich bitten, andere Menschen zu empfangen, und du solltest sie alle beraten. Darunter wird jemand sein, der die Fähigkeiten besitzt, die du in Zukunft brauchst, wenn du anfängst, über Gott und die Engel zu schreiben.« Michael sah mich strahlend an. Aber ich scheute schon allein den Gedanken an die Herausforderung des Bücherschreibens.

»Hab keine Angst, Lorna«, fuhr Michael fort. »Gott wird dir alle Kraft geben, die du brauchst. Und denke immer daran, wir Engel werden alle bei dir sein.« Dann sagte er: »Halte die Luft nicht so an. Atme!«

Ich holte tief Luft. »In Ordnung. Ist es ein Mann oder eine Frau?«

»Da wirst du schön abwarten müssen«, sagte Michael. »Jetzt beeil dich und mach Megan fertig für die Spätmesse.« Michael ließ meine Hände los, Hosus stand vorsichtig neben Megan auf, und damit verschwanden sie.

Während des Gottesdienstes an diesem Morgen betete ich zu Gott. Ich bat Ihn um die Kraft, den Mut und das Selbstvertrauen, das zu tun, was Er von mir verlangte, nämlich ein Buch zu schreiben. In meinen Gebeten fragte ich Ihn, warum er mich ausgewählt hatte, einen ganz gewöhnlichen Menschen, und nicht jemand anderen. Aber ich erhielt keine Antwort. Ich hörte nur die Stimme eines Engels, der in mein Ohr flüsterte: »Gott hat dein Gebet gehört, Lorna.«

Ein paar Tage später rief Finbar an und bat mich, eine Freundin von ihm zu empfangen. Ich war einverstanden. Er sagte, diese Freundin werde noch jemanden mitbringen. Dann vereinbarten wir einen Termin. Nachdem ich bereits aufgelegt hatte, fiel mir auf, dass ich gar nicht nach dem Namen der Leute gefragt hatte und auch nicht danach, ob es sich bei beiden um Frauen handelte. Es war mir vollkommen entgangen. Ich schimpfte mit den Engeln: »Ich weiß gar nicht, warum ihr mir nicht erlaubt, dass ich das im Voraus weiß!« Aber sie antworteten mir nicht.

Wenn Leute zu mir kommen, sorge ich normalerweise dafür, dass jemand auf Megan aufpasst. Aber an diesem Tag hatte Megan schulfrei, und ich konnte niemanden für sie finden. Deshalb bat ich sie, sich ruhig zu verhalten und fernzusehen, und die Engel bat ich, dafür zu sorgen, dass sie vor dem Fernseher sitzen blieb. Kurz vor 11 Uhr kam der Engel Elija in die Küche und sagte: »Sie sind schon fast da, Lorna.« Dann verschwand er wieder. Ich hatte nicht die geringste Chance, eine Frage zu stellen. Mir war ein wenig bange, aber ich freute mich auch. Als ich hörte, dass ein Auto vor dem Gartentor vorfuhr, ging ich zur Haustür und öffnete sie. Ich sah zwei Frauen aus dem Wagen steigen. Das Licht um ihre beiden Schutzengel öffnete sich. Die Frauen kamen auf mich zu, und die Schutzengel hinter ihnen waren vollständig sichtbar. Als sie zur Tür kamen, schwächte einer der Schutzengel sein Licht etwas ab. Der Schutzengel der anderen Frau blieb vollständig geöffnet, bis sie hereingekommen war und mich begrüßt hatte. Dann dämpfte auch er sein Licht. Wortlos fragte ich die Engel: »Welche der beiden Frauen wird mir bei dem Buch helfen?« Doch die Engel antworteten mir nicht, und die Frauen stellten sich als Karen und Jean vor. Jean nahm in der Diele Platz, und Karen kam mit mir in die Küche, wo wir in Ruhe miteinander sprechen konnten.

Erst später bemerkte ich, dass Megan etwas tat, was sie nur sehr selten machte. Sie kam aus dem Wohnzimmer, setzte sich neben Jean und erzählte ihr einiges über den Tod ihres Vaters sowie über ihre Geschwister. Offenbar spielte Jean während der 20 Minuten, in denen ich mich mit Karen unterhielt, fröhlich mit Megan. Als Jean dann hereinkam, um mit mir zu sprechen, öffnete sich das Licht um ihren Schutzengel sofort wieder. Wie bereits gesagt, sind Schutzengel weder männlich noch weiblich, aber sie können sowohl in männlicher als auch in weiblicher Gestalt erscheinen. Jeans Schutzengel war sehr schön und stand da wie ein Riese. Alle paar Minuten veränderte er sein Erscheinungsbild – manchmal war er männlich, dann wieder weiblich. Wenn der Engel seine männliche Gestalt annahm, zeigte er eine große Stärke und trug pastellfarbene Seidengewänder, die ihre Farbe veränderten. Der Engel berührte Jeans Kopf und lächelte mit großer Liebe und Fürsorge auf sie herab. In seiner weiblichen Gestalt war er sogar noch schöner. Ein Schal war dann kunstvoll um seinen Kopf und einen Teil seines Gesichts geschlungen, und es war, als erstrahlte der ganze Schutzengel in funkelndem Gold. Sein Licht erfüllte das Zimmer, und immer wenn er sich bewegte, war es, als kräuselte ein Windhauch dieses Licht. Während Jean mit mir sprach, sagte ihr Schutzengel mir ohne Worte: »Jean ist diejenige, die dir helfen wird. Sie verfügt über einige Fähigkeiten, die dafür nötig sind. Bevor Jean geht, wird sie dich fragen, ob sie dir oder deiner Familie irgendwie behilflich sein kann. Sag ihr dann ohne Scheu, dass du vorhast, ein Buch zu schreiben, und dass sie dir dabei vielleicht helfen könnte.«

Genau so kam es. Als Jean vom Tisch aufstand, sagte sie exakt das, was der Engel bereits vorhergesagt hatte, und gab mir ihre Visitenkarte. Ich sagte ihr, ich hätte vor, ein Buch zu schreiben, und fragte sie, ob sie mir dabei vielleicht helfen könnte. Doch Jean reagierte völlig anders als erhofft. Sie lachte und sagte: »Da fragen Sie die Falsche. Ich habe keine Ahnung vom Bücherschreiben und Verlegen.« Die Engel hatten mir jedoch gesagt, ich sei ganz und gar nicht an die Falsche geraten. Jean sei diejenige, die mir helfen würde, ganz gleich, was sie im Moment selber glaubte.

Seitdem ich sie um Hilfe bei dem Buch gebeten hatte, hatten Jean und ich uns hin und wieder getroffen. Meistens tranken wir eine Tasse Kaffee zusammen. Ich hatte sie nicht vergessen – dafür sorgten schon die Engel –, aber noch mehrere Jahre nach unserer ersten Begegnung arbeitete Jean in Vollzeit als Marketingleiterin. Dann erst veränderte sie sich beruflich allmählich, genau wie die Engel es vorhergesagt hatten. Nach einiger Zeit machte sie sich als Unternehmensberaterin selbstständig.

Im Januar 2004 forderten die Engel mich auf, Jean anzurufen. Ich fragte sie, ob sie Zeit habe, mit mir zu Mittag zu essen. Sie sagte, eben sei ein Termin abgesagt worden, daher habe sie Zeit. Die Engel waren bereits bei der Arbeit. Auf meiner Fahrt zum vereinbarten Treffpunkt war ich sehr nervös. Ich hatte Angst davor, sie um Hilfe zu bitten, da ich befürchtete, dass sie Nein sagen würde.

Beim Essen sprachen wir über das Buch. Ich sagte ihr, ich hätte eine Unmenge von Material auf Kassetten aufgenommen, bräuchte aber Hilfe. Jean bot mir an, einen Tag pro Woche mit mir zusammen an dem Buch zu arbeiten. Weder sie noch ich ahnten im Entferntesten, wie viele Jahre es bis zum Erscheinen noch dauern sollte. Hätte sie es gewusst, hätte sie vielleicht nicht eingewilligt.

Am darauffolgenden Donnerstag kam sie wie fortan jeden Donnerstag mit ihrem Laptop von Dublin nach Johnstown. Es war der Anfang einer langen und sehr arbeitsreichen Beziehung. Den größten Teil meiner Aufzeichnungen nahm ich unten im Stall auf. Ich arbeitete vormittags daran, wenn Megan in der Schule war. Aber wenn sie nach Hause kam, widmete ich meine Zeit ausschließlich ihr, außer donnerstags, wenn Jean da war. Sehr oft rissen mich die Engel in den frühen Morgenstunden aus dem Schlaf und brachten mich dazu, nach unten in den Stall zu gehen und ein, zwei Stunden zu schreiben, bevor sie mich wieder ins Bett gehen ließen.

Eines sonnigen Wintertags im Jahr 2005 arbeitete ich in unserem zugewucherten Garten und riss gerade hohe Gräser und Unkraut zwischen den hübschen roten und rosafarbenen Wildrosen heraus. Da hörte ich eine Stimme: »Du solltest Handschuhe anziehen, Lorna!« Als ich mich umdrehte, kam der Engel Michael gekleidet wie ein Gärtner durch das hohe Gras auf mich zu. In der Hand hielt er ein Paar Handschuhe. Er reichte sie mir, und ich nahm sie freudig entgegen. »Wo hast du die denn her?«, fragte ich ihn, als ich sie anzog.

Michael antwortete, er habe sie in dem Regal mit der Werkzeugkiste gefunden.

Die Sonne schien in Michaels Augen hinein und ließ sie noch umwerfender aussehen als sonst. »Bist du gekommen, um mir mit den Rosen zu helfen?«, fragte ich ihn lächelnd. Er sagte, er sei gekommen, um mit mir zu reden. Also gingen wir in das alte Bauernhaus. Ich kochte zwei Tassen Tee und stellte eine vor Michael hin, als wir uns im Stall an den Tisch setzten. Dabei lächelte ich, weil ich wusste, dass er den Tee nicht trinken konnte.

»Ich weiß nicht, wie ich einen Verlag für das Buch finden soll«, sagte ich. Jean und ich hatten mittlerweile seit etwa einem Jahr an dem Buch gearbeitet. Wir hatten bereits jede Menge Material beisammen, aber keine Ahnung, wie es uns gelingen sollte, es veröffentlichen zu lassen.

»Mach dir deshalb keine Gedanken. Wir haben dir doch schon gesagt, dass die Bücher, die du über Gott und die Engel schreiben wirst, weltweite Bestseller werden«, fuhr Michael fort. »Weißt du denn den Namen des Verlags nicht mehr?«

Es war mir sehr peinlich, aber ich hatte ihn vergessen. Ich wusste noch, dass mir ein Engel vor etlichen Jahren einen Namen genannt hatte, aber selbst damals hatte ich ihn kaum aussprechen können. Und jetzt konnte ich mich erst recht nicht mehr daran erinnern. Ich schüttelte den Kopf. »Du weißt, wie schlecht ich mir Namen merken, geschweige denn sie aussprechen kann. Ich kann ja erst jetzt allmählich den Namen von Engel Elija richtig aussprechen.«

Michael lachte mich an und sagte: »Keine Sorge, Lorna. Jean wird ein Buch mit Verlagsadressen kaufen, und du wirst den Namen wiedererkennen, wenn sie dir die entsprechende Liste vorliest.«

»Warum kannst du ihn mir nicht einfach jetzt sagen?«, hakte ich nach.

»Weil es nicht nötig ist«, erwiderte Michael lächelnd. »Ich sage dir nur, dass der Lektor deines ersten Buches Mark heißt und dass er der Beste ist. Schreib einfach weiter, Lorna. Jean wird eines Abends jemanden kennenlernen. Dieser Mensch ist mit Mark befreundet. Du musst immer dafür beten, Lorna, dass alle Menschen, die Gott darum bittet, daran mitzuarbeiten, dass deine Bücher Bestseller werden, auch auf Ihn hören.« Dann stand Michael auf und sagte, er müsse nun gehen. Wir gingen wieder in den Garten hinaus, und Michael verschwand.

Kapitel 23

Ich finde Mark

Nachdem Jean mittlerweile seit über einem Jahr mit mir an dem Buch gearbeitet hatte, kam sie eines Tages mit einem riesigen Verlagsverzeichnis an: *The Writer's and Artist's Yearbook*. Sie wies mich auf eine Reihe britischer und irischer Verlage hin, die ihrer Meinung nach für uns interessant sein könnten. Sie fragte mich, ob ich eine bestimmte Vorstellung hätte, wer das Buch verlegen sollte. Wir saßen am Tisch, und sie las mir Seite um Seite die Namen der Verlage vor. Als sie den Namen »Random House« vorlas, fiel mir wieder ein, was die Engel gesagt hatten, und ich rief aus: »Das ist der Verlag!« Jean war alles andere als angetan. Sie las vor: »Keine unaufgefordert eingesandten Manuskripte!«, und sagte dann: »Na toll, Lorna, das ist einer der größten Verlage der Welt – wie sollen wir das nur anstellen?« Ich sagte ihr, sie würde bald jemandem begegnen, der jemanden bei Random House kenne. Jean sah mich ziemlich skeptisch an. »Wo um alles in der Welt soll ich jemandem begegnen, der Beziehungen zur Verlagswelt hat?« Ich erwiderte, sie solle einfach darauf vertrauen und sich keine Sorgen machen. Sie solle vor allem aufmerksam bleiben und die Ohren offenhalten, um die Gelegenheit nicht verstreichen zu lassen.

Etwa einen Monat später erhielt ich spätabends einen Anruf von Jean. »Es ist passiert!«, sagte sie aufgeregt. Jean hatte sich mit ihrem Freund Peter aus Italien getroffen. Sie hatten sich in einem Restaurant in Dublin zum Essen verabredet, und es hatten sich noch ein paar andere Leute zu ihnen an den Tisch gesellt. Das Gespräch drehte sich um Bücher und Verlage, und es ging auch um einen Literaturagenten in London, den Peter kannte. Jean erinnerte sich an meine Aufforderung, aufmerksam zu bleiben und eine gute Gelegenheit nicht verstreichen zu lassen. Sie fragte Peter, ob dieser Literaturagent wohl Interesse an einem Buch über Engel habe. Seine Antwort lautete: »Nein, aber mein Freund Mark ist Lektor bei Random House und ist ganz fasziniert von Engeln.«

Jean war am Telefon ganz außer sich vor Freude. Sie konnte gar nicht glauben, dass es wahr war. Sie sagte, Peter habe versprochen, Mark am folgenden Tag eine E-Mail zu schicken. Nachdem ich aufgelegt hatte, machte ich vor Freude einen Luftsprung. Ich dankte Gott und den Engeln und bat Peters Schutzengel, dafür zu sorgen, dass Peter nicht vergaß, die E-Mail zu schreiben, und dass Marks Schutzengel ihn aufgeschlossen und für den Kontakt empfänglich machte.

Peter hielt Wort und nahm am folgenden Tag Kontakt mit Mark auf. Also hat er bestimmt auf seinen Schutzengel gehört.

So begann alles. Aber es lag noch ein langer Weg vor uns. Vom ersten Kontakt zwischen Jean und Mark im April 2005 bis zum endgültigen Erscheinen des Buches sollten noch drei Jahre vergehen. Die Engel sagten mir nie, wann es geschehen würde. Hätten Jean oder ich gewusst, wie lange es dauern und wie viel Arbeit damit noch verbunden sein würde, wären wir wahrscheinlich verzweifelt. Aber nun nahm Jean zunächst Kontakt mit Mark auf und schickte ihm Auszüge des Materials, das wir vorbereitet hatten. Mark war interessiert und aufgeschlossen, daher wurde als erster Schritt zunächst einmal ein persönliches Treffen vereinbart. Es sollte noch drei Monate dauern, bis der Termin tatsächlich zustande kam, aber schließlich klappte es.

Der Tag unseres Gesprächs in London rückte näher. Ich übernachtete bei Jean in Dublin, und wir nahmen ein Taxi zum Flughafen. Als Jean und ich den Dubliner Flughafen betraten, stand eine Gruppe von Engeln in der Eingangstür und wünschte mir alles Gute. Die Engel brachten mich zum Lächeln und nahmen mir die Anspannung vor der Begegnung mit Mark.

Flughäfen sind für mich verwirrende und seltsame Orte, deshalb war ich sehr froh, dass Jean bei mir war. Nach dem Einchecken und dem Gang durch die Sicherheitskontrolle gingen wir eine Tasse Tee trinken. Das Licht um Jeans Schutzengel öffnete sich, und weitere Engel erschienen um sie herum. Ich konnte sehen, dass sie Jean beruhigten. Sie war genauso nervös und aufgeregt wie ich, auch wenn sie versuchte, gelassen zu wirken. Ich bat die Engel darum, Jean in jeder erdenklichen Weise zu helfen.

Schließlich kamen wir beim Verlagsgebäude von Random House in der Innenstadt von London an. Wir warteten im Empfangsbereich. Immer wieder zitterten mir die Knie. Ich saß da, blätterte in einer Zeitschrift und tat so, als würde ich sie lesen. Dabei spürte ich die ganze Zeit die Hand eines Engels auf meiner Schulter. Der Engel flüsterte mir ins Ohr, es würde alles gut gehen. Schließlich kam ein Mann in die Lobby, und ich wusste sofort, dass es Mark war. Das Licht seines Schutzengels war anmutig über ihn geneigt, und ich konnte drei weitere Engel um ihn herum sehen. Er wirkte recht schüchtern und sehr freundlich.

Mark führte uns in einen Bereich der Kantine, wo wir in Ruhe sitzen und reden konnten. Dann kam noch eine Kollegin von Mark hinzu, die er uns als Hannah vorstellte. Wir saßen an niedrigen Tischen. Einer von Marks Engeln flüsterte ihm etwas ins Ohr, und Mark sagte zu mir: »Nehmen Sie doch etwas Tee, Lorna.« Gleichzeitig bot er mir ein Gebäckstück dazu an. Ich fragte seinen Engel: »Wie soll ich bloß die Tasse halten, ohne dass meine Hand allzu sehr zittert?« Der Engel antwortete: »Wir helfen dir. Keiner wird etwas bemerken.« Zum Glück fing Jean an zu reden, daher musste ich am Anfang nicht allzu viel sagen. Neben jedem von uns saß ein Engel, der jedes Wort aufschrieb, das die betreffende Person gesagt hatte. Die Engel führten Protokoll. Wortlos fragte ich Marks Engel: »Wieso machen sie das?« Daraufhin wiesen sie mich an, mich nur auf Mark zu konzentrieren, da er der wichtigste Mensch bei diesem Treffen sei. Sie versicherten mir, dass er einen guten Charakter habe und ein brillanter Lektor sei. Und sie erinnerten mich daran zu lächeln, was mich prompt zum Lächeln brachte.

Dann zeigte sich Marks Schutzengel. Er war sehr groß und beugte sich über ihn. Sein Gesicht war strahlend und glatt. Ich durfte die Augen des Schutzengels sehen – was keineswegs immer der Fall ist. Es war faszinierend, denn wenn Mark über mein Buch sprach, konnte ich eine große Tiefe in den Augen seines Schutzengels erkennen. Aber wenn er über andere Bücher sprach, die er verlegt hatte – und Mark hatte ein enorm breites Spektrum an Bestsellern verlegt –, dann verschwand diese Tiefe. Es war, als wüsste Marks Schutzengel, dass mein Buch sehr wichtig war. Der Stil und die Farben der Gewänder von Marks Schutzengel veränderten sich jedes Mal, wenn Mark über ein anderes Buch sprach, an dem er gearbeitet hatte. Für jedes Buch schien es ein eigenes Gewand zu geben. Doch wenn Mark über *Engel in meinem Haar* sprach – so sollte der Titel meines Buches lauten –, schien sein Schutzengel alle Gewänder übereinander zu tragen.

Wir sprachen über mein Leben und die Anweisungen, die ich erhalten hatte, um die Weisheit weiterzugeben, die Gott und die Engel mir geschenkt hatten. Ich erzählte Mark, dass Gott und die Engel mir gesagt hätten, ich würde einen Weltbestseller schreiben. Wenn Mark daran zweifelte, dann verbarg er seine Zweifel gut, und ich weiß, dass sein Schutzengel die ganze Zeit über ihn gebeugt war und ihn bestärkte.

In dem Buch, für das Jean und ich ein ausführliches Exposé eingeschickt hatten, ging es um die Weisheit der Engel. Die einzelnen Kapitel befassten sich zum Beispiel damit, wie man Kontakt mit einem Schutzengel aufnimmt, oder etwa mit dem Thema Schutzengel und Tod sowie mit vielen weiteren Aspekten. Mark sagte, das sei zwar interessant, aber nicht außergewöhnlich. Woran er hingegen interessiert sei und was er gerne verlegen würde, sei meine Lebensgeschichte.

Die Besprechung dauerte etwa eine Stunde, und wir versprachen Mark, das Exposé noch einmal zu überarbeiten. Als wir das Gebäude von Random House verließen, sagten mir die Engel, Mark und Hannah würden uns beobachten und sich fragen, ob ich wirklich real sei!

Ich war erschöpft, aber glücklich. Ich hatte das Gefühl, auf dem richtigen Weg zu sein. Und ich wusste, dass wir Mark ein Buch abliefern würden, das er wirklich verlegen wollte und das ein Bestseller werden würde, auch wenn er das jetzt noch nicht ahnen konnte. Die Engel hatten mir bereits einmal gesagt, dass es in dem Buch um meine Lebensgeschichte gehen werde. Das hatte ich Jean in einem frühen Stadium auch so vorgeschlagen, aber sie war skeptisch gewesen. Daher waren wir so vorgegangen, wie sie es sich vorgestellt hatte. Als wir uns beim Mittagessen in einem nahen Café über das Treffen unterhielten, erinnerte ich Jean daran. »Mit jemandem, der immer recht hat, kann man einfach nicht zusammenarbeiten«, war Jeans etwas aufgebrachte Antwort. Für einen kurzen Moment hätte sie mir wahrscheinlich am liebsten einen Tritt verpasst. Aber ihre Wut war fast sofort wieder verflogen, als wir überlegten, wie wir das Material für Mark so zusammenstellen konnten, wie er es haben wollte.

Megan freundete sich eng mit zwei Kindern der Familie Murphy in Johnstown an. Sie hatten zwei Mädchen, das eine war etwas jünger als Megan, das andere kaum älter. Megan war sehr gerne mit ihnen zusammen, und die ganze Familie war nett zu ihr und nahm sie regelmäßig zu Ausflügen mit. Mrs Murphy war eine tolle Bäckerin, und Megan kam oft ganz freudig nach Hause und brachte mir geschenkten Kuchen mit.

Ich machte nicht oft Ausflüge mit Megan und den Murphy-Mädchen, aber eines Tages fuhr ich mit allen dreien ins Freizeitzentrum in Carlow. Das ist ein riesiger Spielplatz mit Hüpfburgen, Klettergerüsten und Bowlingbahnen, wo unter anderem viele Kindergeburtstage gefeiert werden. Als wir dort waren, begegneten wir weiteren Schulfreundinnen von Megan mit ihren Eltern. Ich bat die Eltern, ein Auge auf die Kinder zu haben, und fuhr unterdessen in die Innenstadt von Carlow, um ein paar Einkäufe zu erledigen. Ich hatte gerade geparkt und war auf dem Weg zu den Geschäften, als die Engel meine Aufmerksamkeit auf eine sehr gut gekleidete Dame auf der anderen Straßenseite lenkten. Sie war in einem mittleren Alter und sah sehr stark und charakterfest aus. Neben ihr schritt ein Ahnen-Engel einher. Ich habe Ihnen bereits einiges über verschiedene Engeltypen erzählt, darunter Schutzengel und Heilengel, aber über Ahnen-Engel habe ich noch nichts gesagt. Diese Engel sind mit bestimmten Familien verbunden.

Ahnen-Engel werden von Gott auf ewig einer bestimmten Familie zugewiesen und verlassen diese Familie nie. Nicht jede Familie hat einen Ahnen-Engel. Tatsächlich hat nicht einmal eine von hundert Familien so einen Engel. Ahnen-Engel sind außerordentlich mächtig und schreiten immer dann ein, wenn eine Familie bedroht ist. Sie haben wesentlich mehr Macht als ein Schutzengel. Manchmal hat eine Familie einen

Ahnen-Engel, weil es ihr oder einem einzelnen Familienmitglied bestimmt ist, in der Entwicklung der Menschheit eine wichtige Rolle zu spielen.

Der Ahnen-Engel dieser Frau war sehr groß und stark. Er trug eine stählerne graue Rüstung, als würde er in eine Schlacht ziehen. Er sah sehr mächtig aus und verfügte über eine enorme Kraft, mit der man rechnen musste. Ich sah keine Flügel. Er wandte sich um und sah mich streng an, doch dann, als habe er mich erkannt, lächelte er. In seinem Blick spürte ich seine Kraft, und ich wusste, er begleitete die Frau auf einer Mission, die für ihre Familie wichtig war. Aus dem, was die Engel um mich herum sagten, schloss ich, dass das Unternehmen der Familie bedroht war und die Frau gerade auf dem Weg in die Schlacht war, um es zu retten. Für den Ahnen-Engel ging es nicht um das Unternehmen an sich. Es ging ihm um die Auswirkungen, die der Verlust des Unternehmens auf die Familie haben würde. Dazu wollte er es nicht kommen lassen. Daher war er da, um die Familie so gut wie möglich zu beschützen.

Ich sah die Frau nicht sehr lange, da sie um die Ecke bog. Seither habe ich sie nie wieder gesehen. Ich habe keine Ahnung, ob sie ihr Familienunternehmen retten konnte oder nicht. Ich ging weiter, erledigte meine Einkäufe und fuhr dann wieder ins Freizeitzentrum zu den Mädchen zurück.

Ich saß da und sah den Kindern beim Bowling mit zehn Kegeln zu. Es spielten keine Erwachsenen mit, und es war unheimlich viel los, genau so wie es mir beim Bowlen gefällt. Aber ich fühlte mich nicht in der Lage mitzuspielen. Ich dachte über die Ahnen-Engel nach. Ich sehe sie schon seit meiner frühesten Kindheit, und im Laufe der Jahre hat mir Michael immer wieder etwas über ihre Rolle erzählt. Ahnen-Engel wirken auf unterschiedliche Weise. Manchmal wirken sie in einer Familie, um Einfluss auf etwas zu nehmen, das in dieser Familie erst in ferner Zukunft geschehen wird. Oder sie arbeiten mit Geistern in der Familie, die in der Vergangenheit, vielleicht sogar bereits vor Jahrhunderten oder gar Jahrtausenden gelebt haben. Außerdem sind Ahnen-Engel bei Familienfehden sehr aktiv. Wie ich bereits gesagt habe, arbeiten Ahnen-Engel nicht unbedingt mit allen Familienmitgliedern. Manchmal arbeiten sie nur mit wenigen Mitgliedern einer Familie oder auch nur mit einer einzelnen Person in einer bestimmten Generation – und dann vielleicht nur an einem oder zwei Tagen im ganzen Leben dieses Menschen. Es kann sogar sein, dass sie in einer bestimmten Generation mit gar niemandem arbeiten. Aber was immer auch geschieht, sie bleiben bei der Familie und behüten sie.

Ich erinnere mich daran, dass ich als Kind einmal bei einem Spaziergang auf dem Land einen Ahnen-Engel bei einem Vater und seinem Sohn gesehen habe. Der Vater hielt seinen etwa fünf- oder sechsjährigen Sohn an der Hand. Der Ahnen-Engel schien eine Rüstung zu tragen, aber in diesem Fall hatte diese einen roten Schimmer. Auch hier sah ich keine Flügel. Der Engel war mächtig, wirkte aber sanfter als der Ahnen-Engel, den ich dann später in Carlow sah. Ich begriff, dass dieser Ahnen-Engel für den Sohn und nicht etwa für den

Vater da war. Weiter erfuhr ich, dass der Sohn aus irgendwelchen familiären Gründen bei einer unverheirateten Tante aufwachsen sollte. Warum die Familie das beschlossen hatte, erfuhr ich nicht. Vielleicht gab es in der Familie zu viele Kinder, sodass die Eltern Probleme hatten, über die Runden zu kommen. Der Ahnen-Engel arbeitete intensiv daran, dass der Junge nicht zu der Tante musste, sondern dort bleiben konnte, wo er hingehörte, nämlich bei seiner Familie. Offenbar sollte er in dieser Familie auf eine künftige Aufgabe vorbereitet werden, was nicht möglich war, wenn er bei seiner Tante aufwuchs.

Ein Ahnen-Engel kümmert sich um die erweiterte Familie. Wenn Familien über Generationen hinweg wachsen, kann die Verbindung der Familienmitglieder untereinander recht schwach sein, aber sie ist dennoch da. Ein Ahnen-Engel verbindet oft Menschen miteinander, die blutsverwandt sind, ohne es zu wissen. Er nutzt diese Verbindung natürlich, um Veränderungen zum Guten zu bewirken. Der Erzengel Michael sagte mir einmal, die erweiterte Familie sei wichtig, daher solle man sich darum bemühen, die Verbindungen aufrechtzuerhalten. Niemals solle man auf andere Familienmitglieder herabschauen, weil man sie für ungebildet, arm oder in irgendeiner Weise minderwertig hält. In der erweiterten Familie gibt es sehr viele Höhen und Tiefen, insbesondere über Generationen hinweg, und der Ahnen-Engel arbeitet genau damit. Michael sagte mir außerdem, dass die Namen der Ahnen-Engel auch von den anderen Engeln immer geheim gehalten werden. Die Familien selber erfahren sie nie. Im Gegensatz zum Namen Ihres Schutzengels, den Sie tief in Ihrem Inneren kennen (selbst wenn Sie das selbst nicht wissen!), werden Sie den Namen Ihres Ahnen-Engels – sofern Sie einen haben – nie erfahren. Sollte Ihnen je irgendjemand den Namen seines oder Ihres Ahnen-Engels verraten, dann wissen Sie, dass dieser Mensch nicht die Wahrheit sagt.

Michael zeigte mir einmal eine Gruppe von Ahnen-Engeln, die in der Grafschaft Meath, etwa 80 Kilometer vor Dublin, auf einem kleinen Hügel im Kreis standen. Sie unterhielten sich miteinander und strahlten hell. Alle hatten Flügel, die sie halb ausgebreitet hielten. Und alle trugen unterschiedliche Rüstungen. Ich glaube, dass jede Rüstung etwas aus der jeweiligen Familie symbolisierte. Ich weiß, dass sie alle Waffen trugen – jeder Ahnen-Engel hatte eine andere –, aber ich wurde nicht nahe genug herangelassen, um zu erkennen, was für Waffen es waren. Die Engel unterbrachen ihre Unterhaltung, wandten sich zu mir um und betrachteten mich mit strengem, taxierendem Blick. Dann trat ein Lächeln ins Gesicht jedes Engels, und sie strahlten mich an. Ich durfte nicht mit ihnen sprechen, und bald darauf verschwanden sie wieder. Michael sagte mir weder, was sie auf dem Hügel gemacht hatten noch warum sie mir gezeigt worden waren.

Vielleicht gehören Sie zu einer Familie, die einen Ahnen-Engel hat, aber bedenken Sie stets, dass das bei weniger als einer unter hundert Familien der Fall ist. Ihr Schutzengel weiß darüber Bescheid. Scheuen Sie sich daher nicht, ihn zu fragen. Und wenn Sie glauben, dass Sie einen Ahnen-Engel haben, dann können Sie ihn in Familienangelegenheiten um Hilfe bitten.

Kurz nachdem ich Mark zum ersten Mal begegnet war, schenkte mir ein sehr großzügiger Freund einen Laptop mit Sprachsteuerung, in den ich einfach nur hineinzusprechen brauchte. Ich musste viel üben und trainieren, bis der Computer meine Stimme erkannte. Das war nicht einfach, denn hin und wieder verändert sich unsere Stimme, aber es war auf jeden Fall viel einfacher für Jean, als immer alles auf Tonband aufzuzeichnen und dann mühsam vom Band in den Computer zu tippen. Manchmal versteht mein Laptop etwas falsch, und dann schimpfe ich deswegen mit den Engeln. Ich bitte sie um eine technische Weiterentwicklung, damit der Computer meine Stimme jederzeit erkennen kann, aber ich vermute, das kommt wohl der Bitte um ein Wunder gleich. In Wahrheit fällt es mir nämlich bei sehr vielen Wörtern schwer, sie korrekt auszusprechen, daher kann ich eigentlich nicht die Technik dafür verantwortlich machen. Die Engel lachen mich manchmal aus und sagen, ich solle nicht jammern.

Wenn ich arbeitete, füllte sich der Stall oft mit Engeln, die versuchten, mich von der Arbeit abzuhalten. Sie sagten mir, ich bräuchte eine Pause. Wenn ich daraufhin erwiderte, dass sie mich in Ruhe lassen sollten, da ich noch mehr zu erledigen hätte, gingen sie nicht weg. Stattdessen versuchten sie, mich abzulenken, indem sie auf dem Computerbildschirm erschienen, Grimassen schnitten, mich an den Haaren zogen oder meinen Stuhl verrückten. Das machten sie so lange, bis ich lachen musste und eine Pause machte. Dann stand ich zum Beispiel auf und machte einen Spaziergang. Manchmal ließen sie überhaupt nicht zu, dass ich etwas schrieb. Dann sorgten Gott und die Engel dafür, dass ich etwas anderes tat.

In diesem Sommer kam Jean für eine Woche nach Johnstown, da wir das zweite Exposé für Mark erstellen wollten. Megan freute sich immer, wenn Jean länger bei uns war. Jean stand immer schon frühmorgens auf, ich dagegen schlief bis etwa neun Uhr. Wenn ich dann hinunterging und die Stalltür aufmachte, war Jean schon intensiv bei der Arbeit, tippte und lektorierte. Dabei leisteten ihr immer jede Menge Engel Gesellschaft. Das Erste, was ich sah, wenn ich die Tür aufmachte und in den Stall hineinschaute, waren reihenweise weiße Engel, die an der gegenüberliegenden Raumseite an altmodischen Schreibpulten saßen. Sie schrieben emsig und tauchten ihre Federhalter immer wieder in die eingelassenen Tintenfässer. Jeden Morgen sah ein anderer Engel zu mir auf und winkte. Dann blätterten alle Engel gleichzeitig im Zeitlupentempo weiße Blätter um und fingen wieder an, mit ihren Federhaltern zu schreiben.

Jean saß mit ihrem Laptop immer an einem großen Holztisch links von mir in der Nähe der Küchentür und arbeitete konzentriert. Ihr Schutzengel lässt all diese wunderschönen Engel zu ihr, damit sie ihr jede Hilfe zukommen lassen können, die sie braucht. Weitere Engel saßen um den Tisch herum und bewahrten sie davor, müde oder in irgendeiner Weise frustriert zu werden. Links neben ihr saß ein weiterer Engel mit einem Laptop und tippte in einem fort. Ich habe das Jean nie erzählt. Dieser Engel war immer dann an ihrer Seite, wenn sie an Themen arbeitete, die etwas mit mir zu tun hatten. Ich muss lächeln, wenn ich an all die

Engel denke, die im Licht ihres Schutzengels bei ihr sind und ihr Bestes geben, damit alles so reibungslos wie möglich abläuft.

Im März 2006 schließlich, neun Monate nachdem ich ihn zum ersten Mal getroffen hatte, nahm Mark das Exposé mit in die Programmkonferenz, in der über die künftigen Neuerscheinungen entschieden wird. Ich betete so intensiv. Ich wusste, dass das Buch bei Random House erscheinen sollte, aber ich wusste auch, dass der Verlag es nur annehmen würde, wenn einige Menschen auf ihren Schutzengel hören und es befürworten würden. Die Konferenz lief gut. Mark sagte Jean, dass ein paar Kollegen sich das Exposé ansehen wollten. Etwa eine Woche später rief Jean mich abends an. Sie hatte eine E-Mail von Mark erhalten. Wir hatten ein offizielles Angebot für das Buch. Ich war außer mir vor Freude. Endlich wurde es wahr. Die Engel hatten mich vor über 20 Jahren dazu aufgefordert, das Buch zu schreiben, und nun sollte es endlich veröffentlicht werden!

Kapitel 24

Eine schmale Himmelstreppe

Manchmal saßen Jean und ich zusammen und sprachen über alles, was noch getan werden musste, denn das Buch musste noch fertiggeschrieben, veröffentlicht und schließlich auch bekannt gemacht werden. Hin und wieder hatten wir Probleme – Jean meint immer, ich solle sie Herausforderungen nennen! Aber ohne die Hilfe der Engel wären die Probleme noch wesentlich größer gewesen, das weiß ich, deshalb danke ich ihnen immerfort.

Jeden Tag bitte ich die Engel darum, uns zu helfen, damit auf der ganzen Welt so viele Menschen wie nur irgend möglich meine Bücher in die Hände bekommen. Ich bitte sie, mir bei meiner Aufgabe zu helfen, die Botschaft von Gott und den Engeln zu verbreiten. Ich bitte sie, mit den Schutzengeln der Menschen zu sprechen, damit sie uns unterstützen. Und ich staune sogar noch heute über die Vielzahl unterschiedlichster Menschen – Menschen aller Altersgruppen, Nationalitäten und Berufe –, die sich gemeldet und ihre Hilfe angeboten haben. Sie wollten keinen Lohn dafür, sondern sich einfach nur beteiligen und helfen. Jeder, der dazu beigetragen hat, das Wort Gottes und der Engel zu verbreiten, ist auserwählt. Leider muss ich auch sagen, dass es Menschen gibt, die auserwählt waren und von ihren Schutzengeln gebeten wurden zu helfen, aber nicht auf sie gehört haben.

An einem schönen Sommertag gönnte ich mir eine Pause vom Schreiben und machte einen Spaziergang am Fluss in Mount Juliet. Ich war bereits ein ganzes Stück an diesem schönen Fluss entlanggegangen, als ein Engel mich am Arm zupfte und mich aufforderte, durch einen kleinen Hain zu gehen, da mich dort jemand erwarte. Ich suchte mir einen Weg durch die Bäume und das Brombeergestrüpp am Flussufer. Dann setzte ich mich auf einen Ast, der sich weit zum Boden hinabneigte, und beobachtete die Strömung und zwei Schwäne.

Da hörte ich meinen Namen und schaute nach rechts. Ich machte einen Satz vor Freude. Es war die Engelfrau Elisha. Wie immer schien sie aus Lichtfedern zu bestehen. Zum letzten Mal war ich ihr vor sechs Jahren begegnet. Damals hatte sie mir gesagt, Gott wolle, dass Megan und ich nach Johnstown zogen. Jetzt rief ich ihren Namen.

»Setz dich wieder hin, Lorna. Dann setze ich mich neben dich«, sagte Elisha. Ich schaute zum Ast. Dort war gar nicht genug Platz für uns beide. Doch Elisha wusste, was ich dachte, und setzte sich lächelnd hin. Plötzlich war auf dem Ast sehr viel Platz.

»Es kommt mir sehr lange her vor, seit ich dich das letzte Mal gesehen habe, Lorna«, begann Elisha. »Ich habe viel von dir gehört und auch, dass du über uns Engel schreibst. Du hast noch einen langen Weg und sehr viel Arbeit vor dir«, fuhr sie fort. »Ich weiß, manchmal bist du enttäuscht, wenn wir dir sagen, dass ein bestimmter Mensch dir helfen wird, der es dann letztlich nicht tut. Wir ermutigen diese Menschen ständig dazu, die richtigen Entscheidungen zu treffen und dir zu helfen, damit sie sich an dieser großen Aufgabe beteiligen können. Aber wir können sie nicht zwingen. Sie haben den freien Willen, Ja oder Nein zu sagen, und manchmal hören sie einfach nicht zu. Du darfst nie enttäuscht sein, wenn das passiert, Lorna. Wir finden dann jemand anderen, der Ja sagt. Und jetzt geh weiter spazieren und vergiss nicht zu lächeln.«

Ich erhob mich von dem Ast und verabschiedete mich. Auf dem Weg zwischen den Bäumen hindurch blieb ich kurz stehen, drehte mich um und schaute zurück. Die Engelfrau Elisha saß immer noch am Fluss. Sie winkte mir zu, und ich winkte zurück. Dann ging ich weiter, bis ich wieder auf dem Pfad war.

Eines Abends kam Megan nach dem Spielen mit einer Freundin nach Hause. Sie war ganz aufgeregt, denn der Hund ihrer Freundin hatte vor sechs Wochen Junge bekommen, und jetzt suchte die Familie ein gutes neues Zuhause für die Kleinen. Megan bat mich inständig, einen Welpen haben zu dürfen. Ich zögerte und sagte ihr, wie viel Arbeit ein Hund mache und wie viel

Liebe sie ihm geben müsse. Aber Megan war sich ganz sicher, dass sie einen Welpen haben wollte. Ich selbst wünschte mir, dass sie lernte, Verantwortung für einen Hund zu tragen und sich um ihn zu kümmern, aber insgeheim war ich selbst ebenfalls ganz begeistert von der Vorstellung, einen Hund zu haben. Hunde habe ich schon immer gemocht. Als Kind hatte ich immer Haustiere, aber nie einen Hund. Als Joe und ich heirateten, schafften wir uns sehr bald einen Schäferhundwelpen an – Heidi. Heidi wurde 13 Jahre alt. Danach hatten wir einen Collie-Mischling namens Trixie, aber sie starb, nachdem sie von einer Kuh getreten worden war. Sosehr wir beide Hunde auch liebten, wir schafften uns danach keinen mehr an. Joe war bereits sehr krank, und wir hatten auch ohne Hund genug um die Ohren.

Megan war einverstanden, noch ein paar Tage mit der endgültigen Entscheidung für oder gegen einen Welpen zu warten. Aber trotzdem schmiedete sie schon Pläne, als sei die Entscheidung längst gefallen. Sie fand eine alte Decke und eine Kiste, in der das Hündchen schlafen konnte, und im Supermarkt verkündete sie, Ruth habe ihr Geld gegeben, damit sie einen Ball für den Hund kaufen könne. Offensichtlich war es bereits eindeutig entschieden, und es machte kaum noch Sinn, sich dagegen zu wehren. Also fuhren wir am nächsten Tag um die Mittagszeit zu ihrer Freundin. Megan verschwand im Haus, und kurz darauf kam die Mutter ihrer Freundin heraus und lud mich auf eine Tasse Tee ein. Megan kam mit einem kleinen, schwarz-weißen Welpen auf dem Arm in die Küche. Die Mutter ihrer Freundin sagte mir, es sei eine Kreuzung zwischen einem Hirtenhund und einem Springer Spaniel. Wir gingen in die Waschküche, um uns noch die anderen Welpen anzusehen, aber Megan wollte sich nicht mehr von dem kleinen Hund auf ihrem Arm trennen. Diesen wollte sie und keinen anderen. Eine halbe Stunde später fuhren wir mit dem Welpen nach Hause. Megan hatte die kleine Hündin bereits Sapphire getauft.

Sapphire war sehr verspielt und brav. Megan und ich hatten uns vom ersten Augenblick an in sie verliebt, und Megan hielt Wort und kümmerte sich wirklich gut um sie. Ich bin schon immer gerne spazieren gegangen, und nun lieferte Sapphire mir die perfekte Ausrede für richtig lange Spaziergänge in der Umgebung von Johnstown.

Hin und wieder kam Jeans deutscher Partner Mano mit ihr nach Johnstown. Er ging immer gern mit Megan und Sapphire spazieren und versuchte, Sapphire verschiedene Kommandos beizubringen. Allerdings mit geringem Erfolg. Sapphire sprudelte über vor Energie und hatte ihren eigenen Kopf. All die kleinen Alltagsfreuden wie Freunde zu finden, einen kleinen Welpen zu bekommen und ein gemütliches Zuhause zu haben, halfen Megan über ihren Kummer hinweg. Auch ich hatte wieder mehr Freude am Leben.

Anfang 2008, einen Monat vor Erscheinen des Buches, wurde ich zu Random House nach London eingeladen. Es sollte eine Besprechung mit dem Marketing-Team und den anderen Verantwortlichen stattfinden, die mit der Vermarktung des Buches befasst waren. Jean und ich saßen am Flughafen von Dublin, tranken einen Kaffee und warteten darauf, dass wir an Bord unseres Flugzeugs gehen konnten. Ich sagte Jean, ich sei sehr nervös, weil ich wenig Erfahrung mit solchen Sitzungen hätte. Noch während ich sprach, piepste Jeans Handy, da sie eine SMS erhalten hatte. Jean lachte, als sie Marks Nachricht vorlas: Einige Marketing-Leute seien übernervös und wollten mich deshalb nicht allein, sondern lieber in der Gruppe kennenlernen. Ich musste einfach lachen. Wir waren also *alle* aufgeregt.

Dieses Mal waren sowohl Charlotte als auch Mark bei der Besprechung dabei. Charlotte ist eine wunderbare Lektorin, die mit Mark zusammenarbeitet. Die beiden holten uns am Empfang ab, dann fuhren wir mit dem Aufzug in Marks Büro. Ich hasse Aufzüge. Mir dreht sich dort immer der Magen um, und außerdem wird mir schwindlig. Aber der Aufzug war voller Engel. Ich weiß nicht, wie wir alle da hineingepasst haben. Ich sprach fortwährend ohne Worte mit den Engeln. Ich sagte ihnen, ich könne meine Füße nicht auf dem Boden spüren, doch sie erwiderten, ich solle mir keine Gedanken machen, sie würden mich tragen. Als wir aus dem Aufzug stiegen und den kurzen Flur entlang zu Marks Büro gingen, war der ganze Raum erfüllt vom Licht der Engel. Es blendete mich beinahe, und ich musste einen Moment zu Boden blicken. Das Energiefeld um Mark leuchtete jedes Mal, wenn ich ihn ansah, und das brachte mich zum Lächeln.

Die Sitzungen verliefen gut. Danach lud Mark Jean und mich zum Mittagessen ein. Anschließend unterhielten Mark und ich uns noch etwas allein. Als ich mit ihm in seinem Büro saß, lernte ich auch die drei wunderschönen Engel kennen, die mit Mark arbeiten. Sie sind zusätzlich zu seinem Schutzengel bei ihm. Sein Schutzengel hat sie zu ihm vorgelassen, damit er sein Leben voll ausschöpfen kann. Ein Engel stand links von Mark und machte sich Notizen. Hin und wieder setzte er sich auf Marks Schreibtisch. Der zweite Engel hielt sich rechts von ihm auf. Und noch ein dritter Engel war ständig zugegen. Wenn Mark aufstand und ein paar Schritte machte, dann ging dieser dritte Engel scheinbar durch ihn hindurch, sodass er vor ihm war und Mark auf den richtigen Weg führen konnte. Dieser Engel sprach die ganze Zeit mit mir, während ich mich mit Mark unterhielt. Dabei erzählte er mir etwas über Mark und sein Leben. Ich bat ihn, mir nicht zu viele Geheimnisse zu verraten.

Der erste Engel, derjenige, der zeitweilig auf dem Schreibtisch saß, erschien in einer weiblichen Gestalt. Er war ausgesprochen schön, groß und schlank. Er soll Mark lehren, das Leben zu genießen und nicht allzu ernst zu sein. Der zweite Engel sah aus wie ein reifer Mann und war gekleidet wie ein altmodischer Geistlicher. Seine Aufgabe ist es, Mark das Wissen zu vermitteln, das er für seine Arbeit als Lektor und auch als Autor braucht. Der dritte Engel hatte eine männliche Gestalt und wirkte sehr stark und groß. Trotz seiner langen lockigen Haare hatte er etwas Militärisches an sich. Er war goldfarben gekleidet und trug ein Schwert auf dem Rücken. Manchmal waren seine Arme voller Bücher. Es waren keine Bücher zum Lesen, so wie wir sie kennen, sondern Bücher voller Lebenswege. Immer wenn ich Mark gesehen habe, waren alle drei Engel bei ihm. Bevor ich mich verabschiedete, gab mir Mark ein paar Bücher für Megan und Ruth mit. Ich wusste, sie würden begeistert sein.

Noch am selben Abend flogen Jean und ich nach Hause, erschöpft, aber glücklich. Alle spielten ihre Rolle, und die Dinge bewegten sich in die richtige Richtung.

Eines Tages arbeitete ich im Haus. Ich war mit ganz normalen Haushaltstätigkeiten beschäftigt, die erledigt werden mussten, Buch hin oder her. Dann machte ich eine Pause und ging spazieren. Die Engel würden die notwendigen Wunder wirken, damit mein Buch der internationale Bestseller werden konnte, von dem sie immer wieder sprachen.

An einem Gatter zu einem Feld sah ich den Engel Amen. Ich freute mich sehr, sie zu sehen. Sie wies mich an, auf das Feld zu gehen, und lief vor mir her. Ich folgte ihr bis zu einem großen alten Baum. Dort blieben wir stehen. Sie ergriff meine Hand – und in diesem Augenblick erschien eine lange Treppe. Sie reichte bis hinab zum Gras neben uns und schien unendlich weit nach oben zu führen. Plötzlich standen wir auf der Treppe. Ich kann mich nicht erinnern, wie wir hinaufgekommen sind. Sie war schmal, viel schmaler als die anderen Himmelstreppen, die ich gesehen hatte. Manche waren wirklich riesig gewesen. Diese war extrem hell. Sowohl die Stufen als auch das Geländer der Treppe strahlten Licht ab, in gewisser Weise ein wenig wie die Sonne. Immer wieder erhaschte ich einen Blick auf ein Spiegelbild von Amen und mir, wie wir Hand in Hand nebeneinander die Treppe hinaufgingen. Die Treppe machte an verschiedenen Stellen einen Bogen, und bei jeder Biegung standen mehrere große Engel wie Wächter. Die Treppe schien unendlich weit hinaufzureichen, aber ich wurde nicht müde und verspürte keinerlei Anstrengung. Plötzlich sagte Amen: »Stopp, wir sind da.« Nun schien der Rest der Treppe zu verschwinden. Es gab weder Türen noch Böden noch irgendetwas anderes, was wir aus der normalen Welt kennen. Wir traten in einen riesigen offenen Bereich voller Engel, und ich ging zwischen ihnen hindurch. Es war, als befände sich dort eine unendliche Engelsschar.

Plötzlich war ich wieder in meinem Körper unter dem Baum in Johnstown. Ich war allein. Seitdem hatte ich nie mehr die Möglichkeit, Amen zu fragen, warum sie mich damals die Treppe hinaufgeführt hat. Ich kann mir nur vorstellen, dass sie mir damit Mut und Unterstützung schenken wollte.

Kapitel 25

Mächtige Engel

Nie werde ich den Moment vergessen, als ich das erste Exemplar des fertigen Buches in den Händen hielt. Es war an einem Sonntagmorgen, als Jean und ich im Flugzeug von Dublin nach New York saßen. Zuvor war Mark in New York gewesen, um das Buch bei amerikanischen Verlagen anzupreisen. Am Ende konnten wir sogar zwischen konkurrierenden Angeboten von zwei der größten US-amerikanischen Verlage wählen! Jetzt waren wir schon zum zweiten Mal im selben Monat auf dem Weg nach Amerika, um den Vertrag zum Abschluss zu bringen. Für jemanden, der kaum aus Irland herausgekommen war, bevor *Engel in meinem Haar* erschien, reiste ich nun extrem viel. Als international erfolgreiche Geschäftsfrau ist Jean eine erfahrene Reisende, was mir alles sehr viel leichter macht.

Wir hatten eben abgehoben, als Jean mich strahlend anlächelte und sagte, sie habe ein Geschenk für mich. Aus ihrer Tasche zog sie ein Exemplar von *Engel in meinem Haar*. Ich war völlig perplex. Ich konnte es nicht glauben! Ich wusste, dass der Erscheinungstermin unmittelbar bevorstand, aber ich hatte mir noch gar nicht vorgestellt, wie es sein würde, wenn ich das Buch tatsächlich in den Händen hielt – und mit Sicherheit hatte ich das nicht hier im Flugzeug erwartet. Ich strich über den Umschlag und blätterte die Seiten durch. Vor lauter Freude und Aufregung bekam ich fast einen Lachkrampf. Um uns herum in dem Flugzeug sangen einige Engel »*Engel in meinem Haar ... Engel in meinem Haar*«. Zusammen mit Jean las ich jedes einzelne Wort auf dem Titel und lachte. Ich las die positiven Kommentare und dankte all jenen, die den Mut aufgebracht hatten, eine Empfehlung für das Buch zu schreiben, obwohl ich noch völlig unbekannt war. Ich las die Danksagung und meine Widmung »Meinen Kindern ...«. Ich schimpfte mit Jean und fragte sie, wann sie das Buch erhalten habe. Wie hatte sie es nur die ganze Zeit in ihrer Tasche verstecken können? Warum hatte sie es mir nicht gleich gezeigt, als wir uns am Flughafen trafen? Sie lachte und sagte, sie habe es am Freitag bekommen, und am Samstag hätten wir uns ja nicht gesehen. Außerdem habe sie sich gedacht, der Moment nach dem Abheben sei der richtige Augenblick, um es mir zu geben. So hätte ich auch jede Menge Zeit, um den Erfolg zu genießen. Und genauso war es. Ich genoss den Erfolg sehr – auf dem ganzen siebenstündigen Flug nach New York dachte ich kaum an etwas anderes.

Wir waren nur drei Tage in New York, und die meiste Zeit arbeiteten wir intensiv. Allerdings hatten wir einen halben Tag frei, und da nahm Jean mich mit ins Metropolitan Museum. Es war ein riesiges Gebäude, und als ich die Eingangshalle betrat, waren sehr viele Menschen und sehr viele Engel dort. Die Engel lächelten mir zu und schienen sich sehr zu freuen, dass ich da war. Jean und ich schlenderten umher und sahen uns verschiedene Dinge an. Dann folgte ich Jean in einen weiten, hellen Innenhof. Es war, als wären wir draußen, aber der Hof war überdacht. Schon als ich den Hof betrat, wusste ich, dass dort etwas ganz und gar nicht stimmte. Ich fühlte mich sehr unwohl, wusste aber nicht warum. Die Empfindung war so stark, dass die Engel in meiner Nähe mich stützen mussten. Hätten sie das nicht getan, wäre ich wohl zusammengebrochen.

In der Mitte des Raums stand ein großes altes Gebäude. Jean sagte mir, das sei der Tempel von Dendur. Er sei sehr alt und von Ägypten nach New York gebracht worden. Jean merkte nicht, dass ich mich nicht wohlfühlte, und ließ mich allein, um sich auf eigene Faust umzusehen. Ich wusste immer noch nicht, was eigentlich nicht in Ordnung war. Ich sah mich um, aber ich konnte es nicht erkennen. Ich ging die Stufen zum Tempel hinauf und trat durch einen Torbogen. Nun stand ich vor zwei großen Säulen. Alles schien ganz still zu werden, und nichts schien sich mehr zu bewegen. Obwohl sich in diesem Teil des Museums sehr viele Menschen befanden, war es so, als würden vorübergehend alle verschwinden. Die beiden Säulen begannen zu wachsen, als wollten sie bis zum Himmel hinaufreichen. Zwischen ihnen erschien eine Tür, die sich nach innen öffnete. Ich holte tief Luft. Im Inneren stand ein riesiger Engel Wache. Er war extrem groß und sehr dünn, und – so seltsam das auch klingen mag – er war spitz. Sein Kopf lief tatsächlich spitz zu. Aber das tat seiner Schönheit keinen Abbruch. Seine Gewänder waren dunkel und so um ihn gehüllt, dass sie seinen Körper und seine Beine bedeckten. Ich sah keine Flügel. Wenn ich einen Engel sehe, dann sehe ich meistens auch, dass seine Kleidung sich bewegt. In diesem Fall aber bewegte diese sich gar nicht.

Der Engel rief meinen Namen. Seine Stimme klang sehr leise, als käme sie von weit her, und doch sprach er kraftvoll. Ich verspürte einen Druck auf meiner Brust, als hätte er mich auf eine energetische Weise dorthin geschlagen. Er sagte mir, der Tempel von Dendur gehöre nicht an diesen Ort. Er sei entweiht worden. Ich trat zurück und sah mich um. Was ich sah, verblüffte mich. Mir wurden ägyptische Geister aus der Vergangenheit gezeigt, die im Raum und im Tempel umhergingen. Sie waren umgeben von Engeln, und einer dieser Engel sagte mir, dass viele dieser Geister zu ihren Lebzeiten in diesem Tempel die Götter angebetet hätten. Noch mehr erstaunte mich, dass mir auch amerikanische Geister gezeigt wurden, die offenbar versuchten, eine Wiedergutmachung zu leisten: Sie wollten diesen heiligen Ort vor Touristen schützen und verhindern, dass diese Dinge berührten, die sie nicht berühren sollten. Die amerikanischen Geister wirkten, als stammten sie aus verschiedenen Jahrhunderten. Sie umschwirrten die Museumsbesucher. Aufgrund ihrer Anwesenheit traten die Besucher etwas zurück oder berührten bestimmte Dinge nicht. In gewisser Weise gingen sie dadurch etwas respektvoller mit dem Tempel um.

Ich wandte mich wieder dem großen Engel zu. Er sagte, er sei vom Engel des ägyptischen Volkes gesandt worden, um mir eine Botschaft zu überbringen. Die Botschaft war schlicht: »Dieser Tempel gehört nicht nach Amerika. Er muss nach Ägypten zurückgebracht werden!« Ich fühlte mich sehr krank und schwach und wollte mich setzen, aber die Engel untersagten es mir.

Ich sah, dass einige Leute bei einem wassergefüllten Graben saßen, der um den Tempel herumführte, und fragte die Engel, ob ich mich zu ihnen setzen könne, aber sie verneinten abermals. Schließlich bat ich sie, Jean zu suchen und ihr zu sagen, dass es an der Zeit war, diesen schrecklichen Raum zu verlassen. Das müssen sie wohl getan haben, denn kurz danach erschien Jean und schlug vor, in einem Café eine Tasse Tee zu trinken. Ich war enorm erleichtert, als ich gehen konnte.

Auf dem Weg zum Café ging ich zur Toilette. Dort befragte ich den Engel Michael zu dem, was ich gesehen hatte, und zu der Botschaft, die der riesengroße Engel mir überbracht hatte. Michael erklärte mir Folgendes: Wenn die Wurzeln eines Landes ausgerissen und in ein anderes Land gebracht werden, dann gerät das beraubte Land aus dem Gleichgewicht, und es entsteht infolgedessen ein Ungleichgewicht auf der ganzen Welt. Der Völkerengel Ägyptens wollte den Tempel wiederhaben, um die an Ägypten angrenzenden Länder zusammenzuführen. (Ich werde zu gegebener Zeit mehr über die Völkerengel sagen. Für den Moment müssen Sie lediglich wissen, dass es sehr mächtige Engel sind, die von Gott dazu ausersehen wurden, über die Bedürfnisse eines bestimmten Landes zu wachen.) Ich verstand nicht ganz, was Michael meinte, also erklärte er es mir ein wenig genauer. Dieser Tempel und weitere Kulturschätze in anderen Ländern gehören zurück nach Ägypten. Das Erbe Ägyptens und der angrenzenden Länder muss ihnen zurückgegeben werden, damit sie ein tieferes Verständnis und eine größere Wertschätzung für die Kultur des jeweils anderen entwickeln können. Dieses Verständnis kann helfen, Spaltungen zwischen Ländern zu beseitigen, und zu mehr Frieden im Nahen Osten führen. Michael zufolge müssen die Ägypter ihre Vergangenheit wiederbekommen, damit sich ihnen eine Zukunft eröffnet. Außerdem haben mir die Engel gesagt, dass der Tempel, den ich in dem Museum gesehen habe, der Tempel von Dendur, irgendwann nach Ägypten zurückgebracht wird. Wann das sein wird, sagten sie mir allerdings nicht.

Die Amerikaner brauchen die Vergangenheit anderer Kulturen nicht, um sich aufzuwerten. Sie sind in mancher Hinsicht weiter fortgeschritten als andere Völker. Sie setzen sich aus einer Mischung von Menschen unterschiedlicher Nationalitäten zusammen, und diese sind zu einem neuen Volk verschmolzen. Amerika muss seine besonderen Qualitäten dadurch zeigen, dass es den ägyptischen Tempel zurückgibt und damit die Unabhängigkeit und Stärke dieses neuen Volkes unter Beweis stellt. Den Amerikanern sind besondere Aufgaben zugedacht worden, auch wenn viele Menschen auf der Welt das nicht gerne hören. Sie sind von einer besonders mächtigen Engelgruppe aus der ganzen Welt zusammengeführt worden. Diese kraftvollen Engel haben Amerikas Entwicklung vorangetrieben. Die Menschen, die nach Amerika gingen, wurden bis zu einem gewissen Grad »auserwählt«, auch – so seltsam das klingen mag – diejenigen, die als Sklaven dorthin verschleppt wurden. Die Engel haben Menschen aller Nationalitäten auf diesem einen Kontinent zusammengeführt, damit sich das Schicksal der Menschheit erfüllen kann. Deshalb wurde mir gesagt, ich solle diese besonderen Engel die »Engel der amerikanischen Zusammenführung« nennen.

Die Engel der amerikanischen Zusammenführung unterscheiden sich deutlich von anderen Engeln. Zum ersten Mal habe ich sie hier in Irland gesehen, als ich noch ein Kind war. In Amerika sah ich sehr viele. Sie haben alle eine männliche, soldatenähnliche Gestalt. Sie tragen eine Rüstung, die ihre Beine bedeckt. Diese Rüstung ist silberfarben mit einem dunkleren, zinnähnlichen Einschlag. Auf der Brust tragen die Engel ein großes Wappen wie ein Schild. Es hat eine dunkelblaue Farbe und ist mit einem Zeichen versehen, das ich nicht richtig beschreiben kann. Um ihre Stirn ist ein Band geschlungen, das unter ihrem Haar verschwindet. Offenbar haben sie alle dunkles Haar, wobei die Länge variiert. Allerdings war es bisher nie kürzer als schulterlang. Manche dieser Engel haben Flügel. Wie bereits gesagt, wurden diese besonderen Engel von Gott erschaffen, um Seelen für Amerika zu sammeln. Ich weiß nicht genau, wann Gott sie erschaffen hat, aber sie wirkten bereits lange bevor Christoph Kolumbus Amerika entdeckte. Die Engel der amerikanischen Zusammenführung wurden alle zur selben Zeit erschaffen, und im Gegensatz zu den meisten anderen Engeln bleiben sie ständig auf der Erde. Schutzengel zum Beispiel bringen die Seele, um die sie sich kümmern, in den Himmel und kehren nur sehr selten zur Erde zurück. Heil-, Lehr- und Gebetsengel kommen aus dem Himmel, wenn sie gebraucht werden, und kehren danach wieder dorthin zurück.

Die amerikanischen Ureinwohner gehören ebenfalls zum neuen Volk. Die Menschen, die dazu auserwählt waren, mit dem Schiff nach Amerika zu kommen, verstanden nicht, dass die amerikanischen Ureinwohner ein wesentlicher Bestandteil der neuen Welt waren. Die Engel sagten mir, dass sie ihr Möglichstes versucht hätten, um ein Massaker zu verhindern, aber wir Menschen können uns zuweilen wirklich katastrophal verhalten. Wir neigen zu der Auffassung, wir seien anderen Völkern überlegen. Die amerikanischen Ureinwohner haben in der Vergangenheit sehr gelitten. Auch heute werden sie noch aus der Gesellschaft ausgeschlossen. Das muss sich ändern! Die amerikanischen Ureinwohner müssen in die Mitte der Gesellschaft aufgenommen werden. Ihre Spiritualität ist anders als die unsere, und sie ist nötig für die Entwicklung der Menschheit, damit Körper und Seele eins werden können.

In Amerika werden Entscheidungen getroffen, die einen wesentlichen Einfluss auf die menschliche Evolution haben. Und deshalb hat Amerika als einziges unter allen Ländern diese besonderen Engel – die Engel der amerikanischen Zusammenführung.

Kapitel 26

Die Engel feiern mit mir

Jean fand es wirklich wichtig, das Erscheinen von *Engel in meinem Haar* zu feiern. Ich glaube, ihr war gar nicht klar, wie verzagt ich schon beim bloßen Gedanken daran wurde. Doch von nun an bedrängten mich die Engel pausenlos. Ständig flüsterten sie mir ins Ohr, ich solle eine Buchpräsentation veranstalten. Ich sagte ihnen, sie sollten bloß weggehen und mich nicht dauernd damit nerven.

Eines Tages klopfte es am Fenster des alten Bauernhauses. Es war der Engel Kaphas.

»Was machst du denn hier?«, fragte ich ihn, ging zur Haustür und öffnete sie. Er stand da und strahlte mich an.

»Du brauchst mir die Tür nicht aufzumachen, Lorna. Ich komme so oder so herein.«

Ich lächelte zurück und sagte: »Das habe ich doch glatt vergessen.« Mit jeder Bewegung von Kaphas konnte ich die wunderschöne Musik hören, die ihn stets begleitet. Sie besänftigte und beruhigte mich, während er mir gut zuredete, einer Buchpräsentation zuzustimmen. Er versicherte mir, ich würde die Veranstaltung genießen, ganz gleich, welche Ängste ich jetzt noch hätte.

»Ich bin sehr schüchtern, und schon der Gedanke daran macht mich total nervös«, sagte ich zu ihm. »Ich wüsste gar nicht, was ich zu tun hätte oder was ich den Leuten sagen sollte.«

»Lorna«, sagte Kaphas, »du hast so viel gearbeitet, und nun ist es an der Zeit zu feiern. Außerdem haben auch wir Engel ein Fest verdient – schließlich ist es auch unser Buch.«

Wie sollte ich den Engeln das abschlagen? »In Ordnung, aber nur weil ihr Engel auch feiern wollt.« Damit verschwand Kaphas, und seine Musik verklang wie immer langsam hinter ihm.

Also organisierte Jean eine Buchpräsentation im Carton House. Das Haus aus dem 18. Jahrhundert befindet sich in der Nähe von Maynooth und ist heute ein Hotel. Unser Fest feierten wir in einem schönen alten Saal mit Blick auf einen Rosengarten und einen dahinterliegenden Golfplatz. An der Decke waren reizende, schmucke Gemälde von Engeln. Es passte wunderbar. Ich lud alle Menschen ein, die dazu beigetragen hatten, dass das Buch Wirklichkeit werden konnte. So viele hatten auf so unterschiedliche Art und Weise geholfen, ohne etwas dafür zu erwarten. Es war unfassbar für mich, als ich erkannte, wie viele Menschen, die mir zuvor völlig fremd gewesen waren, sich helfend eingebracht hatten. Ich danke Gott und den Engeln für all diese Menschen, denn ohne ihre Hilfe hätte ich es nicht geschafft. Bis heute gibt es Menschen in unterschiedlichen Teilen der Erde, denen ich noch nie begegnet bin und die sich die Mühe gemacht und eine Rolle bei der Verbreitung der Botschaft von *Engel in meinem Haar* gespielt haben.

Als der Tag der Buchpräsentation gekommen war, hatte ich entsetzliche Angst. Die Engel berührten mich permanent, damit ich aufhörte zu zittern. Ruth frisierte und schminkte mich und half mir beim Anziehen. Sie sagte, ich sehe großartig aus, aber ich war trotzdem nervös. Ich traf mit Megan bei der Veranstaltung ein, als bereits sehr viele Gäste da waren, die sich blendend unterhielten. Recht schüchtern machte ich die Runde und begrüßte die Leute. Kurz nach mir kam meine Mutter. Ich war nicht sicher gewesen, ob sie kommen würde. Aber sie sah fantastisch aus und war sehr stolz auf mich.

In null Komma nichts war der Raum zum Bersten voll – nicht mit Menschen, sondern mit Engeln. Bei dem Gedanken daran muss ich heute noch lächeln. Die Engel ahmten alle nach – die Gäste, die gerade etwas tranken, sowie die Kellner und Kellnerinnen, die mit Getränketabletts und Häppchen herumgingen. Die Engel tanzten sogar zur Musik der Geigerin, die in einer Ecke des Saals stand. Die Engel halfen den Leuten, sich zu entspannen. Ich war nicht die Einzige unter den Anwesenden, die nervös war. Ich sah, wie ein Engel anfing zu lachen, und fast sofort lachten auch die Leute neben ihm. Die Engel leisteten hervorragende Arbeit und sorgten für eine leichte und fröhliche Atmosphäre. Auch Christopher, Owen, Ruth und Megan trugen dazu bei. Sie mischten sich unter die Leute und achteten darauf, dass jeder sich wohlfühlte und niemand sich ausgeschlossen vorkam.

Plötzlich tippte jemand an ein Mikrophon, und ich wurde dazugebeten. Jean und Mark standen zusammen bei dem großen, alten offenen Kamin. Ich ging zu ihnen hinüber und stellte mich links neben sie. Ich erinnere mich daran, wie Jean mit dem Mikrophon in der Hand dastand. Sie war so glücklich, dass sich unsere viele Arbeit gelohnt hatte und das Buch nach all den Jahren nun endlich erschienen war. Sie strahlte vor Freude über das Erreichte. So hatte ich sie noch nie gesehen. An diesem Tag war ich sehr stolz auf Jean. Während sie sprach, öffnete sich das Licht um ihren Schutzengel hinter ihr. Andere Engel in ihrer Nähe formten mit ihren Lippen die Worte ihrer Rede nach.

Danach sprach Mark, und dabei öffnete sich auch das Licht um seinen Schutzengel. Auch ihn ahmten einige Engel in seiner Nähe nach. Hin und wieder sah einer der Engel mich an und sagte: »Ja, Lorna, er spricht von dir.« Ich erkannte mich in den wunderbaren Komplimenten, die Jean und Mark mir machten, gar nicht wieder.

Als Mark seine Rede beendet hatte, überreichte Megan mir einen riesengroßen Blumenstrauß. Ich wusste nicht, was ich sagen sollte. Ich war überwältigt, sowohl von dem Fest als auch von dem Lob, das ich bekommen hatte. Daher dankte ich einfach nur allen – Gott, den Engeln und all denen, die mich unterstützt hatten.

Danach wurden Fotos gemacht, und einer der Engel, der wie ein Zeitungsreporter Stift und Papier in der Hand hielt, warf mir eine Kusshand zu. Ich kicherte ziemlich verlegen. Noch nie in meinem ganzen Leben hatte ich eine solche Feier erlebt, die nur wegen mir veranstaltet worden war – eine Party, bei der ich im Mittelpunkt der Aufmerksamkeit stand. Es war sehr seltsam und fühlte sich ein wenig unwirklich an, aber es war fantastisch und ein Abend, den ich nie vergessen werde.

Kapitel 27

Pilgerreise nach Mekka

Etwa einen Monat nach der Buchveröffentlichung sollte ich mein erstes Fernsehinterview geben, live in einem Studio in Dublin. Die Aussicht versetzte mich in Panik, und ich bat meine Engel, dafür zu sorgen, dass ich ruhig bleiben konnte. Sie sagten mir immer wieder, ich brauche mir keinerlei Sorgen zu machen, aber ich war trotzdem höchst beunruhigt. Das Interview sollte im Frühstücksfernsehen laufen, sodass wir sehr zeitig dort sein mussten. Daher übernachtete ich bei Jean in Dublin, und wir standen sehr früh auf, um auf jeden Fall pünktlich dort zu sein.

Wir hatten noch reichlich Zeit, daher suchte uns Jean ein Café, das geöffnet war, und bestand darauf, dass ich etwas aß. Um ehrlich zu sein, mir war ganz schlecht vor Aufregung, aber es gelang mir dennoch, etwas zu essen.

Was das Interview betrifft, so kann ich mich nur noch daran erinnern, dass ich die Engel währenddessen bat, dafür zu sorgen, dass ich nicht mehr so stark zitterte. Das müssen sie wohl auch gemacht haben, denn Jean sagte, ich hätte meine Sache gut gemacht und von meiner Angst hätte man gar nichts gemerkt.

Nach dem Interview fuhren wir wieder zu Jean, arbeiteten noch ein wenig und beschlossen dann, dass wir uns ein Mittagessen im Restaurant verdient hatten. Während eines leckeren Essens in einem netten Restaurant mit Blick auf die Liffey, die durch das Zentrum von Dublin fließt, fragte mich Jean, ob ich schon einmal in der Chester-Beatty-Bibliothek gewesen sei. Als ich verneinte, erklärte sie mir, dass es sich eigentlich weniger um eine Bibliothek als vielmehr um ein Museum handele, das eine wunderbare Ausstellung religiöser Gegenstände und Schriften unterschiedlichster Religionen aus der ganzen Welt beherberge. Einige Exponate seien sehr alt. Ich freute mich sehr auf einen Besuch, deshalb machten wir uns nach dem Mittagessen auf den Weg dorthin.

Als wir auf das Gebäude zugingen, sah ich in der Ferne ein sehr helles Licht. Ich erkannte, dass ein riesiger Engel am Eingang stand. Es war sehr viel los, denn es war um die Mittagszeit an einem schönen Tag. Ich ging etwas vor Jean und war ganz auf den Engel im Eingang konzentriert. Plötzlich spürte ich, dass jemand mich bei der Hand nahm. Ich erschrak so sehr, dass ich mit einem Mann zusammenstieß, der mir entgegenkam. Der Engel Michael hatte mich bei der Hand genommen. Als wir durch die Tür gingen, begrüßte ich den Engel, der eine Rüstung trug. Er ist so eine Art Torhüter dieser Bibliothek. Wenn er sich vor jemanden hinstellt, dann überlegt es sich diese Person anders und geht nicht hinein.

Wir gingen nach oben und passierten eine große Schwungtür. Michael hielt mich immer noch an der Hand. Das Licht in dem Innenraum war gedämpft. Ich war völlig verblüfft, denn dies war ein heiliger Ort, und das hatte ich überhaupt nicht erwartet.

Als ich weiter in den großen, schwach erleuchteten Raum hineinging, war es, als ginge ich in der Zeit zurück und als würde ich von diesem Ort an einen anderen gezerrt. Ich spürte eine enorme Ruhe und wusste, dass meine Seele aus dem Körper geführt wurde, weil sich mein Körper mit jedem Schritt leichter anfühlte. Meine Seele wurde von Gottes Engeln eingehüllt, und ich wurde in einen Gebetszustand versetzt. Jetzt begriff ich, warum Michael meine Hand hielt. Er war da, damit meine Körperfunktionen aufrechterhalten blieben und ich auf einer bestimmten Ebene bei Bewusstsein blieb. Mit ihm an meiner Seite konnte ich umhergehen, mir die verschiedenen Ausstellungsstücke ansehen und sogar lächeln und reden, wenn ich musste. Jean fiel offenbar nichts Seltsames an mir auf. Ich sagte ihr, dass ich mich gerne ein wenig allein umsehen wolle, und sie ließ es mich in Ruhe tun. Ich wirkte also vielleicht normal, mein Zustand war es allerdings ganz und gar nicht. Michael sprach kein Wort, nicht einmal, wenn ich ihm Fragen stellte oder bekundete, dass ich etwas Bestimmtes nicht tun könne. Während ich vorwärtsging, lief meine Seele vor meinem Körper her. Schließlich stand ich dicht vor einem großen Bildschirm. Ich sah einen Film über eine muslimische Pilgerreise. Tausende waren unterwegs, alle waren in Weiß gekleidet und beteten. Engel ließen den Bildschirm immer heller werden. Dann dehnte er sich aus und wurde immer größer, bis er den Raum vor mir vollständig ausfüllte.

Wie durch einen Lichtblitz wurde meine Seele an jenen Ort und in jene Zeit versetzt. Ich war von betenden Menschen umgeben, und die Kraft ihres Gebets elektrisierte meine Seele. Ich war Teil der Gebete, die Gott anhörte. Ich wusste, dass mein Körper in der Bibliothek stand, auch wenn ich keinerlei Verbindung zu ihm spürte, und gleichzeitig beobachtete ich auch meine Seele dort zwischen den betenden Pilgern.

Ein Engel sagte mir, der Ort heiße Mekka. Ich beobachtete die Gebete Zehntausender Muslime auf ihrer Pilgerreise zu diesem heiligen Ort. Ich konnte sehen, wie das Licht der Schutzengel hell auf jeden einzelnen Pilger strahlte. Ich konnte auch Millionen anderer Engel sehen. Niemand betet allein, unser Schutzengel stimmt immer in unser Gebet mit ein. Auch andere Engel stimmen in unser Gebet mit ein, deshalb sah ich diese Millionen von Engeln. Wir können die Engel auch bitten, mit uns zu beten, und so die Kraft unseres Gebets zu Gott verstärken. Gelegentlich werde ich gefragt, ob man zu Engeln beten, solle. Ich *bete* nur zu Gott. Mit Engeln *spreche* ich. Ich bitte sie um ihre Hilfe und darum, mit mir zu Gott zu beten.

Während die Pilger beteten, konnte ich sehen, dass ihre Schutzengel die Worte ihrer Gebete aufnahmen und jeweils an einen der zahlreichen anderen Engel, die dort waren, übergaben, damit diese die Gebete vor den Himmelsthron tragen konnten. Die Engel, die unsere Gebete zum Himmel tragen, sind Gebetsengel. Sie zeigen sich mir nie in menschlicher Gestalt, und ihr Licht sieht etwas anders aus als das der übrigen Engel. Wenn sie nach oben schweben, hinterlassen sie einen Schweif. Sie bewegen sich so schnell, dass es scheint, als seien sie Teil eines nie versiegenden Stroms. Jedes Gebet und jeder gebetsähnliche Gedanke wird von einem Engel nach oben getragen.

Der Strom der Engel, die die Gebete der Pilger himmelwärts trugen, setzte sich unablässig fort. Nicht eine Sekunde lang wurde er unterbrochen. Die Kraft und Herrlichkeit dessen, was ich sah, waren unbeschreiblich. Die Macht des Gebets kann unsere Welt verbessern und sie zu Frieden und Einheit führen. Die Muslime priesen Gott und beteten für Dinge, die sie für richtig hielten. Und ihre Gebete wurden gehört.

Ich sah meine Seele immer noch unter diesen Muslimen, die Gott priesen. Dann sah ich, wie meine Seele die Hand ausstreckte und den Heiligen Stein berührte. Aus den Tiefen meiner Seele stieg ein Schrei auf, ein Gebet für die Einheit, ein Aufruf an alle Religionen, sich zu versöhnen. Stellen Sie sich einmal vor, alle Religionen der Welt würden sich miteinander vereinen – alle Religionen befänden sich einträchtig unter einem gemeinsamen Dach. Meine Seele weiß, dass es so sein sollte. Stellen Sie sich vor, Menschen aus anderen Religionen würden gemeinsam mit den Pilgern in Mekka beten. Das ist eine der Möglichkeiten, wie die Zukunft der Menschheit aussehen könnte – so wurde es mir gezeigt. Es gibt auch andere Möglichkeiten, die zum Chaos führen würden. Aber ich wünsche mir aus tiefstem Herzen eine Zukunft, in der die ganze Menschheit in Frieden und Eintracht lebt. Und ich bete dafür, dass alle gemeinsam eine bessere Zukunft für unsere Welt anstreben.

Während ich dort stand und zusah, begann mein menschlicher Körper Gottes Liebe zu spüren. Das Gefühl der Liebe wurde überwältigend. Dann wurde ich wieder mit einem Lichtblitz in die Gegenwart zurückkatapultiert. Der Bildschirm schrumpfte auf seine normale Größe zurück, und ich war wieder vom gedämpften Licht der Bibliothek umgeben. Am liebsten hätte ich laut »Nein!« geschrien. Ich wollte nicht, dass es aufhörte. Meine Seele hatte es so genossen, inmitten der innigen Gebete zu sein. Als meine Seele zurück in meinen Körper kam, fühlte ich wieder Leben in mir. Ich spürte Michaels Hand wieder in meiner. Er führte mich nun langsam von dem Bildschirm weg. Mit jedem Schritt fühlte ich mich etwas stärker. Ich spürte meine Füße wieder auf dem Boden. Und mir wurde auch wieder bewusst, dass noch andere Leute da waren. Mir war es vorgekommen, als hätte ich den Raum ganz für mich alleine gehabt. Kurz danach kam Jean zu mir und schlug mir vor zu gehen. Ich nickte lächelnd. Sie ging voraus, und ich folgte ihr. Michael hielt immer noch meine Hand. Als ich wieder auf die Straße trat, nickte der schöne Engel, der Wache hielt, mir zu. Jean hatte nichts von den Ereignissen mitbekommen, und wir verabschiedeten uns voneinander, weil ich allein zum Bus gehen wollte. Ich musste mich unbedingt ein Weilchen hinsetzen und ging in ein Café. Als ich hineinging, sagte Michael, er müsse nun gehen. Der Druck seiner Hand ließ allmählich nach. Ich bedankte mich bei ihm, und dann verschwand er wieder.

Als ich in dem Café saß, dachte ich nach. Die Engel hatten mir immer gesagt, es spiele keine Rolle, welcher Religion jemand angehöre. Denn in Wahrheit erzeugen die Kräfte des Bösen die Spaltungen zwischen den Religionen und sorgen dafür, dass eine Religion sich der anderen überlegen fühlt. Gott und die Engel haben mir

gesagt, dass es viele Treppen gibt, die zum Himmel führen. Keine einzige Religion verfügt über den alleinigen
Zugang zum Himmel.

Kapitel 28

Leuchtende Babys

Inzwischen hatte ich das Haus in Johnstown einigermaßen bewohnbar gemacht. Doch um ehrlich zu sein, die Nebengebäude und der Garten ließen immer noch viel zu wünschen übrig. So oft wie möglich machte ich mich daran, die Nebengebäude aufzuräumen, in denen noch jede Menge Krempel stand – halbleere Farbeimer, Säcke mit hart gewordenem Zement, eine alte offene Feuerstelle und viel sonstiger Kram.

Kurz nach Erscheinen des Buches war ich gerade einmal wieder in einem der Schuppen. Da erschien der Engel Michael und fragte mich: »Brauchst du Hilfe?«

Ich freute mich, ihn zu sehen, begrüßte ihn und sagte: »Natürlich könnte ich etwas Hilfe gebrauchen.«

Michael lächelte mich an und sagte: »Ich möchte mit dir über den Engel Gabriel sprechen, Lorna.«

Ich sah ihn überrascht an. Michael hatte den Engel Gabriel mir gegenüber noch nie erwähnt, und ich war ihm nur sehr selten begegnet. Beim ersten Mal war ich etwa fünf Jahre alt und wohnte in Old Kilmainham in Dublin. Ich spielte mit meiner Freundin Josie in der Autowerkstatt ihres Vaters. Nun ja, jeder nannte es Autowerkstatt, aber eigentlich war es nur ein großer alter Hof, in dessen hinterem Teil sich alte Autowracks stapelten. Im vorderen Hofbereich befand sich ein kleiner Raum ohne Dach, nur mit Wänden. Dort durften wir spielen. An diesem Tag saß ich gerade auf einer alten Holzkiste und spielte allein mit meiner Puppe. Ich war von Engeln umgeben, und einer von ihnen sagte mir, ich würde Besuch bekommen. Plötzlich sah ich ein sehr helles Licht in der Wandöffnung, die als Eingang diente. In diesem Licht konnte ich schwach ein Tor erkennen. Es war riesig. Ein Licht bewegte sich auf dieses Tor zu. Zunächst konnte ich es nicht klar erkennen, aber als es näher kam, sah ich es besser. Es sah aus wie der Mond am Nachthimmel. Es war extrem hell, aber nicht so, dass es mir in den Augen wehgetan hätte. Dann wurde das Licht allmählich schwächer und kleiner, und ein Engel kam durch das Tor auf mich zu. Für einen Sekundenbruchteil hatte ich geglaubt, der Mond käme mir entgegen … Die Augen dieses Engels waren riesig – groß, hell und strahlend. Untertassen voller Liebe und Verständnis. Ich war ganz fasziniert von seinen Augen und seinem Gesicht. Ich stand auf und streckte meinen Arm aus, um sein Gesicht zu berühren. Aber ich konnte es nicht erreichen, denn der Engel war riesengroß. Sein strahlendes Lächeln wurde noch strahlender.

Da stand ich nun und schaute zu ihm auf. Dieser Engel brachte mich doch ein wenig durcheinander. Er war größer als alle anderen Engel, die ich bisher gesehen hatte, und ich konnte ihn auch nicht klar erkennen, denn sein menschlicher Aspekt war sehr schwach. Er sprach mit leiser und sanfter Stimme. »Ich bin der Engel Gabriel, Lorna. Setz dich wieder auf deine Holzkiste, dann setze ich mich neben dich.« Ich tat, wie er mich geheißen hatte. Er setzte sich neben mich auf eine zweite Holzkiste und nahm eine etwas menschlichere Gestalt und Größe an. Jetzt sah er aus wie ein Arbeiter in einer schweren Jacke und Hose. Heute würde ich wohl sagen, er wirkte wie ein Motorradfahrer. Er sah nun also menschlicher aus als zuvor, aber sein Gesicht und seine Augen strahlten immer noch auf eine ganz außergewöhnliche Weise.

»Ist es so besser, Lorna?«, fragte er.

»Ja«, erwiderte ich, »aber ich kann dich in dem Licht kaum sehen.« Er sagte nichts weiter dazu. Stattdessen tat er etwas, das Engel fast nie tun. Er griff nach meiner Puppe. Engel agieren nur sehr selten auf eine physische Weise.

Ich liebte diese Puppe. Sie hieß Lena und bestand aus Gummi. Sie hatte schwarzes aufgemaltes Haar und einen Pferdeschwanz aus Plastik. Gabriel sah Lena ein paar Minuten bewundernd an, dann gab er sie mir zurück und sagte: »Hab keine Angst, Lorna.«

»Ich hab keine Angst«, sagte ich, und Gabriels Gesicht und Augen strahlten noch intensiver.

»Du wirst mich immer in einem Tor aus Licht sehen«, sagte er, »daran erkennst du, dass ich es bin.« Dann fuhr er fort: »Ich möchte dir etwas über die leuchtenden Babys erzählen, damit auch du sie erkennst, wenn du sie in Zukunft einmal siehst. Leuchtende Babys sind etwas ganz Besonderes. Die Seelen dieser Babys wird die Welt nie kontaminieren können.«

»Was bedeutet ›kontaminieren‹?«, fragte ich den Engel Gabriel. Schließlich war ich erst fünf.

Gabriel brach in schallendes Gelächter aus. Noch nie hatte ich einen Engel so lachen sehen, und ich musste

einfach mitlachen. Beim Lachen schien Gabriel blitz-
schnell zwischen seiner menschlichen und seiner engel-
haften Erscheinung hin- und herzuwechseln. Er hatte
ein so herzliches Lachen. Alles um uns herum schien
mit seinem Lachen mitzuschwingen. Das machte mich
glücklich.

Als Gabriel aufhörte zu lachen, schien die Zeit für
einen Sekundenbruchteil stillzustehen. Dann griff er
wieder nach meiner Puppe Lena und hielt sie in die
Höhe.

»Wenn deine Puppe in etwas Öl fallen würde, dann
wäre sie kontaminiert, weil der Gummi, aus dem sie
gemacht ist, das Öl aufsaugen würde«, erklärte Gabriel.

»Ich verstehe«, sagte ich und deutete auf einen ver-
schmutzten Fuß meiner Puppe. »Lena ist hier in der
Werkstatt in eine Öllache gefallen, und egal wie viel
Mühe ich mir auch gebe, es lässt sich nicht mehr abwi-
schen.« Ich schaute zu Gabriel auf und fügte hinzu:
»Aber ich weiß trotzdem, dass meine Puppe keine Seele
hat.«

»Die Seele dieser Babys kann nicht verunreinigt werden«, sagte Gabriel. »Wenn du ein bisschen älter bist,
Lorna, werde ich dir mehr darüber erzählen.« Und
damit verschwand er.

Seitdem war mir Gabriel noch etliche Male begegnet, und immer hatte sein Erscheinen etwas mit den
leuchtenden Babys zu tun gehabt. Daher war ich
gespannt, was Michael mir nun hier im Schuppen in
Johnstown sagen würde. Er sah mich lächelnd an: »Ich
werde dir gleich etwas ganz Besonderes zeigen, Lorna.« Mit diesen Worten verschwanden die Nebengebäude, und wir waren von einem Dunst umgeben.

Michael veränderte sein menschliches Erscheinungsbild in das eines mächtigen Erzengels. Der Erzengel
Michael zeigte sich mir extrem groß mit einer goldenen
Krone auf dem Kopf, die wie die Sonne strahlte. Er trug
lose fallende Gewänder in Weiß und Gold, und um die
Taille hatte er einen goldenen Gürtel mit einer schwarzen Schnalle gelegt. An den Füßen trug er Zehensanda-
len, deren Bänder mehrfach über Kreuz um seine Beine
gebunden waren. Auf jedem Fuß befand sich außerdem
ein goldenes Kruzifix. In seiner linken Hand hielt er
einen prächtigen Schild mit einem Wappen darauf. Der
Schild sah dreidimensional aus, als handelte es sich
nicht nur um einen, sondern um viele hundert Schilde.
In der Rechten trug Michael ein riesiges Schwert mit
einem goldenen Griff in Form eines Kruzifixes, das
oben am Knauf mit roten und grünen Smaragden besetzt war. Die Klinge des Schwertes leuchtete und
schimmerte in Gold und Silber. Michaels Haar war
schulterlang und bewegte sich wie in einer sanften Brise. Seine saphirblauen Augen strahlten Liebe und Frieden aus, und auf seinem Gesicht lag ein Lächeln, das ich
nur als ein Lächeln des Himmels bezeichnen kann.

Michael sah herrlich mächtig aus. Seine Erscheinung
ähnelte sehr derjenigen, die er mir einmal in dem Cottage in Maynooth gezeigt hatte. Damals hatte er mir
das *Gebet Deiner Heilengel*[*] geschenkt, das bereits sehr
vielen Menschen geholfen hat. Der einzige erkennbare
Unterschied zu seiner damaligen Erscheinung bestand
darin, dass er damals eine Schriftrolle mit dem Gebet in
der Hand hielt, wohingegen er dieses Mal Schwert und

---

[*] Das *Gebet Deiner Heilengel* finden Sie auf Seite 374.

Schild trug. Ich fühlte mich sehr sicher, als ich ihn so mit Schwert und Schild sah. Ich wusste, dass ich rundum beschützt war, was immer auch geschehen mochte.

In dem Dunst um uns herum erschien ein extrem helles Licht mit einem Tor darin, doch Gabriel konnte ich nicht erkennen.

»Warum kann ich Gabriel nicht sehen?«, fragte ich Michael.

»Das wirst du gleich, Lorna, aber vorher muss ich dir noch sagen, dass er nicht nur ein Engel, sondern ein Erzengel ist.«

Das verschlug mir den Atem. Ich wusste, dass Michael ein Erzengel war, und hatte das auch irgendwie akzeptieren können, aber nie hätte ich erwartet, dass ich hier auf der Erde noch einem zweiten Erzengel begegnen durfte.

Ich schaute zu dem hellen Licht, das wie ein geöffnetes Tor aussah. Da kam ein weiteres Licht auf mich zu, das immer größer wurde. Es war, als schaute ich ins Universum und als sähe ich den Mond Tausende von Meilen zurücklegen und dabei innerhalb dieses Torlichts immer näher kommen. Dann stand der Erzengel Gabriel im Licht des Tores, umgeben von purpurroten Lichtern – so ähnlich wie der Mond, aber Milliarden Mal imposanter. Er sah völlig anders aus, als er sich mir früher gezeigt hatte. Ich weiß bis heute nicht, warum er sich mir in dieser mächtigen, strahlenden Gestalt zeigen wollte. Sein Gesicht war wunderschön. Es erinnerte mich an einen sehr hellen Vollmond. In dem Gesicht waren zwei riesengroße strahlende Augen zu sehen, rund wie Untertassen, in denen sich das Wesen der Liebe und des Mitgefühls spiegelte. Tief in seinen Augen konnte ich sehen, wie die Seiten eines wunderschönen Buches umgeschlagen wurden. Sein Gesicht schien in zwei Hälften geteilt zu sein, so wie die Seiten eines aufgeschlagenen Buches durch den Falz geteilt werden.

Für mich ist der Erzengel Gabriel ein Sinnbild für das Buch des Lebens – und das spiegelte sich in seiner Erscheinung wider. Es war, als wäre er ein offenes Buch, dessen Seiten sich ständig veränderten. Sein helles Haar wirkte extrem fein. Hin und wieder umspielte es sanft sein Gesicht. Er war in einen Stoff gehüllt, der wie Seide aussah und sich an seinem Körper entlang mehrfach überkreuzte wie die Bindung eines Buches. Die Farben waren nicht von dieser Welt. Am ehesten kann ich sie mit Farben vergleichen, die sich im Wasser spiegeln und sich dabei im Licht ständig verändern. Dann erhaschte ich einen kurzen Blick auf seine Flügel. Sie waren riesig, und das Licht glitt darüber hinweg wie gekräuselte Wellen – so als bewegten sich zahlreiche Engelsflügel im selben Rhythmus. In seiner rechten Hand hielt er ein Buch.

Der Erzengel Gabriel kam langsam aus dem Hintergrund nach vorne – dabei befand er sich stets im Licht des Tores. Dann trat er durch das helle Licht des Tores hindurch, und dabei veränderte sich sein Erscheinungsbild. Jetzt hatte er wieder die vertraute schwach sichtbare Gestalt eines Motorradfahrers. Sein Gesicht und seine Augen veränderten sich allerdings nicht. Wir begrüßten einander.

»Warum hast du mir nicht gesagt, dass du ein Erzengel bist?«, fragte ich ihn.

»Weil es damals weder für dich an der Zeit war, das zu erfahren, noch für mich, es dir zu sagen, Lorna«, gab

Gabriel zurück. »Das konnte nur der Erzengel Michael tun.«

»Meinst du damit, dass Michael der Chef ist?«, fragte ich frech.

»Jawohl, Lorna«, antwortete der Erzengel Michael und lachte. Wir lachten alle. Das Lachen der beiden Erzengel klang wie Donnergrollen. So hatte ich sie noch nie lachen hören. Und mit diesem Lachen verschwand Michael.

»Was ist das für ein Buch, das du da bei dir trägst?«, fragte ich Gabriel.

Er sah mich an und erwiderte: »Stell keine Fragen, Lorna!«

»Ich hätte mir eigentlich denken können, dass es mit dir etwas Besonderes auf sich hat«, sagte ich nachdenklich. »Du hast dich mir immer nur so schwach und blass gezeigt.«

Gabriel lächelte. »Es wird nun nicht mehr allzu lange dauern, bis du wieder ein leuchtendes Baby siehst, Lorna. Aber diesem Kind wurde erlaubt, etwas größer zu werden.« Mit diesen Worten verschwand Gabriel.

Tief beeindruckt ging ich zurück in das alte Bauernhaus. Alle Pläne, die Nebengebäude aufzuräumen, waren verflogen – wieder einmal. Ich erinnerte mich an das erste Mal, als ich ein leuchtendes Baby gesehen hatte. Damals war ich etwa zehn Jahre alt gewesen, und Gabriel war ein paar Wochen zuvor zu mir gekommen, um mir zu sagen, dass es bald geschehen würde. Ich war auf dem Nachhauseweg von der Schule in Ballymun. Die Engel forderten mich auf, über die Felder zu gehen. Durch eins dieser Felder floss ein Bach, und es gab dort auch einen kleinen Teich mit einer Insel in der Mitte. Neben dem Teich standen ein paar Bäume. Die Engel wiesen mich an, mich auf einen alten Baumstamm zu setzen, der bereits vor Jahren umgestürzt war. Also kletterte ich dort hinauf und beobachtete ein Kaninchen, das ganz in der Nähe am Gras knabberte.

Links von mir erschien ein extrem helles Licht in Gestalt eines Tores. Ich wusste sofort, dass es der Engel Gabriel war, und freute mich. Gabriel kam auf mich zu. Dabei wurde das Licht schwächer, und seine menschliche Gestalt erschien mit jedem Schritt ein wenig deutlicher. Er trug dieselbe Kleidung wie damals, als ich ihn das letzte Mal gesehen hatte. Seine menschliche Erscheinungsform war immer noch sehr blass. Er begrüßte mich, und ich streckte die Hand aus, um ihn zu berühren. Doch obwohl er direkt neben mir stand, konnte ich ihn nicht erreichen. Gabriel lächelte mich an.

»Nein, Lorna, du kannst mich nicht berühren.« Ich fragte ihn, warum es nicht ginge, aber Gabriel gab mir keine Antwort darauf.

»Ich bin gekommen, um mit dir über die leuchtenden Babys zu sprechen. Weißt du noch, was ich dir gesagt habe, als du klein warst, Lorna?«

»Ja, dass meine Puppe vom Öl verschmutzt wurde«, antwortete ich stolz. »Du hast ein anderes Wort verwendet, Gabriel, aber ich kann mich nicht mehr daran erinnern.«

»Kontaminiert«, sagte Gabriel.

»Gibt es gerade leuchtende Babys auf der Welt?«, fragte ich ihn.

»Im Laufe der Jahre hat es einige gegeben, und weitere wurden vor Kurzem geboren, darunter auch eins hier in Irland. Ich bin hier, um dir zu sagen, dass du nun bald dein erstes leuchtendes Baby sehen wirst. Diese Babys sind etwas ganz Besonderes, aber mit ihnen stimmt immer etwas nicht.«

»Meinst du das große Wort, das sie immer über mich gesagt haben?«

»Ja, Lorna. Manche Leute halten diese Babys für retardiert – zurückgeblieben –, aber sie haben unrecht. Diese Kinder sind zwar körperlich behindert, oder sie haben eine Krankheit, aber geistig sind sie vollkommen. Diese Babys leuchten hell, deshalb nenne ich sie leuchtende Babys. Die Menschen können dieses Leuchten nicht sehen, aber alle Leute in der Umgebung eines solchen Babys fühlen sich zu ihm hingezogen. Sie möchten es auf den Arm nehmen oder in seiner Nähe sein. Immer wenn du ein solches Baby siehst, werde ich bei dir sein.« Dann fügte Gabriel hinzu: »Ich möchte nun, dass du mir in die Augen schaust.«

»Ich sehe dich an. Dein Gesicht ist sehr hell«, sagte ich.

»Sieh mir nur in die Augen, Lorna!« Ich tat, wie er mich geheißen hatte, dann sprach Gabriel weiter.

»Die meisten dieser Babys sterben noch als Säuglinge oder als Kleinkinder. Sie werden nicht erwachsen, denn Gott lässt nicht zu, dass ihre Seelen von der Welt verunreinigt werden. Mit der Zeit aber könnte es sein, dass Gott doch beschließt, einige dieser leuchtenden Babys bis zum Erwachsenenalter heranwachsen zu lassen.«

Den Blick immer noch fest auf Gabriels Augen geheftet sagte ich: »Auch wenn ich weiß, dass diese Babys sterben werden, so bin ich doch voller Liebe, wenn ich

in deine Augen schaue. Ich bin überhaupt nicht traurig.« Gabriel lächelte mich an, und damit verschwand
er.

Ich kletterte von dem Baumstamm herunter, und
einer der Engel, die die ganze Zeit über bei mir gewesen waren, sagte: »Du weißt schon, warum du nicht
traurig warst, nicht wahr, Lorna?«

»Ja«, antwortete ich. »Weil ich Gabriel in die Augen
geschaut habe.«

Ein paar Wochen später ging ich an einem Sonntagmorgen nach der Messe alleine nach Hause. Da forderten die Engel mich auf, durch eine Siedlung zu gehen,
die nicht auf meinem üblichen Nachhauseweg lag.
Plötzlich sah ich neben einem Gartentor ein strahlendes Licht in Gestalt eines Tores. Als das Licht etwas
schwächer wurde, erblickte ich den Engel Gabriel. Wir
unterhielten uns wortlos. »Sieh mal da, Lorna!« Ich
schaute in die Richtung, die Gabriel mir vorgab, und
erkannte einen Kinderwagen im Garten. Aus meiner
Perspektive konnte ich zwar ein strahlendes Licht
sehen, das aus dem Wagen kam, nicht aber das Baby
darin. Um den Wagen standen eine Mutter und einige
Kinder.

»Frag die Mutter, ob du das Baby ansehen darfst«,
sagte Gabriel.

Ich ging auf das Gartentor zu, und die Mutter kam
mir entgegen. Ich lächelte und fragte sie, ob ich das
Baby anschauen dürfe. Ich war überrascht und erfreut,
als sie zu dem Kinderwagen ging und das Baby heraus-
hob, um es mir zu zeigen. Mir fiel auf, dass sein Kopf
ungewöhnlich groß war und zudem auf der einen Seite
größer zu sein schien als auf der anderen. Aber das

Baby leuchtete ganz eindeutig. Es war sehr schön. Die Mutter kam mit dem Baby auf dem Arm zu mir herüber und sagte flüsternd zu mir: »Offenbar wollen alle mein Baby im Arm halten.« Sie hatte Tränen in den Augen, aber ich konnte sehen, dass sie versuchte, sie zurückzuhalten.

»Ich weiß, dass Ihr Kind etwas ganz Besonderes ist«, sagte ich zu ihr, als ich das kleine Händchen berührte. Einen Augenblick lang waren die Mutter und ich allein mit dem Baby. Dann wurden wir von den anderen Kindern umringt. Ich weiß, dass Gabriel sie diesen kostbaren Moment lang von uns ferngehalten hat.

Nun kamen zwei Frauen den Fußweg entlanggelaufen. Eine von ihnen rief der Mutter zu: »Wir kümmern uns jetzt um das Baby. Geh und ruh dich ein bisschen aus!« Bevor die Mutter überhaupt etwas sagen konnte, nahm die zweite Frau ihr das Kind aus dem Arm. Die beiden Frauen waren sehr herrisch, und die Mutter tat mir leid. Es war genau so, wie der Engel Gabriel es mir gesagt hatte: Alle wollten in der Nähe dieses leuchtenden Babys sein.

Kaum stand ich wieder außerhalb des Gartentors, war Gabriel auch schon verschwunden. Ich drehte mich noch einmal nach dem Baby um und bat alle Engel, der Mutter zu helfen und sie und ihr Kleines zu behüten.

Ich saß an dem alten Tisch im Stall in Johnstown, trank Tee und dachte an dieses leuchtende Baby, das ich vor so vielen Jahren gesehen hatte. Ich wusste, dass es auf keinen Fall mehr am Leben sein konnte, und sprach deshalb ein Gebet für die Mutter, die zweifellos noch um ihr Kind trauerte, sowie für die übrige Familie. Aber jetzt freute ich mich auch darauf, ein weiteres leuchtendes Baby zu sehen, besonders wegen des Hinweises, dass dieses etwas länger leben konnte.

Es geschah wenige Wochen später – in Glasgow. Jean und ich waren dort, um ein paar Interviews zu geben. Wir wohnten in einem Hotel am Hafen. Am Nachmittag gingen wir ins Stadtzentrum, wo ich ein Interview mit einem Journalisten hatte, der interessante Fragen stellte – sie waren ganz anders als die üblichen Standardfragen. Dieses Interview hat mir viel Spaß gemacht.

Danach bummelte ich allein durch ein großes, gut besuchtes Einkaufszentrum in der Nähe des Hotels. Plötzlich sah ich das helle Licht in Gestalt eines Tores in einiger Entfernung vor mir. Die Engel um mich herum wiesen mich an zu bleiben, wo ich war. Ich tat wie geheißen. Gabriel sprach wortlos zu mir: »Komm nicht näher. Gleich wirst du einem leuchtenden Kind begegnen.« Ich freute mich sehr und fragte mich sofort, wie alt dieses Kind wohl sein würde. Aber ich war auch traurig, als Gabriel fortfuhr: »Dieses Kind wird nicht mehr lange auf dieser Welt sein. Gott wird es sehr bald zu sich nehmen.« Ich wollte auf Gabriel zugehen, weil ich dachte, ich würde das Kind in seiner Nähe sehen.

»Nein, Lorna, bleib, wo du bist! Dreh dich um und schau dort hinüber«, wies Gabriel mich an. Das tat ich und sah ein etwa 16-jähriges Mädchen. Diese junge Frau war voller Energie und sprühte geradezu vor Leben. Zusammen mit ihren Eltern kam sie auf mich zu.

Sie sah vollkommen und sehr schön aus. Ihr Schutzengel zeigte sich mir, und sie war umgeben von zahllosen weiteren Engeln. Der Ort war geradezu überfüllt mit Engeln, und doch hatten die Engel und sie jede Menge Platz.

Die junge Frau leuchtete so hell, dass ich mir kaum vorstellen konnte, dass niemand anderer das Licht sah, das von ihr ausging. Ich konnte das ganze Wissen und die Weisheit der Seele in ihrem Inneren sehen. Diese junge Frau war zu weit entwickelt für diese Welt. Sie war im wahrsten Sinne ein junger Mensch der Zukunft, aber Gott ließ nicht zu, dass sie über das sprach, was sie wusste. Ihr Schutzengel sagte mir, sie habe eine angeborene Krankheit und könne daher kein normales Leben führen.

Als sie mich sah, kam sie auf mich zu, strahlte mich an und umarmte mich. Es war, als wären wir verlorene Schwestern, die sich zum ersten Mal begegneten. Auf einer Ebene waren wir einander völlig fremd, auf einer anderen war es aber überhaupt nicht der Fall. Die Eltern holten die junge Frau wieder ein und lächelten mich etwas unsicher an, als wüssten sie nicht, was sie mir sagen sollten. Die Engel erklärten mir, dass die Eltern auf der spirituellen Ebene sehr wohl wussten, dass ihre Tochter etwas Besonderes war, es aber auf der menschlichen Ebene nicht verstehen konnten.

Ich stand dicht neben dieser jungen Frau, und die Engel schienen uns vier, das Mädchen, seine Eltern und mich, zu beschützen und uns in eine heilende Umarmung zu hüllen. Ich betete unbemerkt, als die Engel die junge Frau mit der Gnade Gottes überschütteten. Wieder wurde mir gesagt, dass sie diese Welt bald verlassen würde. Wir verabschiedeten uns alle voneinander, und ich sah den anderen nach, als sie durch die Menge hindurch und an Gabriel vorbeigingen. Genau in dem Moment, in dem sie bei ihm waren, verschwand Gabriel.

Ich machte mich wieder auf den Rückweg zu Jean und dachte über die leuchtenden Babys nach. Ich fragte die Engel im Stillen, wie viele von ihnen ich bei meinen Reisen in alle Welt wohl noch sehen und ob ich wohl je einem leuchtenden Erwachsenen begegnen würde. Doch ich erhielt keine Antwort. In dem Jahr, das seither vergangen ist, wurden mir ein weiteres leuchtendes Baby und ein leuchtendes Kind im Alter von etwa fünf Jahren gezeigt. Ich freue mich immer sehr, wenn ich solche Menschen sehe.

Kapitel 29

Ein Rückschlag aus der Zukunft

Ich ging zum Arzt, weil es mir schon eine ganze Zeitlang nicht besonders gut ging. Er riet mir, ein paar Untersuchungen in einem Krankenhaus in Tallaght bei Dublin durchführen zu lassen, und vereinbarte dort einen Termin für mich. Ich bedankte mich bei ihm, verließ seine Praxis und ging zum Auto.

Der Engel Hosus saß bereits auf dem Beifahrersitz. »Ich bin froh, dass du da bist, Hosus. Ich muss ins Krankenhaus, und schon der Gedanke an die Fahrt dorthin macht mir Angst, denn ich weiß nicht, wie ich von Johnstown aus fahren muss.«

»Mach dir deswegen keine Gedanken, Lorna«, sagte Hosus.

»Ich mache mir keine Gedanken wegen der Untersuchungen«, erwiderte ich. »Ich mache mir nur Sorgen, wie ich ins Krankenhaus kommen soll, besonders wenn ich selber fahren muss.« Plötzlich war der Wagen voller Engel. Sie sprachen alle gleichzeitig wie im Chor: »Lorna, weißt du denn nicht, dass wir alle bei dir sein werden?«

Ich bin immer nervös, wenn ich zum ersten Mal irgendwohin fahren muss. Die Engel wissen das und versuchen, auf mich aufzupassen.

»Mach dir keine Sorgen, Lorna«, sagte Hosus noch einmal. Auf der Heimfahrt unterhielten wir uns über andere Dinge. Hosus brachte mich ganz schön zum Lachen. Ihm fällt immer etwas Lustiges ein. Als ich vor dem Haus vorfuhr, verschwand er wieder.

Ein paar Tage später kam Ruth zu Besuch, und ich erzählte ihr von den Untersuchungen im Krankenhaus in Tallaght. Sofort schlug Ruth vor, ihr Freund Brendan könne eine Karte zeichnen. Er hatte ein paar Monate lang in der Nähe von Tallaght gearbeitet.

Eines Tages, kurz vor meinem Krankenhaustermin, erledigte ich verschiedene Kleinigkeiten rund um das Bauernhaus. Als ich gerade zu einem Spaziergang aufbrechen wollte, stieß ich im Stall auf den Engel Michael. Wir saßen beieinander und unterhielten uns ein Weilchen, doch dann sagte Michael, er müsse mir etwas sagen. Ich schaute ihn interessiert an.

»Wenn du im Krankenhaus bist, werden wir dir etwas Wichtiges zeigen. Etwas, das zur Zukunft der Menschheit gehören könnte, je nachdem, welche Entscheidungen die Menschen treffen. Nimm im Krankenhaus alles, was du siehst und hörst, so detailliert wie möglich auf.«

»Wird mich das, was ich dort sehe, erschrecken, Michael?«, fragte ich ihn.

»Ja, Lorna, das wird es.«

»Kannst du mir mehr darüber sagen, Michael?« Er verneinte, und dann verschwand er. Ich war enttäuscht. Ich hätte so gerne noch etwas mehr erfahren.

Ein paar Tage später fuhr ich ins Krankenhaus und nahm dabei die Karte zu Hilfe, die Brendan mir gegeben hatte. Ich erhielt keinerlei Informationen darüber, was ich im Krankenhaus sehen und erleben würde, weder von Michael noch von den anderen Engeln. Ich betete zu Gott, dass es mich nicht zu sehr aufwühlen würde. In meinen Gebeten sprach ich mit Gott und fragte ihn: »Wenn es die Zukunft betrifft, was kann ich dann tun?«

»Denke immer daran, Lorna, dass ich über dich wache«, erwiderte Gott. Doch meine Frage beantwortete Er nicht.

Ich lächelte und sagte: »Danke.«

Die Fahrt ins Krankenhaus verlief reibungslos. Als ich auf den Parkplatz fuhr, wurde gerade eine Parklücke frei, und ein großer Engel stellte sich auf den freien Platz. Er wies mich ein, und ich dankte ihm. Offenbar hatten die Engel bereits für alles gesorgt. Als ich aus dem Auto stieg, konnte ich den spirituellen Schutz von Gottes Engeln spüren, die mich umgaben.

Ich ging auf den Haupteingang des Krankenhauses zu. Menschen unterschiedlichen Alters kamen und gingen. Man sagte mir, ich solle der gelben Linie bis zur Anmeldung folgen. Alles wirkte blitzsauber und extrem hell. Als ich den Flur entlangging, schienen die Schwestern und Ärzte und sogar ein paar Patienten, die an mir vorbeikamen, hell zu leuchten. Das Licht strahlte etwa fünf Zentimeter weit von ihren Körpern ab. Ich musste einfach lächeln, als ich sah, dass Engel sie begleiteten. Endlich hatte mich die gelbe Linie zum Anmeldebereich geführt, doch dort war es ganz still. Ich blieb stehen und sah mich um. Alles sah vollkommen neu aus, und es war ungewöhnlich hell. Leere Stühle waren in zahlreichen Reihen hintereinander angeordnet. Kein Mensch war da. Noch nicht einmal einen Engel konnte ich sehen, obwohl ich wusste, dass sie bei mir waren. Ich ging zur Anmeldung. Auch dort war niemand. Da entdeckte ich eine kleine Klingel auf der Theke und drückte darauf. Nach ein paar Minuten rief ich meine Engel. Sie erschienen. »Wo sind denn alle?«, fragte ich sie. Ein Engel führte seinen Finger an die Lippen. Im selben Augenblick kam die Empfangsdame an den Schalter. Auch sie leuchtete hell. Sie fragte mich, ob sie mir helfen könne. Ich reichte ihr die Überweisung meines Arztes. Daraufhin tippte sie etwas in einen Computer, gab mir eine Nummer und bat mich, Platz zu nehmen. Es würde gleich jemand kommen, sagte sie. Dann verschwand sie in den hinteren Büroräumen.

Ich hatte also das ganze Wartezimmer für mich alleine. Es war eigentlich gar kein Zimmer, sondern ein Teil des Flurs, in dem etwa 20 Stuhlreihen hintereinanderstanden. Zahlreiche Engel gingen nun vor mir zu den Stühlen und setzten sich einmal hierhin, ein andermal dorthin, als warteten sie auf einen Arzttermin. Fast hätte ich laut gelacht, was aber nichts gemacht hätte, weil ja niemand da war.

Dann sah ich den Engel Michael. Er saß auf dem Stuhl, der am weitesten von der Anmeldung entfernt war. »Möchtest du, dass ich mich neben dich setze?«, fragte ich ihn. Er antwortete: »Nein, setz dich etwa fünf Reihen vor mich.« Ich tat, worum Michael mich gebeten hatte. Auf den Stühlen lagen ein paar Zeitschriften. Ich nahm eine in die Hand und blätterte sie nervös durch. Da kam Michael zu mir und stellte sich hinter mich. Er legte mir die Hand auf die Schulter und sagte: »Ganz ruhig, Lorna. Es wird alles gut.«

»Ich kann hier nicht ruhig sein, Michael«, erwiderte ich. »Es ist einfach zu still. Kein Mensch kommt hier vorbei. Man könnte meinen, das Krankenhaus wäre verlassen.«

Michael lachte und sagte: »Nein, das ist es nicht.«

Genau in diesem Augenblick kamen drei Krankenschwestern und eine junge Ärztin um die Ecke. Sie unterhielten sich leise und schienen mich nicht einmal zu bemerken.

»Ich sitze hier nun bestimmt schon 15 bis 20 Minuten«, sagte ich zu Michael. »Ich weiß ja nicht, was Gott mir zeigen will, aber allmählich schwant mir Übles.«

In dem Moment kamen eine ältere Dame und ihre Enkelin zur Anmeldung. Sie klingelten, und die Empfangsdame erschien. Während ihres Gesprächs konnte ich sehen, dass zwei Engel die ältere Dame stützten. Sie zitterte am ganzen Körper, sodass ich schon befürchtete, ihr Gehstock würde zerbrechen. Ein Engel versuchte, ihr zu helfen, damit sie nicht so zitterte, während der andere mit ihr sprach, um sie zu trösten. Als die beiden an mir vorbeigingen, ließen die Engel mich hören, was die alte Dame zu ihrer Enkelin sagte. »Ich habe solche Angst. Kannst du bitte bei mir bleiben?« Ich war voller Anteilnahme für die beiden, besonders für die alte Dame.

Als sie um die Ecke gebogen und außer Sichtweite waren, bat ich die Engel, ihr die Angst zu nehmen.

Der Engel Michael setzte sich neben mich.

»Vielleicht sind ja gerade alle in der Teepause«, vermutete ich.

»Hab Geduld, Lorna. Es geht gleich los.« Kaum hatte Michael das gesagt, schien alles stillzustehen. Ich konnte alle Partikel in der Luft um mich herum sehen. Da kam ein junger Mann, offensichtlich bei bester Gesundheit, in den Wartebereich geschlendert. Er blieb einen Augenblick stehen und ging dann zur Anmeldung. Jede seiner Bewegungen lief wie in Zeitlupe ab. Ich weiß, dass nur ich das so wahrnahm, damit ich alles an ihm genau erkennen konnte. Er war Anfang 30.

»Er sieht gut aus«, sagte ich zu Michael. »Er wirkt auf mich nicht so, als ob er krank wäre.«

»Pass gut auf, Lorna«, erwiderte Michael, »gleich wirst du sehen, was los ist.«

Der junge Mann bekam eine Nummer, genau wie ich vorher, und wurde gebeten, sich zu setzen und zu warten. Er schaute die leeren Sitze an und kam dann auf mich zu. Er setzte sich etwa zwei Reihen vor mir hin, aber mit dem Gesicht zu mir.

Ich hatte nun schon eine ganze Weile dagesessen, aber mir war noch gar nicht aufgefallen, dass mein Sitz den anderen gegenüber angeordnet war. So saßen wir uns also gegenüber. Was sich nun abspielte, versetzte mich in großes Erstaunen. Mit einem Mal veränderte sich der junge Mann. Als er seinen Kopf hob, lief wieder alles wie in Zeitlupe ab. Jetzt wirkte er nicht mehr wie ein Mensch. In seinem Kopf befanden sich offensichtlich Implantate. Sie sahen aus wie Klammern, die die einzelnen Teile seines Gehirns voneinander trennten. Außerdem konnte ich sehen, dass Teile seines Gehirns fehlten. Sein Schädel bestand nicht nur aus Knochen. Was ich sah, belastete mich so sehr, dass ich am liebsten laut geschrien hätte.

»Er ist ein Rückschlag aus der Zukunft«, erklärte mir Michael.

»Was bedeutet das?«, fragte ich aufgebracht.

Der junge Mann stand wieder auf und ging zur Anmeldung. Dabei sah ich, dass auch sein übriger Körper nicht ganz aus Fleisch und Blut bestand. Aber er war auch nicht völlig aus mechanischen Teilen zusammengesetzt. Es ist schwer zu beschreiben, aber es war, als befände sich etwas Unsichtbares in seinen Armen und Beinen, das ihn unzerbrechlich machte – etwas aus Stahl oder einem anderen verstärkenden Material, von dem wir bisher noch nichts gehört haben.

Solange ich den Mann beobachtete, schwieg Michael, dann sagte er: »Wir zeigen dir, wie manche Menschen in der Zukunft aussehen könnten. Wie du siehst, ist dieser Mann real, aber er ist anders als jeder heutige Mensch. Wir haben ein Bild auf ihn projiziert. Es zeigt, wie sein Ururenkel aussehen könnte.« Michael wandte sich von dem jungen Mann ab und fragte mich: »Als der junge Mann hereinkam, was hast du da gesehen, Lorna?«

Ich dachte darüber nach. »Ich habe einen großen jungen Mann gesehen, gut gebaut und kräftig. Ich habe keinerlei Krankheitsanzeichen an ihm bemerkt. Außerdem wirkte er klug und intelligent.«

»Eben wegen dieser Eigenschaften und Stärken könnte seine Familie in Zukunft ausgewählt werden«, sagte Michael.

Ich sah Michael verblüfft an.

»Durch die Weiterentwicklung von Wissenschaft und Technik kann der Mensch das Leben besser machen, aber er kann die Wissenschaft auch zu falschen Zwecken missbrauchen. Die Menschheit muss lernen, aus den richtigen Gründen zu handeln und nicht um der Macht oder der Kontrolle über andere willen«, erklärte Michael.

Als der junge Mann seinen Kopf nach rechts wandte, sah ich noch mehr. »Wir lassen dich jetzt in den Geist des jungen Mannes hineinschauen. Dort ist es leer und dunkel, mit Ausnahme von ganz wenig Licht. Kannst du es sehen, Lorna?« Was ich da sah und spürte, versetzte mir einen solchen Schock, dass es mir fast den Atem nahm. Offenbar war dieser winzige Lichtfleck sein Bewusstsein. Aber das Schockierende war, dass dieser Lichtfleck von völliger Leere und Dunkelheit umgeben war. Als wäre ein Teil von ihm in einen Raum weggesperrt worden, zu dem er keinen Zugang finden konnte. Und er spürte, dass ihm etwas fehlte. Es war, als schrie er in seinem Geist und als durchsuchte er die Leere, die ihn erfüllte.

»Oh mein Gott!«, rief ich aus. »Warum sollte jemand so etwas tun? Warum sollte ein Mensch dem anderen die Fähigkeit rauben, selbstständig zu denken, zu träumen oder zu lieben?«

»Denke immer daran, dass niemand befugt ist, einem anderen Menschen das Recht auf ein vollkommen menschliches Leben zu nehmen, Lorna. Keiner hat das Recht, aus einem anderen Menschen eine Maschine zu machen. Wenn die weltweit führenden Politiker und Wissenschaftler in Zukunft einen solchen Weg einschlagen, werden sie wahrscheinlich bestimmte Familien auswählen, die sie zu Sklaven machen. Es werden Familien sein, die aus irgendeinem Grund als minderwertig gelten, die aber gesund und stark sind. Die

Familie dieses jungen Mannes wurde in einer möglicherweise eintretenden Zukunft der Welt dafür ausgewählt. Aber denke immer daran, dass diese Zukunft nicht feststeht, sondern veränderbar ist.«

Ich saß da, betrachtete den jungen Mann und dachte daran, dass seine Familie die Freiheit verlieren könnte, ganz Mensch zu sein – zu lieben, zu lachen, zu weinen und eigene Entscheidungen zu treffen.

»In so einer Welt würde ich nicht leben wollen«, sagte ich zu Michael. Plötzlich kam mir ein anderer Gedanke. »Wenn der Mensch sich dafür entscheidet, hat er dann noch eine Seele?«

»Ja«, antwortete Michael. »Die Seele eines Menschen ist das Einzige, was ihm kein Wissenschaftler und kein technischer Fortschritt je nehmen können. Die menschliche Seele gehört Gott. Gott wird nie zulassen, dass einem Menschen die Seele geraubt wird, ganz gleich, welche schlechten Entscheidungen die Menschheit trifft.«

Ich dachte über das flackernde Licht nach, das ich im Gehirn des Mannes gesehen hatte. War das seine Seele, die festhielt, was von seinem Bewusstsein noch übrig war?

»Du musst dafür beten, dass der Mensch auf Gott und seine Engel hört, Lorna«, sagte Michael. »Der wissenschaftliche und technische Fortschritt des Menschen ist beeindruckend – aber er darf nie dazu benutzt werden, anderen Menschen ihre Freiheit zu rauben.«

Ich saß da und schaute den jungen Mann an. Michael legte seine Hand auf meine, drückte sie kurz und verschwand dann wieder. Beim Anblick des jungen Mannes gingen mir so viele Gedanken durch den Kopf. Aber ich blickte nur hin und wieder kurz zu ihm hinüber, damit er mich nicht dabei ertappte.

Die Tatsache, dass mir dieser Rückschlag gezeigt wurde, bedeutet, dass diese Möglichkeit tatsächlich besteht. Es war schrecklich, das zu sehen und zu wissen, dass die Lebensqualität des jungen Mannes nicht verbessert werden sollte, sondern dass man ihm genau diese nehmen wollte. Der Mensch tut so etwas, weil er andere kontrollieren will.

Die Wissenschaft und Technik haben Wunderbares vollbracht. Es gibt Medikamente und Behandlungsformen zur Heilung von Krankheiten und zur Zerstörung von Krebszellen. Und mithilfe der Technik kann man Hüftgelenke, Knie und Gliedmaßen ersetzen. Ich bete für den Erfolg all jener wunderbar begabten Menschen, die Heilmittel suchen und Neues erforschen, um den Menschen das Leben zu erleichtern und ihnen ihre Würde wiederzugeben. Ihre Arbeit ist fantastisch und sehr wichtig. Aber wir dürfen die Grenzen nicht überschreiten. Wir sind verantwortlich für die Zukunft unserer Kinder und künftiger Generationen.

Ich fuhr zusammen, als eine Krankenschwester meinen Namen aufrief. Noch einmal sah ich den jungen Mann an. Jetzt sah er wieder völlig normal aus. Ich stand auf und ging zur Anmeldung. Ich muss wohl ziemlich blass gewesen sein, denn die Schwester fragte mich, ob mit mir alles in Ordnung sei.

Die Untersuchungen wurden recht zügig durchgeführt. Für die Heimfahrt brauchte ich etwa zwei Stunden, und ich war erleichtert, als ich wieder zu Hause war. Ich war sehr verstört von dem, was mir an diesem Tag gezeigt worden war – und das bin ich auch heute noch.

Kapitel 30

Antworten auf die Fragen der Menschen

Signierstunden begeistern mich. Sie sind zwar anstrengend – denn ich versuche, mit jedem Menschen wenigstens ein paar persönliche Worte zu wechseln –, aber faszinierend. Oft bin ich erstaunt über das, was die Menschen mir sagen und was die Engel mir zeigen. Auch was die Menschen mich fragen, fasziniert mich häufig sehr.

An einem Sonntag hatte ich eine Signierstunde im Dundrum Shopping Centre in Dublin. Als ich bei meiner Ankunft sah, wie viele Menschen in der Schlange warteten, war ich ganz geschockt. Aber noch mehr staunte ich über all die Engel. Auf jeden Menschen, der da war, kamen ungefähr 20 Engel. Alle Menschen waren von einem prachtvollen Licht umgeben. Es ist sehr schwer, das zu beschreiben. Ich kann nur sagen, dass es das Licht der Liebe und der Fürsorge war, die die Engel für jeden dort empfanden, für jeden Mann, für jede Frau und für jedes Kind. Als ich mich zum Signieren an den Tisch setzte, bat ich die Engel im Stillen, für alle, die an diesem Tag da waren, Wunder geschehen zu lassen – auch für ihre Familien und ihre Freunde.

Unter den Menschen, die in der Schlange standen, war auch ein circa zwölfjähriger Junge. Er saß im Rollstuhl. Als ich all die Engel bei ihm und seiner Mutter sah, wusste ich, dass gut für ihn gesorgt war. Die Engel veränderten ständig die Farbe seines Rollstuhls. Der Junge vertrieb sich die Wartezeit, bis er mit mir sprechen konnte, mit einem Nintendo-Spiel. Was er aber nicht wusste: Neben ihm stand ein Engel, der ebenfalls mit dem Nintendo spielte. Ich konnte sehen, wie die Hände des Engels sich mit denen des Jungen verflochten. Ein weiterer Engel legte seine Hände auf die Beine des Jungen. Dieser Engel wandte sich mir zu und sprach mit mir. Sobald die Mutter des Jungen ihn neben mich schob, sollte ich meine Hände auf dessen Beine legen. Als die beiden an der Reihe waren, setzten sie sich zu mir. Ich unterhielt mich mit ihnen und berührte dabei die Beine des Jungen. Währenddessen öffnete sich der Lichtstrahl hinter ihm, und sein Schutzengel erschien. Neben seinem Schutzengel standen mehrere Lehrengel. Der Schutzengel reichte einem der Lehrengel etwas, und dieser legte den Gegenstand in die Brust des Jungen. Stumm fragte ich die Engel, was sie da machten, aber ich erhielt keine Antwort. Sie forderten mich lediglich auf, meine Hände auf die Beine des Jungen zu legen und ihn zu segnen. Das tat ich, und ich bat um den Segen für ihn und seine ganze Familie. Er war ein fröhlicher junger Bursche.

Später schenkte mir ein kleiner Junge namens Michael ein Notizbuch mit Bildern, die er extra für mich gemalt hatte. Dabei zeigte sich mir sein Schutzengel. Er

leuchtete so hell, dass ich einen Moment lang weg-
schauen musste.

Einige Menschen stellten mir Fragen über die Engel.
Eine Frau fragte mich nach dem Unterschied zwischen
unserer Beziehung zu Gott und der Beziehung der
Engel zu Gott. Das war eine ausgezeichnete Frage, aber
ich konnte ihr damals nur eine knappe Antwort geben.
Ich möchte sie hier etwas ausführlicher beantworten
und hoffe, dass die Frau dieses Buch liest.

Gott erschuf Menschen, und Gott erschuf Engel,
aber wir unterscheiden uns sehr voneinander. Als Gott
Mann und Frau schuf, schuf er sie nach Seinem Bilde. Dieser Satz bezieht sich nicht auf unseren Körper,
sondern auf unsere Seele. Unsere Seele ist ein Teil
Gottes, ein Funken Seiner Göttlichkeit, Seines Lichts,
das in jedem von uns wohnt, ungeachtet unseres Glaubens oder unserer Religion. Wegen dieses göttlichen
Funkens sind wir alle Gottes Kinder. Und wie jeder
Vater wünscht auch Er sich, dass alle Seine Kinder
wohlbehalten zu Ihm nach Hause kommen – in den
Himmel.

Gott erschuf die schönen, anmutigen Engel als Seine
Helfer, Seine Boten. Insbesondere hat Er ihnen die Aufgabe zugewiesen, dazu beizutragen, dass Seine Kinder
wohlbehalten wieder zu Ihm in den Himmel kommen.
Ich habe oft mit den Engeln über den Unterschied zwischen Menschen und Engeln gesprochen. Es ist mir
immer noch peinlich zu sagen, dass Engel zwar Geschöpfe sind, aber nicht nach Seinem Bilde geschaffen
wurden. Sie sind nicht Gottes Kinder. Wir Menschen
sind den Engeln übergeordnet, weil wir eine Seele
haben. Die Engel bestehen darauf, dass ich das sage,

und sie sind außerdem der Meinung, dass es mir nicht peinlich sein muss.

Mir wurde gezeigt, welche Verbindung zwischen Gott und den Engeln besteht. Sie ist wie ein Faden aus Licht. Gottes Licht fließt offenbar an diesem Faden entlang zu jedem Engel. Ohne diese Verbindung zu Gott hätten die Engel ihr Licht nicht. Engel verspüren ein tiefes Verlangen, dieses Licht ständig zu empfangen, deshalb dienen sie Gott bedingungslos. Die Engel stehen Gott jederzeit zur Verfügung. Sie haben keinen freien Willen wie wir, aber sie tragen dazu bei, Bedingungen zu schaffen, die es uns ermöglichen, uns dieses einzigartigen Geschenks zu erfreuen.

Wenn Gott eine kleine Seele aussendet, damit sie auf menschliche Weise empfangen wird, dann wird sie von einem Engel begleitet. Das ist natürlich ihr Schutzengel, ihr Helfer, ihr Beschützer und vor allen Dingen der Torhüter ihrer Seele. Gott bittet den Engel, diese Seele wohlbehalten zu Ihm in den Himmel zurückzubringen. Deshalb ist der Schutzengel ein großes Geschenk Gottes. Und deshalb bin ich so traurig, wenn Menschen dieses Geschenk ignorieren oder gar leugnen.

Ich sehe ein, dass manche Menschen sich eine direkte Beziehung zu Gott wünschen. Aber warum sollten Sie ein Geschenk wegwerfen, das Gott Ihnen mitgegeben hat? Ihr Schutzengel ist dazu da, Ihnen in Ihrer Beziehung zu Gott zu helfen. Auch wenn Sie eine direkte Verbindung zu Gott haben, helfen Ihnen Ihre Engel, ob Sie nun von ihnen wissen oder nicht.

In der Bibel hatte Jesus Engel um sich, die ihm halfen. Ich weiß, dass er einen Schutzengel hatte, denn jeder, der als Mensch geboren wird, hat einen. Jesus

rief seinen Schutzengel und andere Engel um Hilfe an.
Warum also sollten wir seinem Beispiel nicht folgen?

Auch in anderen Religionen haben die Religionsführer über alle Zeiten hinweg die Engel um Hilfe angeru-
fen. Viele Menschen verstehen nicht, wie wichtig die
Beziehung zwischen Engeln und Menschen ist. Wir
haben einen freien Willen, aber wir haben auch Engel,
die uns dazu anhalten können, das Richtige zu tun, das,
was Gott sich von uns wünscht. Das ist die Aufgabe, die
Gott den Engeln zugewiesen hat. Und weil es ihre gott-
gegebene Pflicht ist, werden die Engel niemals aufgeben. Immer wenn Sie beten, sprechen Sie direkt mit
Gott. Ungeachtet dessen, ob Sie an Engel glauben oder
nicht, beten stets einige Engel mit Ihnen und verleihen
Ihrem Gebet dadurch mehr Macht und Kraft. Auch dies
gehört zu den Aufgaben, die Gott den Engeln gegeben
hat. Wir beten nie allein.

Bei derselben Signierstunde fragte mich ein Mann,
warum ich in meinem Buch ständig etwas über Gott
erzähle und nicht öfter über Jesus spreche. Ich antwortete ihm knapp: »Weil Gott es mir so aufgetragen hat!«
Ich bin mir nicht sicher, ob diese Antwort ihn wirklich
zufriedengestellt hat, deshalb möchte ich es hier etwas
näher erklären.

Als ich mit dem Schreiben von *Engel in meinem Haar*
anfing, wusste ich nicht, wie ich Gott in dem Buch nennen sollte. Ich wusste nicht, ob ich von Gott oder von
Jesus oder vom Heiligen Geist sprechen sollte. Und ich
weiß, dass er in verschiedenen Religionen, die ich nicht
kenne, unterschiedlich bezeichnet wird. Mir ist auch
bewusst, dass die Hingabe mancher Menschen in erster Linie auf Jesus gerichtet ist. Für mich ist Jesus Gott.

Ich wusste, dass ich mein Buch für Menschen aller Religionen schreiben würde, und ich wollte niemanden durch den Namen, mit dem ich Gott bezeichne, verärgern. Ich bat Gott daher um Hilfe, und Er fragte mich: »Wenn du betest, Lorna, wie nennst du mich dann?« »Gott natürlich«, antwortete ich.

»Und so sollst du mich auch in diesem und in allen weiteren Büchern nennen«, sagte Gott. »Wenn du von mir sprichst, dann nenne mich Gott, denn das ist universell. Ich bin der Vater und der Sohn und der Heilige Geist. Ich bin Gott. Schreib und sprich in einfachen Worten, Lorna, damit die Menschen es verstehen.«

An diesem Tag wurden mir so viele Fragen gestellt. Manche waren sehr persönlich, andere eher allgemeiner Natur. Eine Adoptivmutter, die zu mir kam, sagte, ich hätte geschrieben, dass Babys sich ihre Mütter aussuchen und lieben, selbst wenn sie nie geboren werden oder noch ganz klein sterben. Sie wollte nun wissen, wie es bei Adoptiveltern war. Wurden auch sie von den Kindern ausgesucht?

Ein Kind sucht sich auch seine Adoptivmutter aus. Deshalb ist es so wichtig, dass werdende Adoptiveltern beim Auswahlverfahren auf ihr Gefühl und ihren Schutzengel hören – denn ihre Verbindung zu dem Kind besteht bereits. Aus diesem Grund kommt es gelegentlich vor, dass Leute, die immer gesagt haben, sie wünschten sich ein Mädchen, plötzlich einen Jungen adoptieren. Oder sie adoptieren ein Kind in einem ganz anderen Alter, als sie es sich ursprünglich vorgestellt hatten, oder ein Kind mit einer Behinderung. Adoptiveltern sind auserwählt. Ein Baby hat sie sich ausgesucht und liebt sie bereits. Daher müssen sie zuhören. Die

Engel leiten sie an, die richtige Entscheidung zu treffen. Die Engel sagten mir, diese Frau habe sich richtig entschieden. Ihre Tochter habe sie sich ausgesucht und habe sie schon immer sehr geliebt, sowohl vor der Adoption als auch jetzt, wo sie bereits zehn Jahre alt war.

Der Höhepunkt der Signierstunde war für mich ein junger Mann, der wahrscheinlich Ende 20 war. Als er auf mich zukam, um sich sein Buch signieren zu lassen, trat seine Seele hervor. Die Engel sagten mir, bei der Lektüre von *Engel in meinem Haar* sei er zum ersten Mal mit spirituellen Inhalten in Berührung gekommen. Ich freute mich sehr darüber, seine Seele und seine Freude über diese neue Entdeckung zu sehen. Wir begegneten einander recht früh, wahrscheinlich noch in der ersten Stunde, aber er blieb die ganze Zeit über da. Stundenlang sah ich ihn aus dem Augenwinkel. Ich erhaschte stets nur einen kurzen Blick auf ihn, denn die Engel ließen nicht zu, dass ich richtig hinsah. Stunden später, als ich mit dem Signieren fertig war, stand er immer noch da – nun mit seiner Frau, die ich nicht kennengelernt hatte. Er leuchtete, als ob das Licht seiner Seele aus ihm herausstrahlte. Ich wollte stehen bleiben und ihn anschauen, aber die Engel forderten mich auf, weiterzugehen.

Am Ende der Signierstunde war ich erschöpft, aber ich fühlte mich gut. Ich wusste, dass Dinge geschahen, auch wenn es sich in manchen Fällen eher um versteckte Wunder handelte. Ich war zahlreichen Menschen begegnet. Viele von ihnen hatten mir ihre Sorgen und Fragen anvertraut, und ich bat Gott und die Engel inständig, ihre Gebete zu erhören. An diesem Tag sah ich unzählige Engel, die den Menschen zur Seite standen. Ihnen war aufgetragen worden, die Schutzengel dieser Menschen bei ihrer Arbeit zu unterstützen.

Kapitel 31

Der Junge, in dessen Seele ein Engel wohnt

Eines Tages rief mich meine Mutter an, um mir zu sagen, dass Molly, eine Cousine meines Vaters, in Cork im Krankenhaus lag. Mam war sehr daran gelegen, dass Molly wenigstens hin und wieder Besuch hatte, deshalb fragte sie mich, ob ich sie nicht auch einmal besuchen könne. Ich zögerte, immerhin benötigte man für den Hin- und Rückweg jeweils zweieinhalb Stunden mit dem Auto, aber ein Engel flüsterte mir ins Ohr, dass ich hingehen sollte.

Ein paar Tage später machte ich mich auf den Weg. Es war nicht allzu viel Verkehr, und ich kam zeitig an. Der Krankenhausparkplatz war ziemlich voll, und ich musste bis ans Ende fahren, um eine Parklücke zu finden. Der Parkplatz war voller Schlaglöcher, und es hatte geregnet, daher suchte ich mir meinen Weg zum Krankenhaus, indem ich um die Pfützen herumlief. Da erschien Michael neben mir und fragte mich: »Erinnerst du dich noch daran, dass Gott dich vor vielen Jahren darum gebeten hat, für jemanden zu beten, in dessen Seele ein Engel wohnt?«

Ich sah ihn an. Wie hätte ich das je vergessen können? Vor Jahren, als Megan noch ein winziges Baby
gewesen war, hatte der Engel Michael mir gesagt, dass
mir ein ganz besonderer Mensch gezeigt werden würde, für dessen Schutz ich mein ganzes Leben lang beten
müsse. Damals fragte ich Michael, was an dem Menschen denn so besonders sei. »Ich kann dir nur sagen«,
erwiderte Michael, »dass ein Engel in der Seele dieser
Person wohnt.« Der Gedanke, dass es in Irland, dem
Land, in dem ich wohne, jemanden geben sollte, dessen
Seele einen Engel beherbergte, überwältigte mich.
Michael ergriff meine Hand und erklärte mir, dass ich
diesem Menschen erst in einer ganzen Weile begegnen
würde. Gott aber wolle, dass ich mir bereits jetzt bewusst
darüber würde. Ich wollte noch mehr wissen, aber
Michael gab mir keine weitere Auskunft. Er schärfte mir
lediglich ein, dass ich für diesen Menschen beten solle,
denn dies sei Gottes Wunsch, und damit verschwand er.

Als ich den Weg vom Parkplatz zum Krankenhaus
hinaufging, fiel mir eine Frau in einem marineblauen
Mantel auf, die eilig vor mir herging. Sie war größer als
ich, schlank und hatte schwarzes Haar. Ich sah sie nur
von hinten. Als ich am Krankenhauseingang ankam,
spürte ich ein paar Regentropfen. Auch auf der Treppe
im Krankenhaus ging eine Frau in einem dunklen Mantel an mir vorbei. Ich sah sie ebenfalls nur von hinten.
Ich fragte die Engel, ob das dieselbe Frau sei, und sie
bejahten es. Daraufhin fragte ich die Engel, warum sie
mir nicht erlaubten, das Gesicht der Frau zu sehen. Es
beunruhigte mich etwas. Doch die Engel gaben mir keine Antwort. Ich wollte gerade etwas herumlaufen, um
vielleicht doch noch einen Blick auf ihr Gesicht zu erha-

schen, da fragte mich eine Krankenschwester, ob sie mir helfen könne.

Als ich in Mollys Zimmer kam, freute sie sich sehr, mich zu sehen. Während wir uns unterhielten, hielt ich ihre Hand und betete im Stillen darum, dass sie wieder gesund würde. Ein Krankenpfleger brachte etwas Tee und bot auch mir eine Tasse davon an. Molly und ich saßen beieinander, tranken Tee und unterhielten uns. Das war wirklich schön. Doch plötzlich wurde Molly unruhig. Sie machte sich Sorgen wegen des Verkehrs. Sie sagte, er sei sehr heftig und ich solle lieber gehen, bevor er zu dicht würde. Da erschien ein Engel. Er saß am Fußende von Mollys Bett und nahm ihre Hand. Im gleichen Moment öffnete sich eine Sekunde lang das Licht um Mollys Schutzengel, und ihre Angst ließ etwas nach. Als ich den letzten Schluck Tee aus meiner Tasse trank, sah ich, dass an der Tür zu Mollys Zimmer ein weiterer Engel erschien. Er sagte mir, es sei an der Zeit zu gehen. Ich gab Molly einen Kuss auf die Wange und verabschiedete mich von ihr. Als ich an der Tür war, forderte der Engel mich auf, noch einmal zurückzuschauen. Das tat ich und sah, dass Molly bereits eingeschlafen war und ein Engel ihre Hand hielt. Es war ein wunderschöner Anblick.

Bei Sonnenschein verließ ich das Krankenhaus und ging zum Parkplatz. Mir fiel auf, dass sich um mich herum immer mehr Engel versammelten. Ich fragte sie, was sie alle dort machten, aber sie ignorierten mich. Auf dem Weg zum Parkplatz erschien der Engel Michael neben mir. »Molly möchte zwar nicht, dass du in einen Verkehrsstau gerätst, aber ich glaube, Gott hat etwas andere Pläne.«

»Der Verkehr kommt mir gar nicht so schlimm vor«, erwiderte ich. Michael lächelte mich an. »Soll das heißen, dass ich gleich etwas sehen werde?«, fragte ich ihn. Ich war so überwältigt, dass ich kaum atmen konnte.

»Ganz ruhig, Lorna, atme tief durch«, sagte Michael und nickte mit dem Kopf.

»Werde ich es hier in Cork sehen?«, hakte ich mit zitternder Stimme nach.

Wieder nickte Michael. »Stell jetzt keine weiteren Fragen mehr, Lorna, sondern steig ins Auto!«

Als ich den Zündschlüssel umdrehte, blickte ich hinter mich. Erst jetzt bemerkte ich, dass ich nicht rückwärts ausparken konnte, weil andere Autos mir den Weg versperrten. Der ganze Parkplatz war voller Autos, die offenbar alle zur selben Zeit wegfahren wollten. Es ging kaum voran. Ich konnte nichts tun, also saß ich einfach da und betete.

Etwa zehn Minuten später forderte ein Engel mich auf, den Rückwärtsgang einzulegen. Das tat ich, und kurz darauf hupte mir ein Auto zu und ließ mich zurückstoßen. Nun befand ich mich in der Autoschlange, die sich auf eine Ausfahrt an einer stark befahrenen Straße zubewegte. Etwa eine halbe Stunde nachdem ich das Krankenhaus verlassen hatte, erreichte ich das obere Ende der steilen Zufahrt, die vom Parkplatz auf die Hauptstraße führte. Dort stand ich nun mit angezogener Handbremse und wartete auf eine Lücke im Verkehr, damit ich auf die andere Straßenseite hinüberfahren konnte. Plötzlich tauchten überall zahlreiche Engel auf. Immer noch wartend beobachtete ich, wie sie sich zwischen den Autos hin und her bewegten, aber es tat sich nach wie vor keine Verkehrslücke auf. Wieder erschien der Engel Michael neben mir. »Siehst du den weißen Lieferwagen rechts von dir, Lorna? Er wird dir gleich ein Zeichen geben, dass du vor ihm rausfahren kannst. Mach dir keine Gedanken darüber, ob du dabei die Straße blockierst!« Michael verschwand wieder. Vor dem weißen Lieferwagen befanden sich noch etwa sechs Autos, aber schließlich hatte er die Parkplatzeinfahrt erreicht, und es geschah genau das, was Michael angekündigt hatte. Also fuhr ich auf die Straße und blockierte dabei ein paar Augenblicke lang die erste Spur, bis mich ein zweites Auto auf der Gegenfahrbahn einfädeln ließ. Nun stand ich in der nächsten Schlange, und wieder bewegte sich kaum etwas vorwärts.

Ich konnte die Gegenwart all meiner Engel spüren: Michael, Hosus, Elija, Kaphas, Elisha und viele mehr. Sie wiesen mich an, nur geradeaus zu schauen. Engel Michael sagte wortlos: »Achte auf den Bus!« Noch während er sprach, kam bereits ein Doppeldeckerbus auf mich zu. Wie in Zeitlupe fuhr er in einer leichten Schlangenlinie und stieß dann gegen ein leeres geparktes Auto. Der Fahrer stieg aus dem Bus aus. Er war sichtlich verwirrt und wunderte sich, wie er das andere Auto nur hatte anfahren können. Der gesamte entgegenkommende Verkehr war mittlerweile zum Stillstand gekommen, sodass sich auf der Spur rechts von mir gar keine Autos mehr befanden.

Es wurde unglaublich still. Die Gegenwart meiner Engel war nun extrem stark zu spüren. Nichts rührte sich mehr – keine Autos, keine Menschen, keine Vögel. Alles war vollkommen still. Nicht einmal die Blätter an den Bäumen bewegten sich. Doch mir fiel auf, dass eine

Lichtenergie wie Dunst vom Boden aufstieg. Man forderte mich auf, nach rechts zu schauen, und dort erblickte ich die Frau mit dem marineblauen Mantel, die mir schon vorher aufgefallen war. Sie ging etwa sechs Meter von mir entfernt auf dem Gehsteig entlang. Ihre Bewegungen liefen in extremer Zeitlupe ab, und um sie herum war alles besonders ruhig. Dann betrat sie die leere Fahrbahn neben mir. Ich beobachtete sie ganz genau, damit ich nur ja nichts übersah, was Gott mir möglicherweise zeigen wollte. Mein ganzer Körper fühlte sich extrem leicht an. Ich spürte nicht einmal mehr den Autositz, auf dem ich saß.

»Was soll ich sehen?«, fragte ich Michael. Nach einer Weile, die mir wie eine Ewigkeit vorkam, forderte er mich auf, wieder nach rechts zu schauen. Ich erblickte einen Jungen. Er schien sich in einer ganz normalen Geschwindigkeit zu bewegen, ließ sich beim Gehen aber Zeit, wie das Jungs nun einmal tun. Er war groß und schlank, hatte glattes schwarzes Haar und trug eine Schuluniform. Er war etwa zehn Jahre alt. Die Frau bewegte sich immer noch im Zeitlupentempo. Als sie etwa in der Mitte der Fahrbahn angekommen war, drehte sie sich um und rief nach dem Jungen. Ich wusste sofort, dass sie seine Mutter war. Ihre Stimme klang gedämpft, daher weiß ich nicht, in welcher Sprache sie redete. Womöglich war es nicht einmal Englisch. Als der Junge den Gehweg verließ, um seiner Mutter zu folgen, schien es so, als ob auch er sehr viel langsamer würde und sich kaum noch bewegte. Jede seiner Bewegungen kam mir wie eine Reihe von Bewegungswellen vor. Es war ein unglaublicher Anblick. Er bewegte sich innerhalb eines purpurfarbenen Lichts mit einem tiefblauen Schimmer, das sich knapp einen Meter um ihn herum ausdehnte. Seine Füße schienen dabei nicht einmal den Boden zu berühren. Es war, als geschähe all dies in einer anderen Zeit oder an einem anderen Ort. Beim Gehen veränderte sich das Aussehen des Jungen ständig. Mal sah er aus wie ein großer, attraktiver Erwachsener, dann wieder wie ein Knabe. Auf diese Weise veränderte sich seine Erscheinung mehrere Male. Plötzlich blieb der Junge mitten auf der Straße stehen – er war jetzt nur noch etwa eineinhalb Meter von mir entfernt –, drehte sich um und lächelte mich unumwunden an. Sein ganzes Gesicht strahlte, und es war, als explodierte das purpurblaue Licht um ihn herum und höbe ihn vom Boden ab. Mit einem unglaublichen Lichtschwall trat die Seele des Jungen hervor, und zusammen mit ihr erschien der Engel, der in seiner Seele wohnte.

Für einen Sekundenbruchteil sah ich nur den Engel. Er war sehr groß, hatte riesige Flügel und war in einen cremefarbenen Stoff gehüllt, in dessen Falten etwas Gold schimmerte. Doch das Unfassbarste an seiner Erscheinung waren seine extrem tiefen, leuchtenden Augen. Noch während der Explosion des purpurblauen Lichts verschmolz der Junge mit seiner Seele und dem Engel darin zu einem riesigen Wesen. Es war so groß, dass die Gebäude an der Straße viel kleiner wirkten als sonst. Das Wesen schien zunächst nach oben zu schweben, senkte sich dann aber plötzlich wieder auf den Boden herab. Die Augen des Jungen strahlten mit einer ungeheuren Kraft, und ich blickte in eine gewaltige purpurblaue Tiefe hinein. Diese Augen werde ich nie mehr vergessen. Jetzt, wo ich darüber schreibe, wird mir zum ersten Mal bewusst, dass ich die Augen des Engels sah, die durch die menschlichen Augen des Jungen schauten. Ich war außer mir vor Freude. Von all den Dingen, die ich an diesem Tag gesehen hatte, überraschte und begeisterte mich dieses Erlebnis am meisten.

Schließlich nahm der Junge wieder seine normale Gestalt an. Als er so vor mir stand, nickte er mir mit einem Lächeln zu. Auch die Zeit begann nun wieder, mit normaler Geschwindigkeit zu laufen. Die Frau ging raschen Schrittes weiter, und der Junge rannte ihr hinterher. Auch der Verkehr kam wieder in Bewegung. Ich war noch ganz überwältigt von dem, was ich soeben gesehen hatte, und kann mich nicht mehr daran erinnern, wie es mir gelungen ist weiterzufahren. Bei der erstbesten Gelegenheit hielt ich am Straßenrand an und rief nach Michael, um ihn zu fragen, was das alles zu bedeuten hatte.

»Ein Engel wohnt in der Seele dieses Jungen, Lorna.«

Ich fragte Michael, wie oft so etwas schon vorgekommen sei.

»Fast noch nie, denn so etwas geschieht sehr selten«, erwiderte Michael. »Erinnerst du dich noch an den Moment, als der Engel Elija zum ersten Mal zu dir kam? Du warst damals noch ein Kind, und Elija ging übers Wasser und erzählte dir von Joe.« Ich nickte. Wie hätte ich das je vergessen können?

»Elija war einer jener seltenen Menschen«, fuhr Michael fort, »in deren Seele ein Engel wohnt. Viele Menschen kannten ihn als den Propheten Elija. Wenn Gott möchte, kann er Elija als Engel mit einer Botschaft aussenden. Das hat er in deinem Fall getan.«

Als ich Michael fragend ansah, fuhr er fort. »Normalerweise werden Seelen nicht als Engel wieder zur Erde
geschickt, und Engel haben keine Seelen, Lorna. Der
Prophet Elija und dieser Junge sind etwas sehr Seltenes
und Besonderes.« Während Michael diese Worte
sprach, ergriff er meine Hände und schenkte mir ein
wunderbares Lächeln. Ich lächelte zurück.

»Ich kann mir gar nicht vorstellen, dass ihr Engel
noch ›besonderer‹ sein könntet, als ihr es ohnehin schon
seid«, sagte ich. Michael lächelte erneut.

»In diesen seltenen Fällen erlaubt Gott einem Engel,
in der Seele eines Menschen zu wohnen und Teil seiner
Seele zu werden. Gott hat dies jetzt wieder zugelassen.
Du sollst nun für diesen Jungen beten, während er auf-
wächst und in die Welt hinausgeht. Bete dafür, dass er
leben darf und tun kann, was Gott von ihm möchte. Es
könnte nämlich auch sein, dass ihm etwas zustößt. Deshalb braucht er deine Gebete so dringend. Du musst
dafür beten, dass er leben darf.«

Ich wollte Michael noch so viele Fragen stellen, aber
in diesem Moment verschwand er. Ich weiß, dass es
Dinge gibt, die unser menschliches Fassungsvermögen
übersteigen. Und ich weiß, dass wir nie alles verstehen
werden. Während ich nach Hause fuhr und darüber
nachdachte, was ich soeben erlebt hatte, betete ich aus
ganzem Herzen dafür, dass der Junge die Möglichkeit
haben würde, erwachsen zu werden und zu erfüllen,
was Gott sich von ihm wünschte.

Ich bete immer noch täglich für ihn, denn dieser Junge spielt eine wichtige Rolle für die Zukunft der Menschheit. Er muss die Möglichkeit haben, sich dafür einzu-
setzen, Frieden auf der Welt zu schaffen, Kriege und

Hungersnöte zu beenden sowie allen Menschen Gerechtigkeit zuteilwerden zu lassen, sodass jeder ein erfülltes Leben führen kann.

Kapitel 32

Jimazen

Das Jahr nach Erscheinen des Buches war hektisch. Ich gab sehr viele Interviews und reiste häufig nach London. Außerdem war ich natürlich immer noch Mutter. Megan war erst zwölf Jahre alt und wie alle Teenager sehr anstrengend. Zum Glück waren mir Ruth und die anderen Kinder eine unglaubliche Hilfe und Unterstützung, sonst hätte ich das alles gar nicht geschafft.

Die Engel hatten mich darauf hingewiesen, dass es viel Mühe kostet, ein Buch zu schreiben, aber sie hatten mir nie erklärt, wie schwierig und anstrengend diese Arbeit tatsächlich ist. Und sie hatten mich überhaupt nicht darauf vorbereitet, wie viel Arbeit nach Erscheinen des Buches noch auf mich zukommen würde. Ich hatte mir ziemlich naiv vorgestellt, ich bräuchte nur das Buch zu schreiben und das wäre es dann.

An einem Samstag im Frühjahr nach der Veröffentlichung des Buches beschloss ich, mir etwas Zeit für mich selbst zu gönnen. Ich wollte ein verwandtes Ehepaar besuchen, das in einem Haus in einem sehr abgelegenen Tal irgendwo in den Wicklow-Bergen wohnt. Die Landschaft dort ist atemberaubend. Daher machte ich mich früh auf den Weg, denn ich hatte vor, meinen Besuch kurz zu halten, um noch ein wenig Zeit ganz allein für mich in den Wicklow-Bergen zu haben.

Es war zwar Frühjahr, aber nicht sehr warm. Der Himmel war leicht bedeckt, aber hin und wieder kam die Sonne durch. Es sah überhaupt nicht nach Regen aus. Die Bergstraßen waren sehr schmal, und ich bog einfach willkürlich ab, bis ich mich schließlich auf dem Gipfel eines Berges wiederfand. Irische Berge sind vergleichsweise niedrig, daher sprechen wir manchmal von Hügeln und manchmal von Bergen. Der höchste Berg in Wicklow ist nicht einmal 1000 Meter hoch. Auf dem Gipfel ebendieses Berges befand ich mich nun und parkte den Wagen neben der Straße. Dort oben wuchs nicht viel – ein wenig Ginster und Heidekraut –, zudem gab es jede Menge Felsen und Gestein. Die Landschaft war sehr weitläufig und offen, und in der Ferne konnte ich weitere Berge sehen. Einige waren sogar etwas höher. Außerdem konnte ich in ein Tal mit einem Fluss hinunterschauen.

Plötzlich wurde alles sehr hell. Zunächst dachte ich, es liege an der Sonne, aber dann merkte ich, dass dem nicht so war. Es wurde sehr ruhig, und es war, als stünde alles still. Ich wusste, dass gleich der Engel Jimazen erscheinen würde, und hatte große Angst.

Seitdem ich den Engel Jimazen zum ersten Mal gesehen habe, fürchte ich mich vor ihm und vor dem, was sein Erscheinen bedeutet. Das ist noch heute so. Jimazen ist sehr mächtig und enorm wichtig für unsere Erde. Er ist der Hüter unseres Planeten. In vielerlei Hinsicht könnte man ihn als den Schutzengel der Erde bezeichnen.

Wir müssen erkennen, dass unser Planet lebendig und sehr schön ist. Er ist ein Geschenk Gottes, aber eines, das wir uns mit anderen teilen. Es mag unglaublich klingen, aber unser Planet hat tatsächlich eine eigene Lebenskraft beziehungsweise einen eigenen Geist. Manche Religionen bringen dies durch die Bezeichnung »Mutter Erde« zum Ausdruck. Jimazen ist der Engel, der alles tut, um Mutter Erde zu beruhigen und zu besänftigen. Er sorgt dafür, dass sie ruhig bleibt.

Meine erste Begegnung mit Jimazen verlief ganz anders als bei allen anderen Engeln. Ich war damals etwa fünf Jahre alt, und wir wohnten noch in Old Kilmainham. Ich stand in unserem Garten und schaute über die Mauer zu den Apfelbäumen unseres Nachbarn. Dabei spielte ich mit ein paar Kieselsteinen. Plötzlich umgaben mich zahllose Engel. Sie sagten: »Lorna, schau mal, der Engel da drüben!« Ich stellte mich auf die Zehenspitzen und spähte zwischen den Apfelbäumen hindurch, aber ich konnte nichts sehen.

»Der Engel versteckt sich wohl«, sagte ich. »Ich sehe bloß das Licht, das durch die Apfelbäume auf das Gras und die Wildblumen fällt.«

»Schau über die Apfelbäume, Lorna!«, sagten die Engel. Das tat ich, und da sah ich den riesigen Engel. Wie ein männlicher Riese stand er etwa fünf Meter vor mir über den Bäumen. Ich habe keine Ahnung, wie weit er in den Himmel hinaufreichte. Er trug eine Schutzrüstung in Gold und Rot mit einem schwarzen Schimmer. Sein Gesicht wirkte streng, doch in gewisser Weise auch sanft. Ich trat von der Mauer zurück, und die Engel um mich herum flüsterten mir ins Ohr: »Es ist alles in Ordnung, Lorna. Hab keine Angst.«

Dieser riesige Engel schaute zu mir herunter und lächelte. »Lorna, ich bin der Engel Jimazen.« Er streckte seine linke Hand aus und berührte mich. Für einen Sekundenbruchteil war es, als wäre ich neben ihm, als stünde ich neben seinem riesigen Fuß, und im nächsten Augenblick befand ich mich wieder neben der Gartenmauer. Es war richtig unheimlich.

»Atme, Lorna!«, sagte Jimazen. In seiner rechten Hand hielt er einen riesigen Holzstab, der fast so groß war wie er selbst. Der Stab war mächtig und riesig, aber das war Jimazen ja auch. Da fing der Stab an zu wachsen. Er wurde nach unten hin immer länger, bis er den Boden berührte. Jimazen tippte die Erde damit an, sodass sie erzitterte. Ich spürte das schwache Beben unter meinen Füßen, und damit verschwand Jimazen wieder. Das Beben hatte mich zutiefst erschreckt. Solche Bewegungen der Erde hatte ich noch nie gespürt. Ich drehte mich um und rannte, so schnell ich konnte, ins Haus.

Die Engel um mich herum flüsterten mir ins Ohr, alles sei gut, aber ich hatte immer noch Angst. Zum Glück war Mam im Fahrradladen meines Vaters im vorderen Teil des Hauses, als ich hineingerannt kam. Sie machte mir ein Marmeladenbrot. Das tröstete mich ein wenig und half mir, die Angst zu vergessen.

Ich muss nicht in der freien Natur sein, damit Jimazen erscheinen kann. Genauso gut könnte ich anderswo sein, zum Beispiel in meiner Küche. Ich habe Angst davor, dass er erscheint, denn es bedeutet stets, dass er

Schwierigkeiten hat, den Geist der Erde unter Kontrolle zu halten, und zwar wegen Dingen, die wir Menschen getan haben. Mit anderen Worten, sein Erscheinen bedeutet, dass wir in großen Schwierigkeiten stecken! Meistens höre ich auch einige Zeit danach von einer Naturkatastrophe irgendwo auf der Welt – sei es ein Erdbeben, Überschwemmungen, Erdrutsche, Vulkanausbrüche oder dergleichen.

Jimazen hat mich gelehrt, dass wir, die wir auf der Erde leben, aufhören müssen, unseren Planeten zu zerstören. Wir müssen aufhören, die Flüsse und die Atemluft mit Umweltgiften zu verseuchen, die Wälder abzuholzen, tief in die Erde hineinzubohren und Löcher in ihre Oberfläche zu reißen, um ihr zu viel Öl, Gas und andere Mineralien zu rauben.

Mutter Erde versucht verzweifelt, sich zu schützen. Sie will das wertvolle Leben auf und in ihr nicht vernichten. Aber der Schaden, den wir ihr zufügen, und das Tempo der Zerstörung sind zu groß, und wir lassen ihr nicht genug Zeit, um zu heilen. Unter diesen Umständen kann sie gar nicht anders, als zu reagieren und sich zu schützen, sich zu drehen und zu winden in dem Bemühen, sich zu heilen. Aber wenn sie das tut, dann vernichtet sie das Leben, das auf ihr gedeiht und aus ihr erwächst.

Als ich älter wurde, fiel mir auf, dass es für Jimazen immer schwerer wird, den Geist der Erde unter Kontrolle zu halten. Jimazen ist wütend auf uns, weil wir nicht auf ihn hören. Er sagt mir, dass er die Erde kaum noch kontrollieren kann, weil wir Menschen sie immer mehr verwunden. Wir bringen sie um.

Als ich nun an diesem Frühlingstag auf dem Berg in Wicklow stand, wusste ich, dass mir Jimazen wieder erscheinen würde, und ich war voll banger Vorahnungen.

Dann bebte die Erde, und Jimazen erschien über mir. Er war etwa zehn Meter von mir entfernt. Er war ein Riese wie immer, und wie üblich sah ich keine Flügel. Doch er hielt seinen Stab in der Hand und wirkte wütend und enttäuscht. Er übermittelte mir ohne Worte, dass er verzweifelt versuchte, den Geist der Erde unter Kontrolle zu halten. Allerdings war er sich nicht mehr sicher, ob es ihm noch gelingen würde. Er war gekommen, um die Menschheit zu warnen.

Aus irgendeinem mir unverständlichen Grund bat er mich, zu Gott zu beten. Ich weiß nicht, warum ein so mächtiger Engel meine Gebete braucht. Er bat mich zu beten, damit der Geist der Erde nicht zu heftig reagiert. Denn wenn Mutter Erde sich zu sehr dreht und windet, kann das sehr zerstörerisch wirken und viele Leben kosten.

Dann war Jimazen verschwunden. Ich stand zitternd da und war zutiefst betrübt. Ich zitterte so sehr, dass ich keine Ahnung habe, wie ich wieder zum Auto gekommen bin. Plötzlich aber saß ich drinnen im Warmen. Ich muss ein oder zwei Stunden betend dort gesessen haben. Ich dachte darüber nach, was mir früher schon über den Geist der Erde gezeigt worden war.

Als mir zum ersten Mal der Geist von Mutter Erde gezeigt wurde, war ich 14. Ich ging gerade mit Shane, dem Schäferhund unserer Nachbarn, spazieren. Shane blieb auf einmal stehen und legte sich neben mir auf den Weg. Ich wusste nicht, warum er das tat. Plötzlich spürte ich Jimazens Gegenwart und merkte, dass er über mir erschienen war. Er stieß seinen Stab leicht auf den Boden, wie er es bei unserer ersten Begegnung getan hatte, und dabei hörte ich, wie mit sanfter und liebevoller Stimme mein Name gerufen wurde. Ich wusste sofort, dass dies die Stimme von Mutter Erde war.

Da öffnete sich die Erde, und ich konnte in ihren Kern hineinschauen. Im Zentrum, fast wie ein ungeborenes Baby in sich zusammengerollt, war Mutter Erde. Sie war unglaublich schön – groß und geschmeidig und ganz glatt. In goldenen Venen flossen Smaragdfarben in Blau und Grün ineinander. Schon beim ersten Anblick hatte ich keinerlei Zweifel, dass sie weiblich war. Sie sah sich nach mir um. Ihre menschenähnliche Gestalt war von hinreißender Schönheit. Sie hatte keinen Kopf wie wir, ihr Gesicht befand sich stattdessen in ihrem Körper. Sie sprach nicht mit mir, sondern lächelte nur, und ich durfte zusehen, wie sie sich sanft drehte. Ich konnte keine Arme erkennen, so wie wir sie haben. Vielmehr schien es, als habe sie Unmengen von Armen – aber sie sahen nicht so aus wie die Tentakel eines Kraken. Eher war es so, als wehten unzählige Seidensegel aus ihr hervor. Während ich sie beobachtete, wurde sie scheinbar immer länger. Mit sanften Bewegungen streckte sie ihre segelähnlichen Arme nach jenen Teilen des Planeten aus, die Heilung brauchten.

Der Geist der Erde ist wie eine Mutter, die ihre Jungen versorgt, die auf ihr leben. Wir leben auf der Erdkruste – auf ihrer Haut. Andere Lebensformen wohnen in ihr. Alles Leben ist ihr sehr kostbar – Menschen, Tiere, Bäume und Blumen, die Meere und die Flüsse, die Berge und Wüsten. Wir verlangen zu viel von ihr. Wir können nicht ständig an der Erde zerren, immer nur nehmen und ihr nichts zurückgeben. Wenn wir ein menschliches Organ, zum Beispiel die Nieren, überlasten, werden wir krank und müssen vielleicht sogar sterben. Dasselbe gilt auch für die Erde. Wenn wir zu viel Druck auf sie ausüben, dann reagiert sie und kämpft um ihr eigenes Überleben. Auch die globale Erderwärmung ist eine Reaktion der Natur auf unsere Misshandlung der Umwelt.

Jimazen hat mir gesagt, dass wir damit aufhören müssen: »Wenn Mutter Erde keine Zeit hat, sich zu erholen und zu heilen, wird sie sich wahrscheinlich eines Tages unglaublich drehen und winden müssen, um zu überleben. Und das wird mit größter Wahrscheinlichkeit sehr viel Leben vernichten.« Jimazen ist ein äußerst mächtiger Engel mit einer enormen Aufgabe, für die er seine große Kraft braucht. Er ist wunderschön, aber er jagt mir auch Angst ein. Es fällt mir extrem schwer zu beschreiben, was ich in seiner Nähe empfinde. Er ist ein sehr leidenschaftlicher und emotionaler Engel, und er zeigt mir seine Emotionen auf eine Art und Weise, wie das kein anderer Engel tut. Auch seine Macht lässt er mich spüren wie kein anderer Engel. Er donnert und schimpft über das, was wir tun, und er ist zutiefst frustriert, weil es ihm nicht gelingen will, uns aufzuhalten. Ich habe Angst vor seiner Macht, aber gleichzeitig weiß ich, wie wichtig er für das Überleben der Erde und der Menschheit ist.

Der Engel Jimazen spürt den Schmerz von Mutter Erde und hat großes Mitgefühl mit ihr und mit uns, aber in vielerlei Hinsicht liegt er im Kampf mit der Erde. Er versucht, sie unter Kontrolle zu halten, und ruft Gott an, ihm dabei zu helfen. Manchmal sehe ich ihn im

Kampf. So etwas habe ich noch bei keinem anderen
Engel Gottes gesehen. Aber wenn er mit Mutter Erde
kämpft und versucht, sie niederzuringen und sie davon
abzuhalten, sich aufzubäumen, dann tut er das aus Liebe.

Jimazen ist wie ein Donnergrollen über der Erde.
Wenn ich ihn sehe, bleibt er stets nur wenige Sekunden
lang stehen. Aber eines Tages hielt er für einen Moment
inne und zeigte mir etwas, das ich nur als einen die Welt
umspannenden Lichtschild bezeichnen kann. Dieser
Schild bestand aus einer Reihe gerader Lichtlinien, die
von einem Punkt zu einem anderen verliefen. Die Linien
kamen mir nicht viel breiter vor als ein Bleistiftstrich.
Ich habe keine Ahnung, wie weit die einzelnen Punkte
voneinander entfernt waren. Es gab Unmengen dieser
Linien, und sie überkreuzten sich ständig. Nie lag eine
Linie über der anderen. Ich fragte, wozu dieser Schild
da sei, und die Engel sagten mir, er solle Partikel vom
Planeten Erde fernhalten.

Die Punkte, an denen sich die Linien überschneiden,
sind Jimazen zufolge die »Ecken der Erde«. Es gibt
Unmengen davon. Ich weiß nicht, warum es in diesem
Muster so viele Ecken geben kann, und ich verstehe es
auch nicht – aber so wurde es mir erklärt. An jeder Ecke
steht ein Engel. Diese Engel haben die Aufgabe, Jimazen zu helfen, und sie verlassen ihre Ecke nie. Jimazen
bewegt sich an den Lichtlinien entlang. Er ist der einzige Engel, den ich kenne, der sich auf diese Art und Weise fortbewegt. Er arbeitet ständig daran, den Schild
intakt zu halten. Seine Aufgabe erfüllt ihn mit großem
Stolz, und er verlässt die Erde nie. Die meisten Engel
kommen und gehen, aber ich weiß nicht, ob Jimazen je

woanders war als auf der Erde. Ich weiß nur, dass er seit den Anfängen der Erde hier ist und auf ewig – oder zumindest solange es den Planeten Erde gibt – hier sein wird.

Manche Menschen leisten Großartiges für die Umwelt, aber wir müssen alle unseren Beitrag dazu leisten. Wir müssen erkennen, dass wir alle eine Verantwortung für die Erde haben und dass künftige Generationen einen schrecklichen Preis dafür bezahlen, wenn wir diese Verantwortung nicht ernst nehmen. Stellen Sie sich einmal vor, Ihre Enkel oder Urenkel müssten unter einer Plastikkuppel oder in einem hermetisch abgeschlossenen Bereich leben, in dem alles – einschließlich der Atemluft – kontrolliert wird. Wir können unser Verhalten durchaus ändern. Mir wurde eine mögliche Zukunft gezeigt, in der unser Planet Erde wunderbar grün, die Luft herrlich rein und alles ganz anders ist als heute – und in der es eine unglaubliche Fülle wunderschöner natürlicher Dinge gibt. Aber damit wir diese Zukunft erreichen, müssen wir anfangen zu handeln, und zwar schnell.

Es war dunkel, als ich schließlich tief betrübt von Wicklow nach Hause fuhr.

Kapitel 33

Reinkarnation

Ich reiste mit Jean nach Amsterdam, um Interviews zu geben, einen Vortrag zu halten und Gespräche mit dem niederländischen Verlag zu führen. Wir wohnten in einem fantastischen Hotel an einer Gracht. Offensichtlich war das Hotel unter Autoren berühmt. Es hatte sogar eine Bibliothek mit lauter handsignierten Büchern der Autoren, die in diesem Hotel übernachtet hatten. Ich war hocherfreut, als ich gebeten wurde, mein Buch zu signieren und es in die Bibliothek zu stellen.

Am ersten Tag zogen wir los, um ein Restaurant zu suchen, in dem wir zu Mittag essen konnten. Als ich das Hotel verließ, nahm der Engel Michael mich bei der Hand und flüsterte mir ins Ohr: »Im Laufe der nächsten Tage wirst du etwas ganz Besonderes sehen. Etwas, das man nicht sehr oft zu sehen bekommt.«

Ich antwortete lächelnd: »Ich mag Überraschungen.« Ich glaubte, dass sich dieses Besondere auf Amsterdams Sehenswürdigkeiten bezog. Aber nein, die Engel hatten eine noch viel größere Überraschung für mich parat.

Amsterdam gefiel mir sehr. Es ist eine wunderschöne Stadt. Überall sind Menschen auf Fahrrädern zu sehen.

Man fährt im Anzug mit dem Fahrrad zur Arbeit, Frauen sind in ihren schönsten Abendkleidern auf dem Fahrrad zu einer Veranstaltung unterwegs und plaudern dabei mit ihrem Partner, und Eltern haben auf Kindersitzen oder in Anhängern ihre kleinen Kinder mit dabei. Außerdem sah ich natürlich jede Menge Engel. Manchmal schienen sie auf demselben Fahrrad zu fahren.

Wir saßen im Außenbereich eines Restaurants an einem belebten Platz, aßen zu Mittag und beobachteten das pulsierende Leben um uns herum. Nach dem Mittagessen wollte Jean ein paar Dinge erledigen, und wir verabredeten uns eine Stunde später im Hotel.

Jean war kaum gegangen, da flüsterte mir der Engel Michael ins Ohr: »Schau mal zur Straße, Lorna!« Das tat ich. Die Straße war voller Menschen, die die ganze Zeit hin und her gingen. Etwa drei Schritte hinter ihnen sah ich das Licht ihrer Schutzengel. Es waren auch andere Engel da, und hin und wieder ging sogar eine Seele neben einem Menschen her. Dann kamen zwei junge Männer die Straße entlang und blieben an einer Ecke etwa fünf Meter von mir entfernt stehen. Sie unterhielten sich.

Michael flüsterte mir erneut ins Ohr: »Sieh genau hin, Lorna!« Die beiden jungen Männer beendeten ihre Unterhaltung, und das Licht um ihre Schutzengel öffnete sich. Dabei schien für einen kurzen Moment alles auf der Straße zum Stillstand zu kommen. Einer der beiden Männer sah noch recht jung aus. Er war etwa Anfang 20. Der andere war größer und circa zehn Jahre älter. Es war, als ob die Engel die beiden einrahmten und sie näher heranholten, damit ich sie besser sehen konnte – ungefähr so, als würde ich ein vergrößertes Foto betrachten. Nach ein paar Sekunden schloss sich das Licht um die Schutzengel der Männer wieder, aber der Vergrößerungseffekt hielt an.

Michael flüsterte mir wieder ins Ohr: »Sieh ganz genau hin, Lorna!« Mehrere Engel standen nun um die beiden jungen Männer herum. Einige andere Engel gingen zwischen ihnen hindurch, und zwei Engel stellten sich genau zwischen ihnen auf. Ich weiß gar nicht, wie die Engel dort Platz fanden, denn die beiden Männer standen sehr dicht beieinander. Es fasziniert mich immer wieder, wenn die Engel so etwas tun.

Die beiden Männer fingen wieder an miteinander zu reden, und jetzt wurde mir meine Überraschung gezeigt! Die Seele des älteren Mannes bewegte sich in seinem Körper. Dann trat sie daraus hervor, und ich sah das Erscheinungsbild eines Soldaten – nicht das eines Soldaten aus dem Ersten oder Zweiten Weltkrieg, sondern aus wesentlich früherer Zeit. Die Haut dieses jungen Soldaten war hell und etwas blass. Er hatte ein ovales Gesicht, blaue Augen und braunes Haar. Seine Kleidung bestand aus einem schweren, grauen, rauen Stoff und reichte ihm bis unter die Knie. Seine Schuhe waren aus grobem Leder gefertigt und hatten Riemen. Quer über den Rumpf hatte er ein Schwert geschnallt, und auf dem Rücken trug er eine weitere lange, spitze Waffe. Ich konnte sehen, dass an seinem Gürtel noch mehr Waffen befestigt waren, Messer zum Beispiel. Durch seine Waffen wirkte er groß und gefährlich, aber ich erkannte auch, dass er nach heutigen Maßstäben kein besonders großer Mann war.

Michael sagte wortlos zu mir: »Dieser Mann hat ein früheres Leben. Er war damals Soldat.« Ich schaute den

Mann noch einmal an. Ich konnte immer noch gleichzeitig seine heutige Erscheinung und sein früheres
Leben sehen. Beide sahen zu mir herüber. Sein Freund
stand neben ihm, aber so, als ob ihn die Engel für diesen Moment eingefroren hätten. Da verstand ich, dass
die beiden Engel da waren, um den jüngeren Mann
davon abzuschirmen, was mir über seinen Freund
gezeigt wurde.

Das Licht um den Schutzengel des reinkarnierten
Mannes öffnete sich wieder. Sein Schutzengel sah nicht
sehr menschenähnlich aus. Er war eher wie ein strahlender, wunderschöner Wirbel, der sich hinter dem
Mann drehte. Aber ich hatte eindeutig das Gefühl, dass
der Schutzengel männlich war.

Als die Umgebung wieder normal wurde, sah ich den
Soldaten im Inneren des Mannes immer noch sehr
deutlich. Er verabschiedete sich von seinem Freund,
überquerte rasch die Straße und ging davon. Ich blieb
sitzen und dachte über die Reinkarnation nach. Ich
wollte Michael so vieles fragen. Ich wollte wissen, warum mir gezeigt worden war, was ich gerade gesehen
hatte. Aber ich durfte ihm keine Fragen stellen.

Bis heute sind mir nur etwa 20 reinkarnierte Seelen
gezeigt worden. Ich erinnere mich an die Frage eines
Journalisten, ob wir alle reinkarniert werden, sobald
wir sterben. Die Frage überraschte mich ein wenig. Ich
erklärte ihm, dass mir noch nie eine Seele gezeigt wurde, die nach dem Tod nicht geradewegs in den Himmel
gegangen ist, und ich stellte ihm eine Gegenfrage:

»Wenn wir im Himmel sind, warum sollten wir dann zurückkommen wollen?« Wir möchten gerne glauben, dass wir wiederkommen, weil die Menschen, die wir geliebt haben, traurig sind und uns vermissen. Das mag wohl so sein. Aber eine Seele, die im Himmel ist, kann von dort aus sehr viel mehr für ihre Familie tun denn als Mensch auf der Erde. Die Seele eines geliebten Menschen kann zum Beispiel mit uns kommunizieren. Ich bin immer wieder überrascht, wie viel leichter es den meisten Menschen fällt, eine Nachricht von einer Seele zu hören als von einem Engel. Das liegt daran, dass die Seele in einem menschlichen Körper gelebt hat. Oft erzählen mir Leute, dass sie bei einem Problem gespürt haben, dass ihre Großmutter oder ein anderer geliebter verstorbener Mensch ihnen geholfen hat. Wahrscheinlich haben sie recht. Das ist eine der Möglichkeiten, wie Seelen im Himmel den Lebenden helfen können. Eine weitere ist, dass sie als Vermittler für uns eintreten können, entweder bei Gott oder einem anderen Menschen, wenngleich Letzteres bedeutet, dass der Schutzengel dieses Menschen das zulassen muss. Das ist ein umfassendes Thema, aber ich gebe gerne weiter, was die Engel mich darüber gelehrt haben und was ich selbst erlebt habe.

Wenn wir gestorben sind und in den Himmel kommen, will unsere Seele nicht mehr auf die Erde zurück. Sie ist sehr glücklich im Himmel. Sie kehrt nur zurück, wenn Gott sie zurückschickt. Aber wenn Gott sie zurückschickt, dann kommt sie wahrscheinlich nicht in dieselbe Familie oder dasselbe Volk zurück. Ich habe nur sehr selten gesehen, dass so etwas geschieht, wenngleich ich es jetzt bei meinen Reisen häufiger sehe.

Gelegentlich wird mir, wenn ich irgendwo unterwegs bin, jemand gezeigt, der reinkarniert ist. Dann bitte ich Gott darum, dieser Seele zu helfen, damit sie die Aufgabe, für die sie gekommen ist, erfüllen kann.

Ich erinnere mich an ein Ereignis, das sich zutrug, als ich etwa zehn Jahre alt war. Ich saß auf dem Boden in dem Haus in Ballymun und sah fern. Neben mir saß der Engel Elija. Er sagte mir, der Mann, den ich da im Fernsehen sehe, sei reinkarniert. Diese Seele sei wiedergekommen, um der Menschheit zu helfen, sich weiterzuentwickeln. Der Mann im Fernsehen war Martin Luther King. Mir wurde eine Vision seines vorherigen Lebens gezeigt. Er war weiß, was sicher viele überraschen wird. Er lebte in einer kleinen ländlichen Gemeinde. Ich habe keine Ahnung, wann oder wo auf der Welt das war – ich weiß nur, dass er damals nicht Englisch sprach. Er schien der Leiter dieser kleinen Gemeinde zu sein, aber zugleich arbeitete er genau wie alle anderen auch. Ich sah, wie er mit anderen Männern, Frauen und Kindern Steine von rauen, aber grasbewachsenen Feldern aufsammelte. Er sagte den anderen, was sie tun sollten, arbeitete aber selbst mit. Die Leute bereiteten offenbar das Land vor und errichteten zudem einen Schutzwall rings um die Gemeinde herum. Ich weiß, dass er – Martin Luther King – ein sehr religiöser Mann, ein Mann mit einem starken Glauben war, aber wie wir alle war auch er nicht vollkommen. Gott hat ihm das Leben nicht leicht gemacht, doch mir wurde gezeigt, dass er eine enorme Charakterstärke und einen unbeugsamen Willen besaß, für das Richtige zu kämpfen.

Elija rief mir Folgendes ins Gedächtnis: »Vergiss nicht, Lorna, dass Gott dem Menschen den freien Wil-

len geschenkt hat und dass auch diejenigen, die reinkarniert sind, einen freien Willen haben. Manchmal tun
sie nicht das, was sie eigentlich tun sollten, oder sie
geben eine Weisheit nicht wie vorgesehen weiter.«

»Hat denn Martin Luther King die Aufgabe nicht
erfüllt, für die er reinkarniert worden war?«, fragte ich
Elija.

»Doch, Lorna, das hat er. Er hat den Menschen über-
all auf der Welt den Glauben an Gerechtigkeit und
Gleichheit geschenkt – er hat ihnen die Würde und den
Mut verliehen, für Dinge zu kämpfen, die richtig sind.
Er hat all das nicht nur der Familie, in die er wiederge-
boren wurde, sowie den Afroamerikanern geschenkt,
sondern der ganzen Menschheit. Noch in kommenden
Generationen werden alle, die auf irgendeine Art und
Weise unterdrückt werden, aus Martin Luther Kings
Leben Mut schöpfen. Selbst heute werden Menschen,
die sich für ältere Leute oder Obdachlose oder für das
Recht auf Arbeit einsetzen, wissentlich oder unwissent-
lich davon beeinflusst, was Martin Luther King getan
hat. Diese Seele hat erreicht, wozu Gott sie auf die Erde
zurückgeschickt hat. Aber manchmal kann eine Seele
nur einen Bruchteil ihrer Aufgabe erfüllen. In vielen
Fällen vernichten die Menschen solche Personen.«

Als ich etwa elf Jahre alt war, ging ich mit meinem
Vater zum Angeln. In einem kleinen Dorf mit nur einer
Straße hielten wir vor einem Laden mit zwei Zapfsäulen
an. Dort wurde gerade ein Traktor repariert, und vor
dem Laden saß ein älterer Mann in einem Schaukelstuhl und rauchte Pfeife. An der Wand war eine große
Menge Feuerholz aufgestapelt, und neben der Tür standen Gummireifen und Plastikeimer. Paps öffnete die

Motorhaube des Wagens und bat mich, Wasser für den Kühler zu holen. Er selbst wollte schnell in den Laden gehen, um ein paar Dinge zu besorgen und nach den besten Angelplätzen am nahegelegenen Fluss zu fragen.

Wasser in den Kühler zu gießen war ziemlich schwierig für mich, weil ich so klein war. Während ich mich noch auf diese Aufgabe konzentrierte, erschien der Engel Hosus neben mir. Als ich fertig war, sagte er: »Schau mal zu dem alten Mann dort drüben!« Das tat ich. Der alte Mann saß immer noch da und rauchte seine Pfeife. Hin und wieder klopfte er sie seitlich gegen seinen Stuhl. Während ich ihn beobachtete, öffnete sich das Licht um seinen Schutzengel, und ich durfte sehen, dass er reinkarniert war. Die Seele des alten Mannes trat hervor und zeigte mir, wie er in seinem früheren Leben ausgesehen hatte. Sie zeigte mir einen Mann mit einer kräftigen Statur und breiten Schultern. Er hatte lange schwarze zusammengebundene Haare, braune Augen und ein freundliches Gesicht. Er sah eigentlich nicht wie ein Ire aus, aber ich habe keine Ahnung, welche Nationalität er hatte. Er trug einfarbige schwarze Kleidung aus einem schweren wollähnlichen Stoff. Alles an seiner Erscheinung war das genaue Gegenteil des alten Mannes, der da im Schaukelstuhl saß. Der zerbrechliche, dürre alte Mann fing nun an, langsam in seinem Stuhl vor- und zurückzuschaukeln. Da umhüllte sein Schutzengel ihn vollständig, griff nach seiner Seele, führte sie sanft heraus und setzte sie danach mit unglaublicher Zärtlichkeit und Liebe wieder in seinen Körper hinein. Den alten Mann durchlief dabei offensichtlich ein leichter Schauer.

Wenn jemand reinkarniert wird – so haben es die Engel mir gesagt –, muss sein Schutzengel ebenfalls wiederkommen und sein Leben mit ihm teilen. Das liegt daran, dass der Schutzengel der Torhüter dieser Seele ist.

»Warum wurde dieser alte Mann reinkarniert?«, fragte ich Hosus.

»Weil diese Familie lernen musste, einander zu lieben und füreinander da zu sein«, antwortete Hosus lächelnd.

»Das kommt mir aber sehr einfach vor«, bemerkte ich.

»Manchmal ist es wirklich so einfach, Lorna, aber manchmal verstehen es die Leute einfach nicht«, erwiderte er. »Die Liebe ist ein grundlegender Bestandteil des menschlichen Lebens. Sie ist sehr wichtig. Sie ist eine der stärksten und kostbarsten Gaben, die die Menschheit hat.«

Ich schaute den Mann noch einmal an. »Er wirkt so zerbrechlich, Hosus. Wird er bald sterben?«

Hosus sah mich an und nickte. »Sei nicht traurig, Lorna. Seine Seele wird bald in den Himmel gehen. Er wird an seinem Lieblingsplatz sterben, in seinem Schaukelstuhl.«

In diesem Moment kam mein Vater aus dem Laden, und Hosus verschwand wieder. Paps schloss die Motorhaube, und als wir losfuhren, warf ich noch einmal einen Blick auf den alten Mann in dem Schaukelstuhl und auf seinen Schutzengel, der ihn so zärtlich liebte.

Am ersten Abend in Amsterdam hielt ich einen Vortrag. Meinen ersten! Als ich vor der schönen alten Kirche, in der der Vortrag stattfinden sollte, aus dem Taxi stieg, sah ich den Engel Michael am Eingang stehen. Ich freute mich sehr, ihn zu sehen. Er berührte meine Hand, als ich an ihm vorüberging, und erfüllte mich mit Ruhe und Freude. Als ich den Saal betrat, hatten schon einige Leute darin Platz genommen, und die Engel um sie herum waren ganz aufgeregt vor lauter Vorfreude.

Ich konnte noch eine Weile in Ruhe für mich in einem Büro sein, dann ging ich wieder in den Saal. Das Licht jedes einzelnen Schutzengels war extrem hell, und jede Menge andere Engel schwebten umher. Im Stillen bat ich darum, das Licht der Engel möge etwas gedämpft werden, damit ich die Männer und Frauen vor mir besser erkennen konnte. Während der anschließenden Fragerunde öffnete sich zu meiner Überraschung das Licht um die Schutzengel hinter den jeweiligen Fragestellern, und ich konnte deren Schutzengel deutlich erkennen. Das ließ mich jedes Mal einen Augenblick lang zögern. Vielleicht glaubten die Leute, ich dächte über die richtige Antwort nach!

Es ist wunderbar mitanzusehen, dass so viele Menschen sich spirituell weiterentwickeln wollen und erkennen, dass sie tatsächlich einen Schutzengel haben, der der Torhüter ihrer Seele ist und sie nie verlässt – nicht einmal für einen einzigen Moment. Es war ein Privileg für mich, dass ich eingeladen worden war, vor diesen wunderbaren Männern und Frauen zu sprechen. Ich bat um Gottes Segen für jeden Einzelnen und für ihre Familien. Die Organisatoren hatten ihre Sache großartig gemacht.

Ich hatte überhaupt nicht erwartet, während meiner Zeit in Amsterdam ein weiteres Beispiel für eine Reinkarnation zu sehen. Aber die Engel überraschten mich auch weiterhin und zeigten mir im Laufe der nächsten paar Tage sogar noch mehrere.

Zwischen einigen Zeitungsinterviews machte ich mit Jean einen Spaziergang, um etwas frische Luft zu schnappen. Da flüsterte der Engel Michael mir ins Ohr: »Pass gut auf, Lorna, damit du nichts verpasst!« In diesem Moment fuhr ein Mann auf einem Fahrrad mit einem Kinderanhänger vorbei. In dem Anhänger saßen ein etwa siebenjähriger Junge und ein circa vierjähriges Mädchen. Ich nahm an, es war ein Vater mit seinen Kindern. Als sie vorüberfuhren, durfte ich sehen, dass beide Kinder Reinkarnationen waren. Das verwunderte mich. Ich konnte nur einen flüchtigen Blick auf sie werfen. Zu meiner Überraschung war das kleine Mädchen die Reinkarnation eines Jungen. Das war neu für mich. Um ehrlich zu sein, ich hatte mir nie Gedanken darüber gemacht, ob Reinkarnationen immer dasselbe Geschlecht haben. Aber wenn ich darüber nachdenke: Warum sollten sie? Wenn sie in andere Familien, Nationalitäten und Hautfarben hineingeboren werden können, warum dann nicht auch in ein anderes Geschlecht?

Mir wurde das frühere Leben des kleinen Mädchens als etwa siebenjähriger Junge gezeigt. Er hatte eine schwarze kleine Kappe auf dem Hinterkopf, daher wusste ich, dass er Jude war. Unter einer kleinen Jacke trug er ein weißes Hemd, aber mehr konnte ich von ihm nicht sehen. Das kleine Mädchen drehte sich um und sah in meine Richtung. Gleichzeitig drehte sich auch der Junge aus ihrem früheren Leben in ihrem Inneren

zu mir um. Er lächelte mich mit seinen schönen, dunkel-
braunen Augen an. Von der anderen Seele, die reinkarniert war, sah ich weniger. Die Seele trat hervor, und
mir wurde ein Junge gezeigt, der ein paar Jahre jünger
war als der siebenjährige Junge, der er im jetzigen
Leben war. Ich hatte nicht den Eindruck, dass er Jude
war. Ich konnte wirklich nur einen ganz kurzen Blick
auf sein Gesicht erhaschen, bevor der Vater mit dem
Fahrrad außer Sicht war. Ich sah jedoch funkelnde
Augen in einem eher blassen Gesicht, das von sehr
dichten schwarzen Locken umgeben war, als seien die
Haare etwas zu lang geworden.

Bei diesem Spaziergang in Amsterdam begegneten
wir zahlreichen Jugendlichen. Ich erwähnte das Jean
gegenüber, und sie meinte, das könne an dem Einkaufszentrum in der Nähe liegen. Ich war mir aber nicht
sicher, dass dies der einzige Grund war, weil auch so
viele Engel zugegen waren. Einer der Engel sagte zu
mir: »Viele junge Leute sind hier, um sich auf der spirituellen Ebene mit dir zu verbinden.«

Ein junges Mädchen von etwa 14 Jahren mit blon-
dem Haar ging mit ein paar Freundinnen an mir vorbei.
Das Licht ihres Schutzengels umgab sie und ließ sie
leuchten, sodass sie sich von ihren Freundinnen abhob.
Die Seele des Mädchens trat hervor, und mir wurde
gezeigt, dass ihre Seele eine Reinkarnation war. Ich
wandte mich an Michael und fragte ihn: »Was geht da
vor sich?« Aber er legte einen Finger an die Lippen, um
mir zu signalisieren, dass er nicht antworten würde.
Die Seele des Mädchens zeigte sich mir so, wie es in
seinem letzten Leben gewesen war. Aus irgendeinem
Grund sah ich die Seele sitzend, obwohl das Mädchen

stand. Ich sah eine Frau von etwa 30 Jahren. Sie sah ihrer jetzigen Reinkarnation überhaupt nicht ähnlich. Sie hatte eine sehr helle Haut und trug lange, maßgeschneiderte Kleidung, die ihre hübsche Figur betonte. Sie sah wohlhabend aus. Ihre Kleidung war von einer guten Qualität, und sie trug eine kleine Goldbrosche an ihrem Kleid und eine Handtasche aus Glanzleder. Ein Engel sagte mir, sie sei an ihrem Wohnort eine Frau von Macht und Einfluss gewesen.

»Michael«, rief ich ohne Worte, denn ich wollte ihn unbedingt fragen, was vor sich ging. Warum wurden mir plötzlich so viele junge reinkarnierte Menschen gezeigt? Und warum so viele in Amsterdam? Doch Michael sagte lediglich: »Keine Fragen, Lorna!«

Ich war wirklich fasziniert von dem, was ich gesehen hatte, und auf dem Weg zurück zum Hotel dachte ich über die Frage der Reinkarnation nach und darüber, was mir die Engel im Laufe der Jahre darüber gesagt und gezeigt hatten. Zum Glück hatte Jean offenbar nicht das Bedürfnis, sich zu unterhalten, denn ich war völlig in meine Gedanken vertieft.

Viele Menschen möchten gerne glauben, dass wir reinkarniert werden, sobald unser physischer Körper stirbt, besonders Eltern, die ein Kind verloren haben. Manchmal behaupten Mütter, ihr Kind sei die Reinkarnation ihrer Mutter oder ihres Großvaters oder sogar eines verstorbenen Geschwisters. Sie sagen dann, das Kind lächle wie die tote Oma, habe dieselbe Gestik oder verwende beim Sprechen dieselben Wendungen. Das mag zwar zutreffen, aber es liegt wahrscheinlich nicht daran, dass das Kind die Reinkarnation der Großmutter ist. Vielmehr bedeutet es vermutlich nur, dass dieses

Kind etwas mehr vom genetischen Code der Großmutter in sich trägt, der über die Mutter an das Kind weitergegeben wurde. Ich verstehe, warum viele Menschen so etwas sagen, besonders, wenn sie einen geliebten Menschen verloren haben. Alle Menschen suchen bei ihren Kindern Eigenschaften von geliebten Menschen, die verstorben und in den Himmel gegangen sind. Wir sollten dabei aber stets Folgendes bedenken: Wenn es für unsere Seelen an der Zeit ist, unseren Körper zu verlassen und in den Himmel zu gehen, werden wir dort den lieben Menschen begegnen, die vor uns gegangen sind.

Ich erinnere mich, dass ich als Teenager oft Shane, den Hund unserer Nachbarn, in unserer Siedlung Gassi geführt habe. Einmal war ich ein wenig müde und setzte mich auf eine kleine Mauer, die um eine weitläufige Grünanlage gezogen war. Viele Mütter und Kinder waren draußen unterwegs und genossen die Sonne. In meiner Nähe standen ein paar Mütter mit Babys in Kinderwagen. Eine weitere Mutter kam dazu, zog eine Decke hinter dem Kissen ihres Babys hervor und stützte das Kind damit ab. Dann setzte sie sich auf die Mauer. Ganz in der Nähe spielten andere Kinder, und in einiger Entfernung sah ich in einem Vorgarten eine Mutter mit ihrem Baby auf dem Arm, die sich mit einer Nachbarin unterhielt. Neben dem neugeborenen Baby sah ich eine schöne menschliche Seele. Sie war männlich und sah anders aus als die Seelen, die ich bisher gesehen hatte. Sie wirkte eher wie Milchglas. Einerseits war sie durchaus hell und klar wie Kristall oder Wasser, aber andererseits sah sie aus, als sei sie mit einer durchscheinenden Substanz überzogen. Ich konnte weniger Einzelheiten ihrer menschlichen Erscheinung erkennen als bei vielen anderen Seelen, die mir gezeigt worden waren. Sie wirkte recht jung, groß und gut gebaut. Die Seele war sehr sanft und liebevoll und sprach ununterbrochen wortlos mit dem Baby. Ich fragte die Engel, was vor sich ging, aber sie antworteten mir nicht.

Nach einer Weile stand ich auf und führte Shane weiter spazieren. Ich ging Richtung Flussufer. Dort konnte ich Shane von der Leine lassen, und er durfte zwischen den Bäumen und Büschen umherrennen. Als ich gerade dabei war, ihm Stöckchen zu werfen, erschien der Engel Michael. Ich freute mich, ihn zu sehen, und rannte auf ihn zu, aber Shane war zuerst dort und legte sich neben ihn auf den Boden.

»Ich habe gehört, dass du Fragen hast, Lorna«, sagte Michael lächelnd.

»Ja, Michael. Als ich heute auf der Mauer saß und die Seele beobachtet habe, die zu dem Neugeborenen sprach, habe ich mich gefragt, warum sie bei dem Baby stand. Inzwischen ist mir wieder eingefallen, dass einige Seelen manchmal ausgiebig auf Babys einreden und dass diese Seelen immer ein wenig anders aussehen. Wer sind sie, und warum geschieht das bei den einen Babys und bei den anderen nicht?«

»Bei den Seelen, die du bei den Neugeborenen gesehen hast, handelt es sich um solche, die bereits einmal auf der Erde gelebt haben, Lorna. Sie sprechen mit einem Baby, um ihm die Charakterstärke zu geben, die es braucht, um wichtige Herausforderungen in seinem Leben zu meistern. Es sind Lehrerseelen. Eine Lehrerseele gehörte möglicherweise zur Familie des Babys, aber das muss nicht der Fall sein. Sie vermittelt dem

Neugeborenen Charakterstärke, die es in seinem Leben nutzen kann, wenn es das möchte.«

»Ich glaube, das verstehe ich nicht ganz«, sagte ich leicht verwirrt.

»Mit der Zeit wirst du es verstehen, Lorna«, erwiderte Michael sanft. »Du hast schon so viel gelernt.«

Lachend sagte ich: »Das liegt daran, dass ich die besten Lehrer hatte.« Dann fragte ich: »Was meinst du mit ›wenn es das möchte‹, Michael?«

»Du hast immer Fragen über Fragen, Lorna«, bemerkte Michael lächelnd, und damit verschwand er. Ich spielte noch eine Zeitlang mit Shane und ging dann nach Hause.

Jahre später erfuhr ich mehr über die Seelen, die mit neugeborenen Babys über die Reinkarnation sprechen. Es war wieder einmal bei einem Angelausflug mit meinem Vater.

Paps hatte mich eingeladen, an einem Sonntag mit ihm zum Angeln zu gehen, und ich freute mich sehr darauf. Wir stellten die Angelausrüstung bereit und machten uns dann früh am Sonntagmorgen auf den Weg. Zwei Stunden später fuhr Paps links ran und parkte an einer Straße neben einem Wald. Ich fragte ihn, wo der Fluss sei, und Paps sagte, wir müssten ein Stückchen dorthin wandern. Wir holten die gesamte Ausrüstung aus dem Wagen und liefen durch den Wald und danach durch raues, felsiges Gelände. Wie sich herausstellte, hatte sich die Wanderung gelohnt – der Fluss war herrlich.

Als Paps und ich am Fluss standen und unsere Angeln vorbereiteten, schlug er mir vor, an Ort und Stelle zu angeln, er selbst wollte einen knappen Kilometer flussaufwärts gehen. Ich sah Paps nach, als er am Fluss entlangging, bis er außer Sicht war.

Ich angelte gerade einmal zehn Minuten, als ich hörte, dass mein Name gerufen wurde. Ich drehte mich um, und auf einem Felsen saß der Engel Michael, gekleidet wie ein Angler. Er trug Gummistiefel, die ihm bis übers Knie hinaufreichten, und hielt eine Angelrute in der Hand. Lachend holte ich meine Angelschnur ein und ging zu ihm. »Na, hast du heute schon was gefangen?«, fragte ich ihn schelmisch, und als er den Kopf schüttelte, lachten wir beide.

Ich legte die Angelrute ab und setzte mich Michael gegenüber auf einen Felsen. »Lorna«, begann er, »ich bin gekommen, um dir ein bisschen mehr über die Lehrerseelen zu erzählen, die du bei neugeborenen Babys siehst.«

»Ja, Michael«, erwiderte ich interessiert und fügte hinzu: »Ich habe übrigens noch etwas beobachtet. Sobald die Babys größer werden und anfangen zu sprechen, ist die Lehrerseele nicht mehr bei ihnen.«

»Ich habe dir noch nicht erklärt, dass die meisten neugeborenen Babys sich nicht daran erinnern, was die Lehrerseele ihnen sagt, Lorna. Bei den Gesprächen mit neugeborenen Babys ist es am wichtigsten, dass der Persönlichkeit des Kindes Charakterstärke verliehen wird. Meistens lässt Gott so etwas zu, weil Führungseigenschaften benötigt werden. Es wird jemand gebraucht, zu dem die Menschen aufschauen können. Manchmal geht es um die Führung in einer Familie, es kann aber auch um die Führung eines Landes oder der ganzen Welt gehen. Und manche Menschen sollen die Führung bei einer bestimmten Aufgabe übernehmen, zum Beispiel beim Einsatz für Gerechtigkeit.«

»So wie zum Beispiel einige führende Persönlichkeiten der Geschichte?«, fragte ich Michael.

»Ja«, antwortete er, »das ist *ein* Beispiel, aber es gibt zahllose Menschen – Männer wie Frauen, ja sogar Kinder –, die in keinem Geschichtsbuch stehen und dennoch die Fähigkeiten genutzt haben, die ihnen die Lehrerseelen mitgaben, um Herausforderungen zu meistern – ihre eigenen und die anderer. Gott hat bestimmte Seelen, die einst auf der Erde gelebt haben, als Lehrer auserwählt – als Lehrerseelen –, damit sie neugeborenen Babys von ihrem eigenen Leben als Mensch erzählen, um ihnen Charakterstärke zu vermitteln. Etwa eins von mehreren Hundert Babys hat eine Lehrerseele bei sich. Bei besonderen Herausforderungen sind es auch mehr. Wie ich bereits gesagt habe, vergessen die meisten Babys zwar alles, was ihnen gesagt wurde, aber es wirkt sich auf ihre Persönlichkeit aus. In sehr seltenen Fällen allerdings behält ein Kind eine Zeitlang im Gedächtnis, was seine Lehrerseele ihm gesagt hat, und spricht darüber, als spräche es von sich selbst. Das Kind kann dann vielleicht sogar Einzelheiten wiedergeben, als habe es diese selbst erlebt. Dann nennt es Daten und Namen und beschreibt Orte, die es noch nie gesehen hat – und die es vielleicht gar nicht mehr gibt. Womöglich spricht es sogar eine fremde Sprache. Es kommt sogar vor, dass es detailliert beschreiben kann, wie es gestorben ist. Es erzählt dann beispielsweise von einer tödlichen Verwundung auf einem Schlachtfeld oder dass es verhungert oder ertrunken ist. Deshalb denken die Erwachsenen manchmal, ein solches Kind sei eine Reinkarnation. Aber das ist etwas völlig anderes.«

»Ich verstehe, Michael«, sagte ich. »Jetzt ist mir klar, warum Erwachsene ein Kind für die Reinkarnation eines anderen Menschen halten können, obwohl in Wirklichkeit etwas ganz anderes geschehen ist. Als wir das letzte Mal über Lehrerseelen gesprochen haben, sagtest du, dass die Babys die Charakterstärke nutzen können, wenn sie wollen. Heißt das, Gott schickt ihnen diese, aber es ist ihrem freien Willen überlassen, ob sie diese Hilfe nutzen oder nicht?«

»So ist es, Lorna«, antwortete Michael, und damit verschwand er.

Ich ging wieder angeln und dachte darüber nach, was Michael mir gesagt hatte.

Mit einem Mal fing ich eine große Forelle. Sie wog etwa drei Pfund. Ich wusste, dass meine Mutter sich riesig darüber freuen würde. Ich packte meine Angelausrüstung zusammen und ging am Flussufer entlang. Nach etwa 15 Minuten sah ich Paps in der Ferne und rief ihm zu, dass ich einen Fisch gefangen hätte. Als ich bei ihm war, öffnete er seinen Korb – er hatte zwei gefangen. Wir freuten uns beide. Dann machte Paps ein Feuer und erhitzte eine Campingkanne voll Wasser, um einen Tee zu kochen. Zum Tee aßen wir ein paar Sandwiches. Als wir nach Hause kamen, war ich erschöpft, und Mam freute sich sehr über den Fisch.

Während ich dies schreibe, wird mir klar, welchen Schaden Erwachsene ihren Kindern unabsichtlich zufügen können. Früher achteten Eltern oder andere Erwachsene nicht weiter auf das, was Kinder sagten, aber jetzt, wo wir spirituell offener und bewusster werden, hören wir mehr auf unsere Kinder. Wenn heute ein Kind anfängt zu erzählen und sich dabei an das Leben einer anderen Seele erinnert, als wäre es sein eigenes, hören die Erwachsenen bereitwilliger zu. Manchmal forscht ein Erwachsener sogar ein wenig nach, und wenn er historisch bestätigt findet, was das Kind gesagt hat, behauptet er, das Kind sei eine Inkarnation eines bestimmten Menschen, und überzeugt das Kind davon, dass es dieses frühere Leben tatsächlich hatte. Eine solche Überzeugung kann die Entwicklung des Kindes tiefgreifend beeinflussen. Indem sie darüber sprechen, können Erwachsene dafür sorgen, dass ein Kind bestimmte Dinge in Erinnerung behält, die ihm von der Lehrerseele gesagt wurden. Und das verhindert möglicherweise, dass es das Leben, das ihm eigentlich zugedacht war, voll ausschöpft. Das Kind kann sogar schmerzliche Erinnerungen an den Tod der Lehrerseele behalten und dadurch traumatisiert werden.

Manchmal wird Menschen von anderen auf eine sehr schädliche Weise eingeredet, sie seien reinkarniert. Einmal kam eine Unternehmerin zu mir, die glaubte, sie sei in einem vorigen Leben ein gieriger, rücksichtsloser Geschäftsmann gewesen und habe skrupellos das Unternehmen und die Familie eines anderen Mannes zerstört. Deshalb würden nun all ihre geschäftlichen Vorhaben scheitern. Auch ein Problem mit einem Pachtvertrag sei deshalb entstanden, weil sie den Besitzer in einem früheren Leben gekannt und geschädigt habe.

Die Engel erklärten mir, dass nichts davon wahr sei. Die Frau benutze diese Vorstellung lediglich als Ausrede und fadenscheinige Begründung für ihr Scheitern. Statt sich realistisch und wie eine echte Unternehmerin anzusehen, was los war, und andere Möglichkeiten in Angriff zu nehmen, gebe sie einfach auf und behaupte, sie sei durch ihr früheres Leben blockiert. Niemand sollte ein früheres Leben als Ausrede dafür benutzen, nicht völlig im Hier und Jetzt zu leben.

Manchmal verwenden die Leute auch die »Ungerechtigkeit des Lebens« als Begründung dafür, sich auf ein neues Leben auf dieser Erde zu freuen. So fragen sich manche Leute zum Beispiel, warum ausgerechnet in ihrer Familie so viele Menschen von Krankheiten betroffen sind. Doch es ist nicht an uns zu beurteilen, was gerecht und was ungerecht ist. Uns wurde dieses und kein anderes Leben geschenkt, und es ist unsere Aufgabe, das Leben, das wir bekommen haben, voll auszuschöpfen – wie lang oder kurz es auch sein mag.

Ein oder zwei Jahre später erklärte Michael mir noch etwas mehr über die echte Reinkarnation. Ich ging am Kanal in der Nähe meines Elternhauses in Leixlip spazieren, da erschien Michael. Er saß auf einem Steinhaufen und schaute über den alten Damm zum Kanal.

»Gott möchte, dass ich dir helfe, noch etwas mehr über die echte Reinkarnation zu erfahren, Lorna«, sagte

Michael. Dann nahm er mich bei der Hand und erfüllte mich mit himmlischem Frieden.

»Gott liebt alle seine Menschenkinder bedingungslos, und Er hat euch allen den freien Willen geschenkt. Aber manchmal kann Gott kaum verstehen, warum Seine Menschenkinder einander das Leben so schwer machen oder warum sie sich und den Planeten, den Gott ihnen geschenkt hat, vernichten. Ich weiß, in gewisser Weise übersteigt die Aussage, dass der allwissende Gott Seine Menschenkinder nicht ganz versteht, das menschliche Vorstellungsvermögen. Ihr Menschen habt so viel Liebe und so viel Gutes in euch, Lorna, aber ihr macht alles so kompliziert. Gott möchte euch besser verstehen, damit Er Seinen Menschenkindern die besten Chancen für die Zukunft geben kann. Das ist einer der Gründe, warum Seelen reinkarniert werden.«

Ich sah in Michaels Augen, und auf der spirituellen Ebene verstand ich plötzlich. Ich führte die Hand zum Mund und sagte: »Oh mein Gott!«

»Verstehst du, Lorna?«, fragte Michael. Ich nickte, und er fuhr fort: »Deshalb hat Gott Seinen Sohn zur Erde gesandt. Sein Sohn ist Teil Gottes. Aus Gott geht Sein Sohn hervor, und aus Gott geht der Heilige Geist hervor. Die Seelen, die im menschlichen Körper wohnen, sind ein Teil von Gottes Körper. Unsere Seelen, nicht unsere Körper, sind Gottes Kinder. Gott möchte alles tun, was Er kann, damit ein sehr wichtiger Schritt in der Entwicklung der Menschheit vollzogen werden kann. Körper und Seele sollen eins werden.«

»Michael, jetzt bekomme ich ein wenig Angst, denn ich glaube, ich weiß schon, was du als Nächstes sagen willst.«

»Ja, Lorna, du weißt es. Sag es mit mir zusammen!« Michael und ich sprachen gleichzeitig: »Wenn Gottes Menschenkinder ihr Verhalten nicht ändern, wird Gott unsere Seelen aus den Körpern und nach Hause in den Himmel holen. Ohne unsere Seelen sind wir als Menschen nicht besser als das wildeste Tier und werden einander vernichten.«

Reglos stand ich vor Michael. Michael nahm mich in die Arme und tröstete mich. Ein paar Augenblicke später schenkte Michael mir ein sanftes Lächeln. »Gott liebt dich, Lorna.«

»Michael, ich muss dich etwas fragen«, sagte ich mit drängender Stimme. »Gott gibt uns nicht auf, oder?«

»Nein, Lorna. Das ist auch der zweite Grund, warum Gott einige seiner Kinder noch einmal zurückschickt, damit sie erneut als Menschen geboren werden. Manchmal reinkarniert Gott eine Seele, damit sie etwas wiedergutmacht, Hoffnung weckt oder Vertrauen aufbaut und dazu beiträgt, eine bessere Welt für die Menschheit zu erschaffen.« Und damit verschwand Michael.

Weder Michael noch ein anderer Engel hat alle Fragen beantwortet, die sich mir in Amsterdam zum Thema Reinkarnation stellten. Ich weiß immer noch nicht, warum mir in einem so kurzen Zeitraum mehrere reinkarnierte junge Menschen gezeigt wurden. Verändert sich etwas auf der Welt, oder hat es etwas mit Amsterdam zu tun? Die Engel antworten mir nicht immer gleich, wenn ich sie etwas frage, aber ich vertraue darauf, dass sie mir im Laufe der Zeit Antworten auf meine Fragen geben werden. Ich merke, dass sich mein Wissen ständig mehrt. Dazu tragen sowohl die Reisen als auch die Begegnungen mit Menschen bei – Verlegern, Journalisten, Lesern –, die mir Fragen zu Dingen stellen, über die ich bis zu dem Zeitpunkt noch nie nachgedacht habe. Bevor ich *Engel in meinem Haar* geschrieben hatte, wussten nur sehr wenige Menschen, was ich sehe. Daher hat mir früher niemand Fragen gestellt.

Ich genoss die paar Tage in Amsterdam, auch wenn ich dort viel arbeitete. Die Engel hatten recht behalten. Die reinkarnierten Seelen waren ebenso eine gelungene Überraschung wie das Vergnügen, eine mir vollkommen unbekannte Stadt zu entdecken. Am letzten Abend konnte ich eine Bootsfahrt in den Grachten machen. Es war wunderschön. Es wurde gerade dunkel, und die Lichter in den Gebäuden und an den Brücken gingen an. Manche Grachten waren so schmal, dass der Kapitän seine ganze Kunst einsetzen musste, um das Boot hindurchzumanövrieren. Nur ein einziges Mal stieß er gegen eine Mauer. Der Stadtführer wies auf eine Gasse hin, die »Das nie endende Gebet« heißt, weil sich einst so viele Klöster dort befanden. Mir gefällt der Name!

Kapitel 34

Die Völkerengel

Eines Tages ging ich von Engeln begleitet ein Stück am Fluss Nore bei Inistioge in Irland entlang. Dort kann man wunderschön spazieren gehen. Ich war circa einen knappen Kilometer gelaufen, hatte aber bisher nicht mit den Engeln gesprochen. Ich genoss das Alleinsein – nun ja, das Beinahe-Alleinsein. Ich blieb stehen, hob einen Stock auf und setzte mich auf einen Stein direkt am Fluss. Ich tippte mit dem Stock aufs Wasser, als sich völlig überraschend ein weiblicher Engel neben mich setzte. Ich erschrak so sehr, dass ich fast von dem Stein gefallen wäre. Sie fing mich auf und lachte mich dabei aus. Ihre Berührung war so zart und leicht, dass es beinahe so schien, als fasse sie durch mich hindurch, aber ich fand mein Gleichgewicht wieder.

Der Engel war wunderschön und durchsichtig wie das Wasser. Sie erinnerte mich an einen smaragdgrünen Schmetterling, der das Licht grün, gelb, blau und rot reflektierte – in allen Farben, die auch von einem Fluss oder See widergespiegelt werden können. Ihr Körper reichte bis in den Fluss hinein und wurde dort eins mit ihm. Sie war der »Geist des Wassers«. Ich freute mich sehr, sie zu sehen. Sie streckte ihre Hand aus und berührte meine. Meine Hand wurde nass und warm. Ich konnte ihre Liebe spüren. Ein paar Augenblicke später entzog sie mir ihre Hand wieder, und ihre Fingerspitzen nahmen jeden einzelnen Wassertropfen von meiner Hand mit fort. Danach war diese völlig trocken. Ich lächelte den Engel an. Dabei fiel mir wieder ein, wie es war, als ich sie zum ersten Mal gesehen hatte. Damals konnte ich immer nur einen kurzen Blick auf sie erhaschen. Ich war noch ein Kind und mit meinem Paps beim Angeln. Schemenhaft sah ich, wie sie sich durchs Wasser bewegte, manchmal sehr schnell, dann wieder ganz langsam. Aber egal, mit welcher Geschwindigkeit sie sich bewegte, sie war stets nur sehr schwer zu erkennen. Dann erinnerte ich mich an ein ganz besonderes Mal.

Ich war etwa sechs Jahre alt und mit meiner Familie am Meer. Ich rannte im seichten Wasser am Strand auf und ab und sprang dabei über die kleinen Wellen. Da hörte ich, dass jemand meinen Namen rief. Ich blieb stehen, drehte mich um und schaute übers Meer. Aber ich sah nur Meer und Himmel. Ich ging weiter ins Wasser hinein, sodass es mir etwa bis zur Taille reichte, denn immer noch hörte ich die ganze Zeit, wie jemand meinen Namen rief, konnte aber niemanden sehen. Mein Paps hatte mich immer ermahnt, nicht weiter als bis zur Taille ins Wasser zu gehen, also blieb ich dort stehen. Ich streckte meine Arme aus und berührte mit den Händen sanft das Wasser. Manchmal spritzten mir die Wellen ins Gesicht, dann waren sie wieder recht ruhig. Plötzlich sah ich den Geist des Wassers neben mir schwimmen. Sie drehte sich um und umkreiste mich. Das brachte mich so sehr zum Lachen, dass ich fast ins Wasser gefallen wäre. Dann kitzelte sie mich, und ich musste noch mehr lachen. Ihre Berührung war sanft und warm. Ich erinnere mich, dass meine Schwester Emer zu mir herüberrief. Sie wollte wissen, worüber ich so lachte. Daraufhin verschwand der Geist des Wassers, und ich ging wieder an den Strand, wo Emer und Paps schon auf mich warteten.

Ich lächelte, als ich mich jetzt daran erinnerte, und der Geist des Wassers lächelte mit mir.

»Ich muss jetzt gehen, Lorna«, sagte sie und floss von dem Stein in den Fluss. Ich sah sie noch eine Sekunde lang, dann war sie vollständig verschwunden. Enttäuscht, dass sie schon weg war, drehte ich mich um und schaute neben mich auf den Stein. Nicht ein Tropfen Wasser oder auch nur eine Spur von Feuchtigkeit war zu sehen. Es war, als wäre sie nie da gewesen.

Im Laufe der Jahre habe ich mehr über den Geist oder den Engel des Wassers erfahren. Ich habe erfahren, dass Gott diesen Engel mit dem Wasser verflochten hat und dass sie überall dort ist, wo Wasser ist. Es ist für mich jedes Mal eine große Freude, sie zu sehen.

Es gibt viele verschiedene Arten von Engeln und so vieles, was ich Ihnen darüber sagen möchte, aber ich will Sie nicht mit zu vielen Informationen überschütten. Als ich Ihnen von den Ereignissen im Metropolitan Museum in New York berichtet habe, sagte ich auch, dass es Völkerengel gibt. Darüber möchte ich Ihnen nun ein wenig mehr erzählen.

Vor ein paar Jahren hatte ich mich eines Abends in Johnstown gemütlich auf dem Sofa eingerollt und sah die Nachrichten. Gerade lief ein Bericht über gewalttätige Proteste, über bewaffnete Soldaten in Kampfkleidung und Panzer, die unbewaffnete demonstrierende Menschen mit Spruchbändern angriffen. Plötzlich verschwamm das Bild, und die Stimme des Reporters klang verzerrt und wurde ganz leise. In der Mitte des Bildschirms erschien ein Völkerengel. Ich erschrak heftig.

Völkerengel sind sehr mächtige und energische Engel. Sie sind viel mächtiger als Ahnenengel oder Schutzengel. In gewisser Hinsicht sind sie eine Sonderform der Ahnenengel. Aber sie sind einem Land statt einer Familie zugewiesen. Innerhalb der Grenzen dieses Landes halten sie Wache, und wie Schutzengel verlassen sie nie das Volk, das sie beschützen. Völkerengel sehe ich nur, wenn in einem Land etwas Gravierendes geschieht.

Zutiefst erschrocken beobachtete ich den Bildschirm und betrachtete den Völkerengel. Um ehrlich zu sein, die Engel ließen mich nicht wissen, welches Land er beschützte oder in welchem Land sich die Unruhen abspielten. Wie alle Völkerengel, die mir bis jetzt gezeigt wurden, trug auch er eine schwere Rüstung, als zöge er in den Krieg. Die Rüstung war so massiv und schwer, dass sie undurchdringlich wirkte, als ob nicht einmal eine Atombombe ihr etwas anhaben könnte. Über der eigentlichen Rüstung befanden sich Metallstücke, Verstärkungen in unterschiedlicher Form.

Der Völkerengel kam auf dem Bildschirm näher zu mir heran, sodass ich ihn deutlicher erkennen konnte.

Er trug einen Helm, der seinen Kopf fest umschloss, aber sein Gesicht frei ließ. Seine Miene wirkte herrisch und gebieterisch. Sein Gesicht war rund und leuchtete. In seinen Augen konnte ich keine Farbe erkennen.

Ich hörte, dass mein Name mit sehr tiefer, aber klarer Stimme gerufen wurde, und sprang auf. Dass der Engel meinen Namen sagte, verblüffte mich und machte mich noch besorgter. Ich spürte, welch starke Emotionen der Engel empfand – er machte sich große Sorgen um das Volk, das er beschützte. Seine Liebe zu den Menschen war für mich ebenso deutlich zu spüren wie seine tiefe Sorge über das, was in dem Volk gerade geschah. Als er sprach, schien es, als würde jedes Wort für sich gesprochen. Er bat mich, in seinem Namen zu Gott zu beten und für das Volk zu bitten. Dann verschwand er wieder.

Ich habe große Angst und bin sehr nervös, wenn ich einen Völkerengel sehe, denn es ist, als würde er mich auf eine spirituelle Weise mit seinem Volk verbinden und als würde mich der Schmerz angesichts dessen, was dort geschieht, zerreißen – emotional, körperlich und geistig. Ich höre die Schreie einer Mutter, spüre ihre Verzweiflung und die Angst der Menschen, auf die geschossen wird, den körperlichen Schmerz der Verwundeten. Ich höre das Lachen der Menschen und spüre ihre Tränen, aber leider gibt es, wenn mir ein Völkerengel erscheint, stets viel mehr Tränen als Lachen.

Der Engel Michael hat mir gesagt, dass die Völkerengel ihr Äußerstes versuchen, den Menschen und insbesondere den führenden Politikern zu helfen, Lösungen für ihre Probleme zu finden, ohne Kriege zu führen. Sie widmen sich allen möglichen Bereichen – ob Arbeitsmarkt, Bildung, Umwelt oder Gesundheit. Sie arbeiten daran, in jedem Land gute Bedingungen zu schaffen, damit die Menschen in Freiheit und Gerechtigkeit leben können. Ohne Armut und so, dass die Kinder eine unbeschwerte Kindheit haben und die Menschen die Religion ihrer Wahl ausüben können. Die Völkerengel versuchen, dafür zu sorgen, dass die Menschen politische Führer wählen, die gerecht sind und denen das Wohl der Menschen am Herzen liegt. Manchmal wird mir gezeigt, auf welche Weise sie versuchen, Veränderungen herbeizuführen. So versuchen sie etwa, angreifende Soldaten oder Terroristen oder auch multinationale Konzerne, die das Land ausbeuten, zurückzudrängen. Ein Völkerengel scheint sich stets in einem Kampf zu befinden, um die Dinge zum Guten zu wenden – so wie sie eigentlich sein sollten. Dabei schenken diese Engel den Menschen sogar den Mut zu kämpfen, wenn ihnen keine andere Wahl mehr bleibt.

Ich erkenne Völkerengel sofort – sie sehen alle ähnlich aus –, alle wirken sehr mächtig und tragen eine schwere Rüstung. Aber jeder ist anders und hat anders geformte Verstärkungen an seiner Rüstung. Sie sehen auch unterschiedlich aus, genauso wie verschiedene Menschen unterschiedlich aussehen. Daher fällt es mir nicht schwer, sie voneinander zu unterscheiden. Viele Völkerengel gibt es schon seit Anbeginn der Zeit, andere hingegen wurden erst in jüngerer Zeit von Gott ernannt. Ich verstehe nicht ganz, wie Gott entscheidet, wann eine bestimmte Gruppe von Menschen oder ein bestimmter Ort einen Völkerengel braucht.

Wenn ich etwas in den Nachrichten höre, flüstert mir manchmal ein Engel zu, dass die Menschen das tun, worum ihr Völkerengel sie gebeten hat. Sie erfüllen ihre Aufgabe, indem sie zum Beispiel aufstehen und Gerechtigkeit einfordern. Dann empfinde ich große Freude und bitte ihren Völkerengel, die Menschen auch weiterhin zu inspirieren, ihnen den Mut zu schenken, die Dinge in ihrem Land und auf der ganzen Welt zum Besseren zu wenden.

Jedes Land beeinflusst natürlich andere. Der Engel Michael hat mir gesagt, wenn ein Land etwas Richtiges tut, dann steigen die Chancen, dass andere Länder seinem Beispiel folgen. Deshalb sind die Völkerengel in ständigem Kontakt miteinander. Sie arbeiten zusammen, auch wenn sie ihr Volk und Land nicht verlassen dürfen. Die Menschen in jedem Land, also wir alle, jede und jeder Einzelne, können ihnen helfen, ganz einfach indem wir unseren Engel um Hilfe bitten.

Kapitel 35

Gut und Böse

Eines Samstags waren Megan und ich in Kilkenny. Es war viel los, und eine Menge Leute waren unterwegs. Megan wünschte sich eine neue Jeans, also gönnten wir uns einen entspannten Tag und genossen das Einkaufen. Später standen wir an einer Fußgängerampel und warteten darauf, dass wir die Straße überqueren konnten. Da bekam ich einen fürchterlichen Schreck. Auf der gegenüberliegenden Straßenseite stand inmitten der dort wartenden Menschen einer der menschlichen Helfer des Teufels und schaute mich unverwandt an. Er war ein groß gewachsener Teenager von etwa 16 Jahren. Er drängte sich grob zwischen den Leuten hindurch und wollte offenbar, dass ich auf ihn aufmerksam wurde. Ich sollte sehen, dass er stark war und keine Angst vor mir hatte. Seine Augen waren sehr kalt und stachen richtig heraus. Auf diese Entfernung hätte ich seine Augen normalerweise nicht so deutlich gesehen, aber es wurde mir gestattet.

Die Helfer des Teufels machen mir Angst. Ich habe sie in Irland gesehen, und jetzt, da ich in andere Länder reise, sehe ich sie auch dort. Der Schrecken fährt mir in die Glieder, wenn ich einen von ihnen sehe. Anscheinend wissen sie, dass ich ihre Bosheit erkennen kann. Ich habe keine Ahnung, was die Helfer des Teufels in mir sehen, aber ihr Verhalten zeigt deutlich, dass sie mich auf sich aufmerksam machen wollen und dass sie es in gewisser Weise auf mich abgesehen haben. Würden mich nicht jedes Mal, wenn ich einen von ihnen sehe, Hunderte von Engeln umgeben, müsste ich um meine Sicherheit fürchten. Wenn der richtige Zeitpunkt für sie gekommen ist, könnten sie ohne Skrupel jeden umbringen, das weiß ich. Sie machen mir Angst, weil sie wissen, dass ich das weiß, und sich dennoch nicht verbergen.

Unter anderem erkenne ich sie an ihren Augen. Wenn ich die Helfer des Teufels sehe, scheinen sich ihre Augen zu verändern. Sie werden sehr kalt und durchdringend. Solche Augen haben mich auch schon aus einem Kinderwagen heraus angesehen.

Auch diese Menschen haben Schutzengel, denn jeder Mensch hat einen Schutzengel. Aber es ist, als ob das Böse oder Satan von einem solchen Menschen Besitz ergriffen hätte und seine Seele zermalmen würde. Es ist, als ob die Seele eingefroren wäre und dieser Mensch nicht auf seinen Schutzengel hören oder reagieren könnte. Dennoch glaube ich nicht, dass diese Menschen ihren freien Willen verloren haben. Sie können sich immer noch zum Guten wenden. Gott und die Engel geben ihnen immer wieder die Gelegenheit, sich zu verändern, aber Satan macht es sehr verlockend für sie, so zu bleiben, wie sie sind. Er achtet darauf, dass sie bekommen, was sie in ihrem Leben brauchen. Viele dieser Menschen wirken gut, freundlich und intelligent. Überall auf der Welt haben einige von ihnen bereits einflussreiche Positionen erreicht, und zwar in allen Bereichen – in der Politik, an den Universitäten, in Wirtschaft, Bildung, den Medien und der Religion. Sie sind die Soldaten des Teufels.

Ich habe noch nie einen führenden Politiker eines Landes mit solchen Augen gesehen. Und ich hoffe, ich werde das auch nie erleben. Ich bete darum, dass ihre Zahl möglichst klein sein möge, aber gemessen an der Zahl derer, die ich gesehen habe, befürchte ich, dass es sehr viele von ihnen gibt. Und ich sehe nicht so viele leuchtende Babys wie Helfer des Teufels. Ob es uns nun bewusst ist oder nicht, wir sind alle Gottes Soldaten. Jeder Einzelne spielt eine wichtige Rolle dabei, das Böse in unserer Welt zu beenden. Es ist, als müsse jeder durch die Art und Weise, wie er sein Leben lebt, einen kleinen Teil dazu beitragen. Alles, was wir tun, hat eine Wirkung. Aus vielen kleinen Dingen entsteht etwas Großes. Wir müssen darauf achten, dass wir in unserem Alltag den Verführungen Satans auch in den scheinbar kleinen Dingen nicht erliegen. Denn immer wenn das geschieht, nährt es Satan und macht ihn stärker – dann hat er wieder gewonnen.

Einer Verführung nicht nachzugeben kann etwas sehr Einfaches sein. Es kann zum Beispiel bedeuten, nichts Verletzendes über einen anderen Menschen zu sagen, jemanden zu unterstützen, der von anderen gemieden wird, nicht vorschnell über jemanden zu urteilen – nicht einmal in Gedanken – oder Geduld mit Familienangehörigen oder Arbeitskollegen zu haben. Viele Menschen richten sich nach dem, was andere sagen, auch wenn ihnen nicht wohl dabei ist. Wenn wir den Mund nicht aufmachen, selbst bei Dingen, die uns relativ unbedeutend erscheinen, unterstützen wir in Wirklichkeit den Teufel.

Teenager müssen besonders aufpassen, sich keinem Gruppendruck zu beugen und etwa andere zu verspotten oder zu schikanieren. Das kommt heute an unseren Schulen sehr häufig vor. Auch wenn viele das kaum glauben können, wurde Satan als Mensch in diese Welt hineingeboren. Möglicherweise lebt er sogar heute. Michael sagte mir dies, als ich ungefähr zwölf Jahre alt war. Wir sprachen damals über Gut und Böse. Aber das Wort »Antichrist« verwendete er nicht. Ich hatte es auch noch nie gehört. Irgendwann bekam ich mit, dass die Menschen damit den in einen menschlichen Körper hineingeborenen Satan bezeichnen, aber noch nie habe ich dieses Wort von den Engeln gehört. Sie sprechen von Satan oder dem Teufel. Vor rund 40 Jahren sagte mir der Engel Michael, dass es Satan gelungen sei, als Mensch geboren zu werden, dass er aber höchstwahrscheinlich bereits als Säugling sterben werde. Die Engel sagten mir jedoch, dass er so lange immer wieder geboren wird, bis es ihm gelingt, erwachsen zu werden. Es wird einen Zyklus von Wiedergeburten geben, bis der Antichrist heranwachsen darf. Mir wurde dieses Kind gezeigt, das erwachsen werden darf. Es wird nicht in Amerika geboren, zieht aber in einem bestimmten Stadium seines Lebens – in welchem weiß ich nicht – nach Amerika. Aufgrund der Angaben der Engel habe ich den Eindruck, dass dies ein langer Prozess sein wird, aber sie haben mir nie gesagt, wie lange es tatsächlich dauern wird. Und sie haben mir auch nicht gesagt, ob Satan heute am Leben ist oder ob er sich zwischen zwei Geburten befindet.

Satan wurde von Gott als Engel erschaffen, und Gott verlieh ihm mehr Macht und Kraft als jedem anderen Engel. Dann rebellierte Satan und versuchte, Gott zu stürzen, weil er sich für besser hielt als Er. Er zog andere Engel mit sich. Ich möchte sie gar nicht mehr als Engel bezeichnen und versuche sie möglichst nicht anzusprechen oder auch nur über sie zu reden.

Im Gegensatz zu anderen Engeln oder Erzengeln hat Satan eine freie Wahl. Gott hat Satan den freien Willen geschenkt, und Er will nichts zerstören, was Er einmal erschaffen hat. Gott wirkt immer noch und hofft, dass Satan eines Tages zu Ihm zurückkehren wird. Ich weiß, dass viele Menschen glauben, Gott mache hier etwas falsch. Sie sind der Meinung, Er hätte Satan auslöschen sollen. Die Engel sagen jedoch, dass dies unser menschliches Verständnis übersteigt. In Wirklichkeit wissen wir so wenig, dass wir Gott nie ganz verstehen können. Den Engeln zufolge werden wir nach dem Tod wesentlich mehr verstehen. Wenn mir Visionen des Antichristen – des erwachsenen, Mensch gewordenen Satans – gezeigt werden, bete ich immer zu Gott und den Engeln, dass dies nicht zu meinen Lebzeiten geschehen möge. Ich möchte nicht hier sein, wenn Satan an die Macht kommt. Aber der Engel Michael sagt mir, dass ich wiederkommen werde, und ich entnehme seinen Worten, dass ich hier sein werde, wenn Satan an die Macht kommt, ob nun in diesem Leben oder in einem anderen.

Wir können vielleicht nicht verhindern, dass der Antichrist geboren wird und erwachsen wird, aber wir können den Schaden begrenzen, den er anrichten kann. Auch jetzt tobt eine riesige Schlacht zwischen Gut und

Böse, und wir alle sind wie gesagt Soldaten in dieser
Schlacht und spielen mit jeder Entscheidung, die wir im
Leben treffen, unsere Rolle. Viele glauben, der Kampf
zwischen Gut und Böse werde nur zwischen den führenden Politikern der Welt ausgetragen, zwischen
Regierungen, Terroristen, internationalen Organisatio-
nen, Armeen, Kirchenführern oder multinationalen
Konzernen. Wir glauben, wir könnten es ihnen überlassen und uns getrost unserem Alltag zuwenden. Aber
das reicht nicht! Stattdessen sollten wir uns alle mehr
Gedanken machen und uns bei allem, was wir tun, akti-
ver für das Gute einsetzen. Wir sollten aufstehen und
unsere Stimme erheben und Nein sagen zu Dingen, die
uns nicht richtig erscheinen, ganz gleich wie unbedeutend sie uns auch vorkommen mögen.

Gott möchte, dass wir glücklich sind. Er hat mir sehr
positive Zukunftsaussichten gezeigt. Die Evolution
des Menschen ist so gedacht, dass Seele und Körper
eine Einheit werden und die Menschen sich zu vollkommenen spirituellen Wesen entwickeln, die weder körperliche Krankheiten mehr erleiden noch sterben müssen.

Der Antichrist wird versuchen, diese Entwicklung
aufzuhalten. Es wird uns so vorkommen, als gäbe er
uns »alles«. Er wird versuchen uns vorzugaukeln, dass
er die Welt besser macht. Aber das tut er nicht! Wir
Menschen können sehr leichtgläubig sein, und wenn
wir zulassen, dass Satan uns stärker kontrolliert, macht
er uns blind gegenüber der Tatsache, dass wir sehr viel
mehr sind als unser physischer Körper und unser Verstand. Er wird unser Bewusstsein dafür auslöschen,
dass wir auch eine Seele haben. Er wird uns vergessen

lassen, dass wir in Wirklichkeit Gottes Kinder und über unsere Seele direkt mit Ihm verbunden sind – dass unsere Seelen unsterblich sind und nie vergehen werden.

Kapitel 36

Jeder muss seine Aufgabe erfüllen

Bis zum Erscheinen von *Engel in meinem Haar* wussten nur wenige Menschen, was ich sehe und was mir von den Engeln gesagt wird. Und um ehrlich zu sein, es gibt immer noch sehr vieles, was ich nicht erzählen darf, weil die Engel es mir noch nicht erlaubt haben. In den Jahren seit der Veröffentlichung des Buches bin ich zum ersten Mal Menschen begegnet, mit denen ich darüber sprechen konnte, was ich sehe und höre, und das fasziniert mich. Ich bin immer wieder überrascht, welche Fragen mir die Menschen stellen. Dabei werden mir auch immer wieder Fragen gestellt, auf die ich keine Antwort weiß, deshalb habe ich vor allem Michael und Hosus um viele Antworten gebeten. Manchmal bekomme ich Antworten, manchmal nicht. Aber mein Wissen und mein Verständnis wachsen ständig.

Ein Thema, zu dem ich sehr oft befragt werde, ist die Zukunft der Menschheit. Dazu muss ich sagen, dass mir von den Engeln nicht nur eine Zukunft gezeigt wird. Mir werden sehr viele Varianten der Zukunft gezeigt. Welche davon tatsächlich eintritt, hängt davon ab, welche Entscheidungen die Menschheit trifft. Ich habe in diesem Buch schon über einige Zukunftsvarianten gesprochen – der Rückschlag in der Entwicklung der Menschen ist eine davon. In einer anderen Zukunft, die mir gezeigt wurde, sind Kinder etwas sehr Seltenes und Kostbares, denn es werden weniger Kinder geboren, weil viele Frauen keine Kinder mehr empfangen können. Dieser Prozess hat bereits begonnen. In der Zukunft wird die Weltbevölkerung noch ein wenig anwachsen und dann allmählich schrumpfen. Wir werden Fehler machen und falsche Wege einschlagen, bevor wir wieder auf den richtigen Pfad zurückkehren. Das ist nicht ausschließlich schlecht. Mir wurde auch gezeigt, dass die Kinder der Zukunft etwas sein dürfen, was die Kinder in der Vergangenheit und der Gegenwart bisher nicht sein durften, nämlich Kinder, die ein wahres Gespür für Wunder haben. Es ist uns heute vielleicht nicht klar, aber wir behandeln unsere Kinder auf eine schreckliche Art und Weise. Die Kinder der Zukunft werden im Geschichtsunterricht auf die Kinder der heutigen Gegenwart zurückblicken, und dabei werden ihnen die Tränen kommen. Sie werden traurig darüber sein, dass die Kinder von früher nicht wussten, was Spaß und Freude sind. Die Kinder der Zukunft brauchen keinen technischen Schnickschnack. Sie werden mehr Spaß und Freude an ihrer Umwelt haben. Sie werden einen Grashalm oder ein Insekt anschauen und darin viel mehr sehen, als es die Kinder von heute tun. Sie werden vom Leben selbst, von der Natur und von allem, was sie umgibt, begeistert sein. Und sie werden mit Begeisterung lernen.

Mir wurde Folgendes gezeigt: Wenn wir den richtigen Weg einschlagen, werden sich die verschiedenen

Länder unter einem gemeinsamen Dach befinden und
dennoch jeweils ihre Individualität und ihre Traditionen
bewahren. Nur bei globalen Themen wird alles koordi-
niert. Auch wenn wir alle unter einem Dach leben, können wir unsere persönliche Freiheit behalten. Diese
gute Zukunft streben wir zwar an, aber ich fürchte, dass
wir parallel dazu einer schlechten Zukunft entgegenge-
hen, und zwar wegen der falschen Entscheidungen, die
aufgrund von Satans Einfluss getroffen werden. Er
möchte die ganze Welt kontrollieren. Es soll keine nati-
onalen Traditionen, keine Individualität und keine Freiheit mehr geben. Ich bete darum, dass das nicht geschieht, aber es scheint, als käme die böse Seite besser
voran.

Es gibt aber auch enorme Hoffnungszeichen. Ich
glaube, dass immer mehr Menschen sich ihrer spirituellen Seite bewusst werden und dass Gott genau das
mit uns vorhat. Wenn wir bewusster werden, erkennen
wir unsere bisher ungeahnten Fähigkeiten und lernen,
sie zu nutzen. Wir haben diese Gaben nicht bekommen,
um Unmengen von Geld damit zu verdienen oder um
materielle Güter anzuhäufen. Wir sind damit gesegnet
worden, damit sie Früchte für alle tragen können. Wir
haben sie erhalten, damit wir und unsere Mitmenschen
glücklicher, gesünder und spiritueller werden können.
Wir werden zum Beispiel unsere telepathischen Kräfte
weiterentwickeln. Wir werden nicht unbedingt mit
jedem telepathisch kommunizieren können, aber eine
Mutter wird sich zum Beispiel telepathisch mit ihrem
Kind in der Schule in Verbindung setzen können und
wissen, wenn das Kind aufgewühlt ist oder Probleme
hat. Das geschieht sogar bereits. Viele Menschen wer-

den telepathischer und intuitiver. Das stelle ich besonders bei jungen Erwachsenen fest. Ich kenne Unternehmer, denen bereits aufgefallen ist, dass die Intuition bei den jüngeren Männern und Frauen, die für sie arbeiten, ausgeprägter ist. Wenn sie einen Verbesserungsvorschlag machen, erweist er sich oft als richtig, selbst wenn er bisher bewährten Erkenntnissen zuwiderläuft. Das kann dazu führen, dass auch die Vorgesetzten offener und intuitiver werden, vorausgesetzt sie schätzen und fördern diese jungen Leute. Diese Gabe soll uns in unserem täglichen Leben helfen. Regelmäßig lerne ich Menschen kennen, die spüren, dass ihre Intuition stärker wird. Daher glauben sie, nun ihr normales Leben aufgeben zu müssen, um Medium oder Heiler zu werden. Aber diese Gaben werden uns von Gott gegeben, gerade damit wir sie in unserem ganz normalen Alltag einsetzen, damit wir, unsere Familien und alle Menschen in unserem Umfeld das Beste aus dem eigenen Leben machen können.

Die Kinder werden im normalen Schulunterricht lernen, ihre spirituellen Fähigkeiten zu nutzen. Alle Kinder werden die Grundlagen erlernen, und manche entscheiden sich dann vielleicht dafür, sich auf eine bestimmte Fähigkeit zu spezialisieren. Ein Kind, das sich für Pflanzen interessiert, könnte dann zum Beispiel besondere Fähigkeiten im Zusammenhang mit Pflanzen entwickeln und Gärtner werden. In ähnlicher Weise könnte ein sehr tierliebes Kind besondere Fähigkeiten im Zusammenhang mit Tieren entwickeln und Tierärztin werden. Auf diese Weise werden unsere medizinischen und heilerischen Fähigkeiten zunehmen. Die Ärzte werden wohl immer noch operieren müssen, aber sie können das dann möglicherweise ohne Skalpell und technische Apparate tun. Die Medizin wird sich zwar verändern, aber bestimmte althergebrachte Vorgehensweisen beibehalten. Der Unterschied wird darin bestehen, dass die Trennung zwischen Ärzten und Heilern aufgehoben wird. In der Zukunft werden sich einige Menschen in Ausbildung und Beruf auf verschiedene Teile des Körpers spezialisieren. Manche werden Krankheiten heilen können, indem sie Energie verschieben oder entziehen, ohne den Patienten auch nur zu berühren. Auch heute arbeiten Menschen schon mit Energie, um auf diese Weise zu heilen, aber was sie tun, ist nichts im Vergleich zu dem, was die Menschheit in Zukunft leisten können wird. Auch heute gibt es schon Heiler, die sehr gute Arbeit leisten. Ja, es gibt viele gute Heiler. Es gibt allerdings auch einige ohne besondere Fähigkeiten, die spirituell nicht offen genug sind oder nicht aus den richtigen Motiven heilen. Mir wurde eine Silberschale mit einer Flüssigkeit gezeigt, die durchsichtig war wie Wasser, nur dicker. Manche Ärzte werden sie in der Zukunft verwenden. Mir wurde gezeigt, dass sie ihre Finger hineintauchen. Ich bin mir nicht ganz sicher, warum sie das tun. Vielleicht trägt diese Substanz zur Heilung bei. Möglicherweise dient sie auch zur Reinigung nach dem Heilen.

Wissenschaftler können die sich neu herausbildenden Fähigkeiten nutzen, um die Welt zu verbessern. Wie immer sind auch dazu Menschen erforderlich, die die richtigen Entscheidungen treffen, Menschen, die diese Gaben auf positive Weise einsetzen wollen und sie nicht missbrauchen, etwa aus Gier oder um andere zu kontrollieren.

Gott möchte, dass Seine irdischen Kinder glücklich sind. Er möchte, was alle Eltern sich für ihre Kinder wünschen. Wir erkennen nicht, dass Gott alles Mögliche tut, um uns eine Freude zu machen. Das einzig Unvollkommene, was Er uns gegeben hat, ist unser Körper. Der Körper ist dazu da, um geboren zu werden und – zumindest noch – zu sterben. Die Seele lebt ewig.

In einer Zukunftsvision wurde mir gezeigt, dass wir uns so weit fortentwickeln, dass alle Menschen körperlich vollkommen sein werden. Unser Körper wird dann nicht mehr krank werden und nicht mehr unter Abnutzungserscheinungen leiden. Das bedeutet jedoch nicht, dass das Leben dann für uns keine Herausforderung mehr wäre. Es wird immer noch viele Herausforderungen geben, aber sie werden anders aussehen als die, denen wir uns heute stellen müssen.

Einmal wurde mir eine Gruppe von Kindern in der Zukunft gezeigt. Sie standen an einer Straße, dann verschwanden sie plötzlich und tauchten an einem anderen Ort wieder auf. Sie konnten sich auf diese Weise fortbewegen. Mir wurde auch ein Kind gezeigt, das über einen Fluss ging. Es brauchte dafür keine Brücke. Es schien darüber zu schweben.

Gott will, dass die Menschen in der Zukunft Engel wahrnehmen. Für mich war es immer ganz normal, sie zu sehen. Wenn ich die Zukunft sehen darf, die Gott auserwählt hat, gehören Engel immer zur Familie. Die Kinder der Zukunft betrachten ihren Schutzengel als Freund und ständigen Begleiter. Eltern werden in dieser Zukunft nicht überrascht sein, wenn sie ihre Kinder mit ihrem Schutzengel sprechen hören. Die Menschen werden auch die Schutzengel anderer Leute sehen. In dieser Zukunft werden die Schutzengel uns weniger stark führen müssen.

In Seiner auserwählten Zukunft wird Gott uns andere Welten eröffnen können. Die Menschheit weiß gar nicht, wie groß das Universum ist. Es ist unendlich. Was da draußen ist, übersteigt unser derzeitiges Vorstellungsvermögen. Es fällt uns schwer, das zu verstehen, denn wir geben den Dingen gerne einen Anfang und ein Ende. Aber Gott hat noch mehr Planeten, noch mehr »Welten« erschaffen. Und manche sind von Gottes Kindern bewohnt. Einige dieser Kinder sind weiter, andere weniger weit entwickelt als wir. Außerdem gibt es Planeten, auf denen intelligente Wesen leben, die keine Seele haben und daher nicht in diesem Sinne Gottes Kinder sind. Ich weiß nicht, warum Gott sie erschaffen hat. Manche dieser intelligenten Wesen sind möglicherweise von der anderen Seite leichter zu beeinflussen.

Aber ich glaube auch, dass die Entscheidungen, die wir über die Zukunft der Erde treffen, sich nicht nur auf unseren Planeten, sondern auf das gesamte Universum auswirken. In den guten wie in den schlechten Zukunftsvarianten sehe ich, dass wir zu anderen Planeten reisen. Wenn die Menschheit die richtigen Entscheidungen trifft, werden unsere Reisen zu anderen Planeten Teil der menschlichen Evolution sein und auch zur Entwicklung der Bewohner dieser Planeten beitragen. Wir werden zu anderen Planeten reisen und Leute von dort zur Erde mitbringen. Die Engel, von denen die Menschen auf diesen Reisen begleitet werden, haben die Aufgabe, diejenigen, die weit weg sind, so zu leiten, dass sie nicht von ihren Aufgaben abgelenkt werden. Aber wenn es uns nicht gelingt, die richtigen Entscheidungen zu treffen, werden wir Menschen zu anderen Planeten reisen, weil wir es tun müssen, weil wir nämlich diese Erde weitgehend zerstört haben. Dann reisen wir zu anderen Planeten in der Absicht, sie auszubeuten und kahl zurückzulassen. So werden wir zu Terroristen des Universums.

Auf einer bestimmten Stufe der Evolution werden die Menschen nicht mehr sterben. Wir werden einen vollkommenen Körper haben, der unserer Seele ähnlicher ist. Es wird so sein, als wären Körper und Seele miteinander verflochten. Wenn wir jetzt sterben, kommen wir direkt in den Himmel, aber unseren Körper lassen wir zurück. In dieser Zukunft sind Körper und Seele vereint und gehen daher gemeinsam in den Himmel.

Mir wurde eine Zukunft gezeigt, in der Gott der Schöpfer eine hoch entwickelte Menschheit fragt: »Möchtet ihr hierbleiben oder möchtet ihr in den Himmel kommen?« Und die Menschheit wird antworten: »Nein, wir möchten hierbleiben«, weil sie die Gewissheit hat, dass Gott sie erneut einladen wird. Gott freut sich, wenn die Menschen noch eine Zeitlang auf der Erde bleiben. Sie werden dann – zumindest für eine gewisse Zeit – voller Freude leben und daran arbeiten, eine perfekte Vision des Himmels auf der Erde zu erschaffen und das Leben hier dem im Himmel immer ähnlicher zu machen.

Aber ich sehe nicht, dass Himmel und Erde je miteinander verschmelzen werden. Die Schranke zwischen Erde und Himmel wird immer bleiben. Die Erde wird erst dann enden, wenn die ganze Menschheit Gottes

Einladung, in den Himmel zu kommen, annimmt. Gott hätte nur zu gern, dass wir das tun – aber erst, wenn wir dazu bereit sind und uns so entwickelt haben, wie es gedacht ist. Damit wir uns so entwickeln können, wie Gott es möchte, ist es erforderlich, dass jeder Einzelne die Aufgabe erfüllt, die ihm zugedacht ist.

Anhang

Gebet Deiner Heilengel

In meinem Buch *Engel in meinem Haar* erzähle ich die Geschichte des Abends, an dem der Engel Michael mir dieses Gebet schenkte. Und seit diesem Tag gebe ich es an Menschen weiter, die zu mir kommen, weil sie Hilfe suchen. Alle Engel leisten Heilarbeit, aber es gibt eine bestimmte Gruppe von Engeln, die sogenannten »Heilengel«, die von den Schutzengeln herbeigerufen werden, wenn eine Heilung erforderlich ist. Es gibt buchstäblich Millionen von Heilengeln, und Gott schickt sie ständig in großer Zahl zur Erde. Wir müssen wirklich nur um ihre Hilfe bitten.

Dabei sollten wir uns immer dessen bewusst sein, dass die Heilung so erfolgt, wie es nach Gottes Ratschluss am besten für uns ist. Manchmal erkennen wir nicht, dass bereits eine Heilung stattgefunden hat, weil es vielleicht nicht die Heilung ist, um die wir gebeten hatten – es könnte zum Beispiel eine emotionale oder spirituelle Heilung eingetreten sein statt einer körperlichen. Wir sollten stets wachsam sein, um eine Heilung, die uns gewährt wurde, zu erkennen. Manchmal kann eine Heilung geringfügig erscheinen: Vielleicht lächelt oder lacht jemand wieder, der lange Zeit depressiv war. Vielleicht geht es jemandem, der körperliche Beschwerden hatte, viel besser, oder vielleicht empfindet eine

Mutter, die völlig erschöpft und überfordert war, wieder Glück und Freude.

Viele Leute haben mir selbst berichtet, dass die Heilengel ihnen auf dieses Gebet hin geholfen haben. Und im Laufe der Jahre habe ich auch viele Geschichten über andere Menschen gehört, die überzeugt davon sind, dass ihnen selbst oder einem Menschen, der ihnen nahesteht, durch dieses Gebet geholfen wurde. Viele Leute haben sich dieses Gebet abgeschrieben, um es immer bei sich zu tragen oder um es anderen zu schenken.

Gebet Deiner Heilengel
Von Gott, überbracht durch Michael,
Deinen Erzengel.

Gieße Deine Heilengel,
Deine Himmlischen Heerscharen aus über mir
Und über denen, die ich liebe,
Lass mich den Strahl Deiner
Heilengel auf mir spüren,
Das Licht Deiner Heilenden Hände,
Ich werde Deine Heilung beginnen lassen,
Auf welche Weise auch immer Gott sie gewähren möge,
Amen.

Dank

Schon seit meiner Kindheit haben mir die Engel gesagt, dass ich einmal eine Bestsellerautorin sein und die Botschaft von Gott und den Engeln in der ganzen Welt verbreiten würde. Ich habe sie stets ausgelacht und dagegengehalten, dass dies angesichts der Tatsache, dass ich kaum lesen und schreiben kann, wohl kaum eintreten würde. Aber die Engel haben mir immer wieder versichert, dass mir »Hilfe geschickt« würde. Diese Hilfe kam in Gestalt von Jean Callanan, und mit ihrer Hilfe und Unterstützung wird nun das, was die Engel vorhergesagt haben, sehr schnell Wirklichkeit. Ich danke Gott und den Engeln jeden Tag für Jean. Ohne ihre Professionalität, ihren großen Einsatz, ihre Kreativität und ihre Fähigkeit, Kontakte mit Menschen aus aller Welt zu knüpfen, hätte ich niemals tun können, was ich getan habe. Ich danke ihr außerdem für ihren Humor, ihre Geduld – die manchmal auf die Probe gestellt wird – und ihre Freundschaft.

Ich freue mich sehr, dass Gott und die Engel Mark Booth in mein Leben geführt haben, nicht nur als Verleger, sondern auch als Freund. Mark fordert mich mit seinen Fragen immer wieder heraus. Bei vielen Dingen gehe ich einfach davon aus, dass die Menschen sich darüber klar sind, aber Mark lässt mich nie ohne ausführliche Erklärung davonkommen. Ständig stellt er tiefschürfende Fragen – auf viele wäre ich selbst nie gekommen –, und genau das mag ich an ihm. Marks große unerschöpfliche Neugier, sein Interesse und seine Begeisterung haben diesem Buch in vieler Hinsicht mehr Tiefe verliehen und es deutlich verbessert. Mark hat sich vom ersten Moment an dafür eingesetzt, dass mein Buch veröffentlicht wird, und dafür bin ich ihm zutiefst dankbar.

Ich bedanke mich außerdem bei Charlotte Haycock für ihre fortwährende Unterstützung. Ihre Effizienz und ihre Geduld, wenn wir unter Druck stehen, machen die Arbeit mit ihr zu einer großen Freude.

Mein Dank geht auch an die übrigen Leute im Team von Coronet und Hodder & Stoughton, die ich langsam, aber sicher kennenlerne. Ihre Begeisterung und ihre Professionalität haben mich sehr beeindruckt, und ich freue mich darauf, sie in Zukunft noch besser kennenzulernen. Mein Dank gilt insbesondere Kerry Hood sowie Lucy Hale und ihrem Marketingteam und dem großartigen Team bei Hachette Irland. Auch Alice Wright möchte ich danken, die das Cover ganz ausgezeichnet gestaltet hat. Viele Menschen haben auf ihre Engel gehört und eine Rolle dabei gespielt, die Botschaft weiterzugeben, um deren Verbreitung Gott und die Engel mich gebeten haben. In Wahrheit sind es viel zu viele, als dass ich sie hier alle namentlich nennen könnte – und viele haben eine Rolle gespielt, ohne dass ich je davon erfahren hätte. Doch den folgenden Menschen muss ich einfach namentlich danken: Eoin MacHale, der auf eine sehr großzügige Weise meine Website aufgebaut hat und sie pflegt und außerdem bei der Produktion mehrerer Videos eine entscheidende Rolle gespielt hat. Jennifer Hill Robenalt, die auf der amerikanischen Seite geholfen hat. Stefanie Diaz von Sanford J. Greenburger Associates in New York, die sich um alle Angelegenheiten bezüglich der internationalen Rechte so ausgezeichnet kümmert. Und Stephen Mallaghan, der ein wunderbarer Botschafter für die Engel und mich ist. Mein Dank geht auch an Paul Wallace, Finola Bruton, Mags Carty und Suzy Button.

An dieser Stelle muss ich auch den Tausenden von Leserinnen und Lesern danken, die die Hoffnungsbotschaft der Engel durch Mundpropaganda verbreitet haben. Ich habe nur einen Bruchteil von ihnen kennengelernt, aber ich bete jeden Tag für alle, die auf ihre Engel hören und ihre Aufgabe erfüllen.

Die letzten drei Jahre waren für mich sehr hektisch und in vielerlei Hinsicht eine große Herausforderung. Aber ohne die großartige Unterstützung von Freunden wäre alles noch viel schwieriger gewesen. Auch wenn sie nicht direkt an diesem Buch beteiligt waren, haben sie mir das Leben enorm erleichtert und schöner gemacht. Deshalb möchte ich mich bei Brian Kelly für seine Freundschaft und seine Unterstützung bedanken sowie bei Catherine und John Kerrigan, John Carty, Michael und Angela Lennon, Manolo Link und Sally White. Ich danke der Familie Mallaghan für ihre Liebenswürdigkeit, ihre Freundschaft und warmherzige Gastfreundschaft, die sie sowohl mir als auch meiner Tochter entgegenbringen. Mein Dank geht auch an meinen Schwiegersohn Brendan Mackey, der mich zum Lachen bringt und mir eine unglaublich große Hilfe war.

Und ich möchte außerdem Kathleen Deniff, ihrer Tochter Catherine und ihrer ganzen Familie für ihre Freundschaft und ihre große Güte danken, die sie mir zuteilwerden ließen.

Jeder, der dieses Buch liest, wird feststellen, dass ich Mutter einer Tochter im Teenageralter bin. Ohne die Hilfe meiner älteren Kinder hätte ich das alles nicht leisten können. Meine älteste Tochter ist für meine Jüngste wie eine zweite Mutter, und meine beiden Söhne füllen die Lücke, die ihr Vater hinterlassen hat, so gut sie nur können. Für diese Unterstützung bin ich ihnen äußerst dankbar. Allen meinen Kindern bin ich außerdem zutiefst dankbar, dass sie mir so gute Freunde sind und mir so viel Liebe schenken. Außerdem freue ich mich riesig darüber, dass unsere Familie vor Kurzem mit einem ersten Enkelkind gesegnet wurde.

Meiner jüngsten Tochter gilt ebenfalls mein besonderer Dank. Ich bewundere, wie gut sie es gelernt hat, damit fertigzuwerden, dass ich oft nicht zu Hause bin oder hinter geschlossener Türe arbeite. Ich weiß, wie schwer das für sie ist und wie sehr ich ihr jedes Mal fehle, wenn ich wegfahre. Sie fehlt mir auch – sie bedeutet mir unendlich viel.

Kontakt zu Lorna Byrne

Wenn Sie mehr über Lorna Byrne wissen möchten, können Sie die Internetseite *www.lornabyrne.com* besuchen.*

Dort können Sie:

Ihre Wünsche und Gebete in Lornas Gebetsrolle eintragen.

Vor Jahren überreichten mir die Engel eine Gebetsrolle und forderten mich auf, sie in der Hand zu halten, wenn ich bete. Sie sagten, sie würden dann zusammen mit mir für alles beten, was auf dieser Schriftrolle steht.

Wenn ich mich in einem meditativen Gebetszustand befinde, halte ich in meiner Hand diese auf der spirituellen Ebene existierende Schriftrolle mit allen Namen und allen Bitten, die darauf stehen, und übergebe sie Gott.

Ich lade Sie ein, mir Ihre Gedanken, Freuden und Sorgen zu schicken, damit sie in die Gebetsrolle aufgenommen werden können.

---

* Die Internetseite ist überwiegend in englischer Sprache verfasst. Informationen über Lorna Byrnes Bücher, einige Presseartikel und Interviews sowie die Vortragstermine der Autorin sind auch auf Deutsch zu lesen; Anm. d. Übers.

Ich kann Ihnen nicht persönlich auf Ihre Zuschrift ant-worten, aber ich versichere Ihnen, dass Ihr Anliegen in die Gebetsrolle, in meine Gebete und in die der Engel aufgenommen wird. Das alles ist natürlich kostenlos und wird vertraulich behandelt.

Lorna

Lornas vierteljährlichen E-Mail-Newsletter abonnie-ren.

Weitere Weisheiten lesen, die Lorna von den Engeln übermittelt wurden.

Erfahren, wo Lorna Vorträge hält und ihre Bücher sig-niert.

Videos ansehen und Interviews mit Lorna lesen.

10 Prozent der Tantiemen der Autorin aus dem Verkauf dieses Buches werden für wohltätige Zwecke gespen-det. Nähere Angaben zu den begünstigten Organisatio-nen finden Sie unter *www.lornabyrne.com.*

Engel in meinem Haar

480 Seiten. ISBN 978-3-442-22088-5

Bereits als Kind erkennt Lorna Byrne, dass sie über außergewöhnliche Fähigkeiten verfügt: Sie kann Engel sehen. Ihre Umgebung hält sie für zurückgeblieben, und Lorna lernt, dass sie ihr Wissen hüten muss, um von anderen ernst genommen zu werden. In ihrem ersten Buch »Engel in meinem Haar«, das in mehr als 50 Ländern erschienen ist und zu einem internationalen Bestseller wurde, erzählt die iri-  sche Mystikerin die berührende Geschichte ihres Lebens: Aufgewachsen im Irland der 60er Jahre, erfährt sie Armut und Ausgrenzung, aber auch Freundschaft, Familienglück und die große Liebe. Und es sind immer wieder die Engel, die ihr nach Schicksalsschlägen helfen, ihrem Leben eine positive Wende zu geben. Wie keine andere versteht sie es, Menschen das große Vertrauen in die Kraft der Engel zu vermitteln, das auch ihren eigenen Weg prägte.